DANIJELA PILIC

Sommer vorm Balkan

Per conoscere meglio
l'origine e la
mentalità di mamma.
Buon Natale 2019

GOLDMANN
Lesen erleben

Buch

Leicht und melodisch erzählt Danijela Pilic von den Winden, dem Meer und den Farben ihrer Heimat, von ihren Dichtern, Bildhauern und Erfindern. Aber auch von den blutigen Grenzen, dem Exil als Überlebensstrategie und dem Pulverfass voller Lebensfreude, warum sie Sitzen auf unfertigen Mäuerchen immer einem langen Spaziergang vorziehen wird und wie es sich anfühlt, verschiedene Identitäten aufeinanderzupacken wie Schichten in einem Kuchen.

Autorin

Danijela Pilic wurde 1971 in Split (Kroatien) geboren. 1981 zog sie mit ihrer Familie nach Deutschland. Seit Abschluss ihres Studiums im Fach Writing an der Middlesex University in London ist sie als Journalistin und Redakteurin in den Bereichen Mode, Lifestyle und People tätig. Von 2008 bis 2009 war sie Editor At Large bei *Vanity Fair*, seit 2009 schreibt sie ein Stilblog auf glamour.de. Zurzeit leitet sie das Ressort Schönheit bei *myself*. Ihr erstes Buch »Yoga Bitch« erschien 2010. In »Jetzt rede ich schon wie meine Mutter!« (2012) erzählt sie, wie aufregend und komisch erste Male sein können. Danijela Pilic lebt und arbeitet in München.

Im Goldmann Verlag ist von Danijela Pilic außerdem erschienen:

Jetzt rede ich schon wie meine Mutter!

Danijela Pilic

Sommer vorm Balkan

Mein Leben zwischen Alpen und Adria

GOLDMANN

Dieses Buch ist auch als E-Book erhältlich.

MIX
Papier aus verantwortungsvollen Quellen
FSC® C014496

Verlagsgruppe Random House FSC® N001967
Das FSC®-zertifizierte Papier *Holmen Book Cream* für dieses Buch
liefert Holmen Paper, Hallstavik, Schweden.

1. Auflage
Originalausgabe Juni 2015
Wilhelm Goldmann Verlag, München,
in der Verlagsgruppe Random House GmbH

Umschlaggestaltung: UNO Werbeagentur, München
Umschlagabbildungen: FinePic®, München
und Privatarchiv der Autorin (Mija Adamovic, circa 1968)
KF · Herstellung: Str.
Satz: Uhl + Massopust, Aalen
Druck und Bindung: GGP Media GmbH, Pößneck
Printed in Germany
ISBN: 978-3-442-15795-2
www.goldmann-verlag.de

Für mein Land und meine Leute
und für Dan

Inhalt

Teil III
Es war einmal ein Land. Dann war es nicht mehr.

Prolog

Das Jahr war 1990, und darin taten sich große Dinge. Im Jahr zuvor war die Mauer gefallen, Deutschland stand kurz davor, seinen Westen und seinen Osten wie zwei Stücke eines viel zu simplen Puzzles, auf dessen Lösung womöglich gerade ob ihrer Banalität zu lange kein Mensch gekommen war, zusammenzufügen, somit seine schlanke Taille zu verlieren und sich zugleich, wenn man so will, der Figur Helmut Kohls anzupassen. Die fetten Jahre waren nicht vorbei, nicht hier, sie sollten erst noch beginnen, nicht nur für mein neues Land, sondern auch für mich: Ich war einen Monat nach dem Fall der Mauer volljährig geworden, und die Freiheit, die man in jenen Nächten gefeiert hatte, schmeckte ich jeden Morgen unabhängig von der Geschichte, die um mich herum geschrieben wurde, jeden Morgen, nur für mich in meinem Mund, und sie schmeckte nach unendlichen Möglichkeiten der Zukunft, nach allem, was vor mir lag, nach dem Jahreszeitenwechsel zwischen Sommer und Herbst, nach einer Mischung aus Wehmut und Vorfreude, und ich grüßte sie mit den Worten: Guten Morgen, Übermorgen.

Zur gleichen Zeit stand meine Heimat, Jugoslawien, kurz vor dem Kriegsausbruch. Die Vorahnung eines Kriegs war so unheilvoll und unfassbar wie nichts zuvor in meinem achtzehnjährigen Leben, und das glich, vielleicht nicht unüblich für eine Abiturientin im München der frühen neunziger Jahre, einer Liebesparade. (Genau zu dieser Zeit wurde auch die echte Love

Parade erfunden. Wer war es, der gesagt hat, Zufälle seien Gottes Möglichkeit, anonym zu bleiben?) Sich mit einem realen Krieg auseinanderzusetzen war für mich, wie für wahrscheinlich jeden jungen Menschen des späten 20. Jahrhunderts, kaum vorstellbar. Mein Leben damals: Kollegstufe, die Klassiker lesen, lernen, raven, knutschen, sich um halb sieben unten in der U-Bahn-Station Münchner Freiheit treffen, mit den Eltern um mehr Freiheit/Geld/Respekt streiten, Augen rollen, Führerschein – beim ersten Anlauf! – schaffen. Das Foto, das mich aus dem rosagrauen Lappen ansieht, auf einem Papier, das fünfundzwanzig Jahre später immer noch den gleichen speckigen Glanz hat wie nach einer Woche, zeigt ein aufmüpfiges Gesicht, von einer Dauerwelle umrahmt, mit einem unbedingten Glauben in den Augen, den nur die wirklich Jungen haben können: dass die Welt uns gehört, dass alles gut werden wird, dass wir unseren Weg finden und gehen werden.

»Führerschein« – das war so ein Wort, das den Unterschied des Eingelebtheitsgrads zwischen meinen Eltern auf der einen und meinem Bruder und mir auf der anderen Seite eindeutig indizierte. Meine Eltern zuckten bei »Führer« jedes Mal zusammen und verharrten, als würden sie sich sogleich sehr gerade hinstellen und dann kräftig die Hinterseiten ihrer Fersen aneinanderklacken, während mein Bruder und ich entspannt blieben, weil es uns nicht weiter überraschte, dass auf das Wort »Führer« das Wort »schein« folgte.

Ich war angekommen, zwar nicht bei mir, aber hier, in diesem Land: Deutschland.

Dann kam der Brief an.

Sein Umschlag war nicht Normal-Weiß, sondern Zugestellt-Gelb, vielleicht war es auch ein Behörden-Grün oder Justiz-Blau, jedenfalls handelte sich um eine Farbe, die auf postalisch wichtigmachte und die man wegen aufkommender Panik gar nicht erst öffnen wollen würde, sondern auf einen Stapel legen und dann nachts in kaltem Schweiß deswegen aufwachte – natürlich erst, wenn man erwachsen war, nur wusste ich das damals noch nicht. Ob meiner Jugend hatte ich noch nie einen solchen Brief erhalten. Wie es sich herausstellen sollte, würde ich nie wieder einen Brief mit solchem Inhalt erhalten. Ich öffnete ihn.

Sehr geehrte Frau Pilic,

Diese Anrede gefiel mir sehr gut. Ich wurde mit Frau-plus-Nachname angesprochen und gesiezt, und zu Hause wurde ich »wie ein Kind behandelt!« (Ich.) »Dann benimm dich halt nicht so!« (Meine Eltern.)

Der Inhalt des Briefes besagte in sehr umständlicher Sprache, dass mir hiermit die deutsche Staatsangehörigkeit angeboten wurde, und Glückwunsch auch dazu.

Und mit einem Mal musste ich mich entscheiden.

Nicht dass jemand gedacht hätte, eine Entscheidung würde noch ausstehen, vor allem meine Eltern nicht. Sie waren es, die drei Jahre zuvor den Antrag gestellt hatten, in meinem minderjährigen Namen, in jener Villa in Bogenhausen, die Adolf Hitler 1935 für Eva Braun gekauft hatte und in der sich nun das jugoslawische Konsulat befand – ein Geschenk des deutschen (meines neuen) an den jugoslawischen (meinen alten) Staat. (In einer interessanten zeitgeschichtlichen Parallele standen beide Staaten vor rasanten Veränderungen, die ihre Grenzen betrafen; einer würde vereint, der andere zerstückelt werden.) Das jugoslawische Konsulat hatte also den Auftrag erhalten, mich aus der Staatsbürgerschaft zu entlassen. Ob es nun daran lag, dass sie sehr langsam arbeiteten, oder ob sie jeden Jugoslawen und jede Jugoslawin, jene Nationalität, die es so bald nicht mehr geben würde, daran hindern wollten, das sinkende Schiff zu verlassen – in jedem Fall hatte der Vorgang sehr lange gedauert. Für einen Teenager sind drei Jahre lang genug, um etwas so Entscheidendes völlig zu vergessen.

Für meine Eltern war die Sache nicht einfach, aber logisch: Die doppelte Staatsbürgerschaft gab es nicht, also musste man sich für eine entscheiden. Ich brauchte den deutschen Pass, denn hier würde ich sehr wahrscheinlich bleiben, und sie wollten mir ermöglichen, dass ich das ohne Schwierigkeiten und Schikane tun konnte. Außerdem, keine kleine Sache: Jugoslawien stand ein Krieg bevor. Wir hofften zwar, dass das durch irgendein Wunder verhindert werden könnte, alles hätten wir dafür gegeben, daran gerade noch vorbeizuschrammen, doch die Schwierigkeiten, die sich für mich auftaten als Tochter einer Serbin und eines Kroaten machten ihre Entscheidung von einer Herz- flugs zu einer Kopfsache. 1990 gab es in Deutschland vielleicht Zeit für Nostalgie, bei uns nicht.

»Scheiß drauf«, sagte ich und knallte den Brief hin. »Ich mach das nicht.«

Meine Mutter sah von ihrer Illustrierten auf, die sie stets sehr elegant blätterte, sanft und müde lächelnd, denn meinen Ausruf *Scheiß drauf, ich mach das nicht* hörte sie in dieser Zeit ständig.

Weil sie nicht reagierte, spezifizierte ich meine Weigerung.

»Scheiß drauf, ich mache das nicht, das mit dem deutschen Pass.«

»Waaaas? Nikola, komm sofort her«, schrie sie, und mein Vater schrie aus dem ersten Stock zurück: »Was? Wieso, was ist denn jetzt schon wieder?«

»*Danijela* will den deutschen Pass nicht annehmen.« (Somit war klar, dass die Sache ernst war, denn wenn ich mit Danijela – statt Elja – bezeichnet und/oder gerufen wurde, handelte es sich um Dringlichkeitsstufe eins im Gebiet der Kinderwiderborstigkeit.)

Mein Vater stürzte die Treppen hinunter, und beide plärrten auf mich ein, vernünftig solle ich sein, und was sei denn nur los mit mir und so weiter. Und ich dachte nur:

Mein armes Land, es ist im freien Fall. Ich kann es doch nicht jetzt im Stich lassen.

»*No way.* Ich bin Jugoslawin«, sagte ich bestimmt und gar nicht zickig, wirklich nicht.

»Ja und? Der neue Pass ändert doch nichts daran.«

»Ich will aber meinen Pass nicht hergeben.«

»Warum? Du weißt doch, was bei uns los ist. Was meinst du, was erst passiert wenn …«

Ich wollte sie das Wort nicht sagen lassen und unterbrach: »Weil ich aus Jugoslawien stamme.«

»Das wirst du immer.«

»Deine Herkunft kann dir niemand nehmen.«

Und immer wieder:

»Kind. Komm doch zur Vernunft! Es ist nur ein Stück Papier.«

»Wenn es nur ein Stück Papier ist, kann es euch doch wurscht sein, welches ich besitze.«

Und immer wieder:

»Außerdem bin ich volljährig und darf selbst entscheiden!«

Wochenlang ging das so. Die Argumente meiner Eltern, das sehe ich heute, waren gleichermaßen von Liebe und Angst bestimmt, denn es wäre nicht nur töricht, sondern womöglich auch gefährlich gewesen, die deutsche Staatsangehörigkeit nicht anzunehmen. Wer weiß schon, wie sich so ein Krieg entwickelt, wie lange er dauert, wie weit er wütet, welche Opfer er fordert; all das, was theoretisch immer so erschreckend wie hanebüchen ist, war für uns mit einem Mal zum Greifen nah.

Alles wurde praktisch und persönlich.

Letzten Endes entschieden weder sie noch ich, sondern indirekt ein besonders blöder Beamter des KVR München. Das KVR (Kreisverwaltungreferat) an der Poccistraße – genau dort, wo ich heute, nach vielen Zwischenstationen, fünfundzwanzig Jahre später lebe – war, soweit ich mich richtig erinnern kann, damals sehr unbeliebt und erfüllte schon rein optisch das Klischee einer riesigen kafkaesken Behörde: lange graugrüne Gänge, ein trister *Ficus benjamina* hie und da, schlechte Luft, Eau de Verzweiflung, volle Wartesäle, geflüsterte Sätze. Die jungen Münchner meiner Generation regten sich immer darüber auf, dass das KVR »fei scho wieder einen geilen« Laden dichtmachte und grundsätzlich daran interessiert zu sein schien, München ein cooles Nachtleben und eine Subkultur zu untersagen (was natürlich nicht gelang, denn Trotz kann ein großer Ansporn sein). Ich fand mich nun im KVR in der Rolle eines stempelsuchenden Ausländers wieder. Nix mehr coole Abiturientin, voll integriert und so, sondern mit einem Mal Bittstellerin mit fremdländisch klingendem Namen.

Da ich nun volljährig war, musste ich meine Aufenthaltsgenehmigung selbst verlängern lassen. Ich saß in einem Wartesaal der Ungewissheit, nicht wirklich meiner, sondern der der anderen: Ihre Nummern wurden aufgerufen, und an einem Schreibtisch, auf dem ein Katzenkalender stand, entschied ein Fremder über ihr Schicksal: ob nun für sechs Monate Ruhe war oder für ein Jahr, ob Familien zusammenbleiben würden, ob man arbeiten durfte. Oder eben nicht, und was dann?

Das alles bestimmte der zuständige Beamte. Meiner hatte eine kräftige krause Prollmatte auf dem Kopf und lächelte mich recht freundlich an.

»So, Frau ääh Pillitsch, hehe. Du wollen Stempel, he?«

Ich war perplex. Noch nie hatte jemand so mit mir gesprochen. Warum der Deppen-Infinitiv? Natürlich: weil er konnte.

»Wie bitte?«, fragte ich.

Und er wieder: »Du Stempel wollen?« Diesmal sagte er es etwas langsamer.

Ich wollte nicht frech sein, sondern ehrlich wissen: »Warum reden Sie denn so mit mir?«

»Wie denn? Wös?«

»Na ja, so … falsch?«

»A so! Ja Kruzitürken, woher soll i denn wissen, dess du Deitsch konnst!«

Ich beherrschte »Deitsch« zwar besser als er, doch er war es, der über meinen Verbleib in diesem Land urteilte. Also hielt ich die Klappe, wahrscheinlich auch aus Überforderung, denn so etwas war mir noch nie passiert. Und ich würde sicher nicht zulassen, dass es mir noch einmal passiert.

Ich weiß nicht, wie es weitergegangen wäre, wenn er mir die Aufenthaltsgenehmigung verweigert hätte. (Nicht auszudenken! Dann hätten meine Eltern total Recht behalten.) Doch ich wusste, dass ich solch eine Willkür nicht noch einmal über mich ergehen lassen wollte, dass ich für mich beschließen wollte, wo ich leben und mit wem und wie und wohin ich reisen, wo ich studieren wollte. Das wurde mir mit einem Mal sehr klar, und ich tat das, was vernünftig war. Ich hielt den Mund, ließ mir den Stempel geben und nahm kurz darauf die deutsche Staatsbürgerschaft an.

Meine Eltern ließen zwar ein paar Erleichterungsseufzer raus, doch sie hielten sich zurück mit dem »Warum nicht gleich so« und »Ich hab's dir ja gesagt«. Dafür war die Sache zu wichtig. Wie wichtig, würde sich erst noch zeigen.

Und so wurde in dem ersten Jahr der Neunziger, des grauenvollsten Jahrzehnts meines in grauenvollen Jahrzehnten so erprobten Landes, aus mir eine deutsche Staatsbürgerin, mit einem Gefühl der Verbundenheit meinem neuen Land gegenüber und diesem Stück Papier, das es mir gegeben hatte, dank dessen ich frei leben und reisen konnte, und auch mit einem Gefühl der Schuld, einen Verwundeten auf der Flucht liegen gelassen zu haben. Völlig irrational der Gedanke, natürlich, denn wäre ich Jugoslawin auf dem Papier geblieben, hätte das den Verlauf der Geschichte kaum beeinflusst, höchstwahrscheinlich nicht – wobei dies nicht wirklich ein Gedanke war, eher ein Zustand, der zur Folge hatte, dass mir die Wichtigkeit meiner Wurzeln fortan stets bewusst war. Eine Erkenntnis lieferte die Sache auf jeden Fall und schob den Migrationshintergrund fortan in den Vordergrund: Auch wenn das ganze Leben und das eigene Schicksal ein Labyrinth waren, der Ausgangspunkt waren die Wurzeln. Sie bestimmen nicht nur, woher du kommst, wie du aussiehst, woran du dich erinnerst, wie rastlos du bist, wie du alterst, sondern auch, was du bist, warum du bist, wo du bist, und außerdem: wohin du gehst, wie häufig du das Ziel änderst und wie leicht dir Letzteres fällt. Gut, dass ich die Wichtigkeit der Wurzeln erkannte, denn in den Jahren, die folgten, würde mir die Frage nach meiner genauen Herkunft sehr häufig gestellt werden, denn je klarer sich die Kriege abzeichneten, desto interessanter wurde sie für andere Menschen.

Man ist mehr als die Summe seiner Teile, doch was ist, wenn sich die Teile völlig und konstant verändern?

Um das nachzuvollziehen: Ein Blick nach hinten, scharf und eindeutig und heiter wie ein Sonnenstrahl, der sich unverzagt durch eine schwarze Wolke drängt.

Teil I

Von Vorfahren und Winden

Das Wiedersehen

Wie ein Sonnenstrahl, der sich unverzagt durch eine schwarze Wolke drängt und sie am unteren Rand hell werden lässt, immer heller, als hätte er mit einem Mal durch eine Eingebung das Wort gefunden, das das Gegenteil von dimmen bedeutet:

Ende der sechziger Jahre des letzten Jahrhunderts, eine Straße mitten in Belgrad, am nördlichen Ende des Tašmajdan Park. Gegenüber dem Theater Atelier 212 parkt ein silberner Mercedes 280 SL Pagoda französisch verwegen halbschief auf dem Gehweg, als würde das exquisite Automobil an sich zu diesem Zeitpunkt und an diesem Ort nicht schon genügend Auffallen erregen. Es ist Mai oder vielleicht September, es scheint eine sanfte, trotzige, wohlwollende Sonne vom Himmel. Auf der Fahrerseite, hinter einer Sonnenbrille, die man heute wohl als cool bezeichnen würde, sitzt ein hochgewachsener junger Mann mit hellem Haar und dalmatinischen Gesichtszügen, im Kofferraum sind zwei Koffer und zwei Tennisschläger, in der Innentasche seines Jacketts befindet sich sein weinroter Pass, die Farbe des Umschlags ein heißes Eisen im Kalten Krieg. Der Pass, auf dem in goldenen Buchstaben in lateinischer Schrift:

SFR JUGOSLAVIJA

und darunter in Kyrillisch:

СФР ЈУГОСЛАВИЈА

zu lesen ist, darüber abgebildet, auch in Gold, das Wappen mit dem Feuer und dem fünfzackigen Stern, ist bis auf die letzten zwei Seiten voll mit Visa und Ein- und Ausreisestempeln, nach grimmigem Durchblättern und dem Augen-Pass-Augen-Pass-Augen-Pause-Seufzer-Stempel-Spiel von westlichen Grenzbeamten mal knallend, mal widerwillig verabreicht. Doch er beklagt sich nicht, natürlich nicht, denn er darf reisen und spielen, und nur ein bisschen weiter östlich darf man gar nichts. Jetzt aber ist sein Kopf flau und sein Magen leer, oder umgekehrt, das Herz pocht so schnell und heiß, wie es sich geziemt, wenn es um Angelegenheiten des Herzens geht. Dabei ging es bei dieser ungeplanten Reise nach Belgrad eigentlich um Zollangelegenheiten, doch sobald er an der Straße Lole Ribara vorbeikam, verfuhr er sich dreimal, setzte zurück und blieb schließlich stehen, und mit dem satten Abdrehgeräusch des Motors wurden aus Zollangelegenheiten solche, die mit Sehnsucht und Erinnerung zu tun hatten.

Er sieht sich um, als wollte er nicht, dass man ihn wahrnimmt, denn obwohl er vor dem Theater parkt, weil er weiß, dass bald die Probenpause ist, sie hinauskommen könnte und sie sich nach zwei Jahren zum ersten Mal wiedersehen würden, will er seinen Besuch hier auch geheim halten, was allein dadurch – und das muss ihm klar sein – unmöglich ist, weil das Auto so viel Aufsehen erregt wie Sophia Loren in einem engen Kleid. So haben ihm (dem Auto, nicht ihm selbst) die Menschen hinterhergepfiffen, bewundernd wie hinter einer schönen Frau; sobald er damit in Split angekommen war, hatte sich die halbe Stadt um ihn versammelt. Menschentrauben! Nur sein Vater fragte, was soll denn dieses Auto, das hat ja nur zwei Sitze. Dann auf der Fahrt nach Belgrad, durchs dalmatinische Hinterland, das genau zu dieser Zeit als Kulisse für Cowboyfilme diente, an Filmdreharbeiten vorbei, durch die Herzegowina, durch Bosnien, nach

Serbien, an Obstständen, Tankstellen und kleinen *kavanas*[1] am Weg. Man bestaunt ihn, Gott fährt Mercedes, der Titel eines Liedes, das erst im neuen Jahrtausend würde komponiert werden, seiner Zeit nicht voraus, sondern drei Jahrzehnte hinterher. Schweres Silber außen, glitzernd und hart wie Diamantenstaub, dunkelblaues Leder innen und als Kennzeichen ST–11111. Seine Schulfreundin Branka arbeitete bei der Stelle für die Nummernschildvergabe und dachte, sie würde ihm damit eine Freude machen. Natürlich würde er in den nächsten elf Jahren damit noch mehr auffallen.

»Genosse Pilić, ich weiß ehrlich nicht, wie ich das jetzt besteuern soll«, schnaufte der feste Major, den er mitten in seiner *marenda*, dem in Dalmatien obligatorischem zweiten Frühstück, unterbrochen hatte. Er war erstaunlich flink zum Wagen gehüpft, hatte sich mit seinem Taschentuch noch den Mund abgewischt und dann die Schweißtropfen auf seiner Glatze drumherum getänzelt und gepfiffen ob dieses Wunders der deutschen Autobaukunst! Das Wunder war zwei Monate zuvor in der Fabrik in Stuttgart bestellt worden, und »Genosse Pilić« hatte es persönlich abgeholt, sobald es bereitstand, und dann von Stuttgart nach Split gefahren, direkt zum Hafen, wo das Amt für Zollangelegenheiten saß.

Der Major kratzte sich am Kopf, in einer Mischung aus Verlegenheit und Bewunderung, nur Genosse Tito besäße so einen, sagte er, und dann: »Eine Schönheit ist er – wie von Meštrović gemeißelt!«

1 Kavana (im Kroatischen) und kafana (im Serbischen) ist eine kleine Kneipe, in der Alkohol und Kaffee serviert werden, oft wird auch Essen und Livemusik geboten. Seit den achtziger Jahren ist der Begriff ein Synonym für heruntergekommene Spelunken, weshalb man sie seitdem lieber Bistro oder Bar nennt.

»Ja. Danke. Aber es muss doch einen Steuersatz für einen Mercedes geben«, sagte Pilić etwas verzweifelt zum Major.

»Ich habe bei Gott noch nie so einen Wagen in unserem Land gesehen! Lassen Sie mich telefonieren.«

Das tat er also.

»Hm … verstehe … ein Pagoda, 280 SL … ja, verstehe, direkt dort, einen schönen Tag noch!«

Er wandte sich wieder an sein Gegenüber.

»Genosse Pilić, es hilft nichts. Sie müssen nach Belgrad, ich sage General Ivanović Bescheid, dass Sie kommen. Das muss in Belgrad geregelt werden, aber kommen Sie doch gerne noch einmal vorbei, wenn Sie wieder da sind!«

Gleich am nächsten Tag war er nach Belgrad aufgebrochen. Der Traum, den er sich mit dem Auto erfüllt hatte, sollte nicht einen Tag länger als nötig durch Behördenformalien ausgebremst und aufgeschoben werden. Es war eine lange Fahrt von Split nach Belgrad, 700 Kilometer, die ersten der rund 27 000 Kilometer, die er in diesem Wagen im nächsten Jahrzehnt hinter sich bringen würde, und es war auch eine der schönsten, denn sie galt nur dem Auto selbst. Doch je näher er Belgrad kam, umso häufiger dachte er an sie. Und nun stand er an der Ecke der Straße Lole Ribara. Heute heißt die Straße Svetogorska und gehört zu den Top-drei-Straßen in Belgrad, deren Namen am häufigsten geändert wurde. Das dunkelblaue Straßenschild liest sich wie folgt:

Frühere Namen der Straße

Dva Bela Goluba 1872–1896
Svetogorska 1896–1922
Bitoljska 1922–1930
Žorža Klemensoa 1930–1943

Svetogorska 1943–1946
Lole Ribara 1946–1997

Ulica Svetogorska

Der erste Name, *Dva Bela Goluba*, »Zwei weiße Tauben«, ist der hübscheste, der erfolgreichste in der Kategorie »Comeback/Aller guten Dinge sind drei« ist der Name der Svetogorska. Warum man den Namen von Ivo Lola Ribar 1997 ändern musste, bleibt ein Rätsel, doch ausgerechnet in den Zeiten der größten Umbrüche und Krisen schienen in diesem Land Ideen für neue Straßennamen besonders gut anzukommen, als hätte man sich um nichts Dringenderes zu kümmern.

Belgrad. *Beograd*. Die weiße Stadt, *beo grad*, in der sich Donau und Sava treffen, auf achtundzwanzig Hügeln errichtet, zu diesem Zeitpunkt in der Geschichte neununddreißigmal zerstört und neununddreißigmal wieder aufgebaut. Kaum vorstellbar, und noch weniger, dass dieser Frieden nicht währen wird.

Er blickt an einer braunen Fassade hoch. Diese eigenartige Farbe: Er nennt sie Belgradbraun und findet sie so erhebend wie die Stadt selbst. Warum, fragte er sich, warum hatte ausgerechnet die weiße Stadt ein so sattes Braun vorzuweisen, das derart vielfältig war: charmant und gefährlich, wenn es bewölkt ist, und aufrichtig und hoffnungsvoll, wenn der Himmel blau leuchtete? In seiner Heimatstadt, in Split, im selben Land, Jugoslawien, nur 700 Kilometer weiter südlich, herrschte schon ein anderes Klima; allein das Himmelblau der beiden Städte fand er ähnlich flirrend. In Split gab es keine harten Winter, dafür Meer, keine Boulevards wie in Belgrad, dafür genauso schöne Mädchen. Ihm fiel jetzt dieser ganz besondere Stein ein, der, der in den Mauern von Diokletians Palast steckte und ihm Glück brachte, seit er ein Junge war. Als er noch innerhalb der Palastmauern wohnte, in den ersten sieben Jahren seines Lebens, entdeckte er ihn und legte seitdem, sooft er konnte, die linke Hand darauf, die, mit der er nicht schreiben durfte. Er tat dies so fest, bis seine Finger die maximale Spanne erreichten. Insgesamt drei Sekunden lang, eine für die Sekunden, auf die es ankam, eine für die Minuten, an die man sich erinnert, und eine für die Tage, die noch kommen. Und das alles tat er, obwohl er Aberglauben, im Gegensatz zu den meisten seiner jugoslawischen Landsleute, auf ein Minimalmaß beschränkte. Wie, wo und wann man sich die Nägel zu schneiden hat, was es bedeutet, wenn die rechte Handinnenfläche oder die Nase juckt oder wenn einem die Ohren brennen, wenn man Krümel verschüttet, wenn ein Hund Gras frisst, wenn man einen weißen Schmetterling erblickt, wo man einen Regenschirm aufbewahrt, oder was passiert, wenn man in eine faule Birne beißt – was in diesem oder jenem Falle, dann und dann nicht, passiert, all das wusste sein Volk, bei dem der Begriff »Aberglaube« wortwörtlich »Leerglaube« heißt. Denn man glaubt doch in Richtung große Leere, man betet, doch man weiß nicht genau, zu wem. Dass alle in Split den linken Zeh des großen Bischofs rieben, wollte ihm nie so recht einleuchten, denn selbst der fortunageladenste Zeh konnte doch nur ein begrenztes Kontingent an Glück enthalten.

***

Nur ein paar hundert Meter weiter nördlich des parkenden Mercedes, genau am Tašmajdan Park und gegenüber vom Hotel Metropol Palace: Im dritten Stock des Hauses der Georgi Dimitrova 18 (heute: Ilije Garašanina) roch es nach Belgrad – ein Gemisch aus Holz, Seife, Kaffee, Pfeifenrauch, Rauch, Feuer, Ruß und Nebel, das so übrigens nur in seltenen japanischen Räucherstäbchen vorkommt. In einem der Zimmer kämmt eine junge Frau ihr langes schwarzes Haar. Sie gilt als eine der schönsten Frauen der Stadt, so steht es in den Klatschspalten, die in dieser Zeit saftiger gefüllt sind als eine heiße *gibanica*[2] – die sechziger Jahre sind gut zu Belgrad, und alle feiern, als wäre Krieg oder Krise oder so etwas. Sie ist mittendrin, und sie spürt es, und sie wird viel später diese Jahre in Belgrad, deren Ende schon bald naht, als die besten *years of my life* bezeichnen.

Die Tür geht auf: Olja, die Haushälterin, bringt ihr den zweiten Kaffee. Sie murmelt den Monolog, das macht sie morgens immer, obwohl sie die Vorstellung gestern zum vierunddreißigstenmal gespielt hat, nicht weit von hier, eigentlich nur geradeaus nach Norden, den Tašmajdan auf ihrer linken Seite bis zur Lole Ribara zum Theater Atelier 212, wo sie fast jeden Abend auf der Bühne steht. Um ins Atelier 212 zu gelangen, muss sie nicht durch die Ulica Dalmatinska (die Dalmatinische Straße), in der sie jedes Mal eine Ausrede hat, an ihn zu denken, doch selbstverständlich tut sie es manchmal, weil es gerade der Umweg ist, der einem nicht nur das Ziel offenbart, sondern auch, ob man überhaupt eins hat. In der Georgi Dimitrova 18 wohnt sie bei ihrer Tante Zora und deren Mann Dušan, dem General, und deren gemeinsamem Sohn Boba, zwischen dunklen Ölgemälden, sehr weichen, tiefen Teppichen, Elefantenstatuen, Familiengeheimnissen, Pianoklängen und Pfeifenrauch. Palilula heißt dieser Stadtteil Belgrads, was »Zünde an« (*pali*) »die Pfeife« (*lula*) bedeutet. Erst gestern erzählte ihr Dušan, während er sich eine Pfeife stopfte, woher der Name des Viertels Palilula stammt: Lange bevor die Habsburger im 18. Jahrhundert

2 äußerst schmackhaftes, im Idealfalle triefendes, mit Fleisch oder Käse gefülltes Blätterteiggebäck. Nüchtert übrigens um drei Uhr morgens sehr effizient aus.

das Stadtviertel so gestalteten, wie es heute angeordnet ist, war es ein Teil des Osmanischen Reichs. Die türkischen Herrscher verboten das Rauchen, um die Ernte, die hier gelagert wurde, nicht zu gefährden. Im Spätsommer und frühem Herbst, als die Ernte sicher verstaut war, durfte die Pfeife schließlich gezündet werden, und dies rief man einander zu – deshalb Palilula. »Zünde die Pfeife an«: Daran hält sich der General jeden Tag, an schlechten Tagen auch zweimal.

Ihr fällt der unregelmäßige Husten ein, der die gestrige Vorstellung durch die zweite Hälfte begleitet hatte, und wie sie einmal beinahe aus dem Konzept geröchelt wurde, aber nur beinahe, in der einen Sekunde, in der sie sich fragte, ob es nicht doch eine Frau sein könnte, die da hustet. Aber nein, nein, nein, weiter im Text, und ihr wird klar, wie viel wichtiger manche Sekunden als andere sind, nicht Tage, Sekunden, in denen man standhaft und ruhig und konzentriert bleiben muss, im Gegensatz zu denen, die das plötzliche Umschlagen der Gedanken als den einzig richtigen Weg offenbaren.

Jetzt bewegt sie sich zum Fenster und blickt hinaus und sieht ein Taksi wegfahren, und schon kommt Olja wieder ins Zimmer: das Telefon, für sie. (Das Telefon! Ihre Kinder würden sie Jahrzehnte später aufziehen, weil sie immer sehr viel lauter in das Telefon sprach als im wirklichen Leben, und wenn es sich um einen, wie sie es heute noch nennt, *long distance call* handelte, schrie sie geradezu hysterisch hinein. Und sie würde sogar verstehen können, warum das die Kinder belustigte: Wie sollten sie nachvollziehen, dass ihre Generation noch Achtung vor jeder technischen Innovation besaß? Dass ihre Tante es zu einem eigenen Telefon gebracht hatte, einem grünen massiven, das auf einem eleganten Biedermeiertischchen mit Spitzendecke neben einem Adressbüchlein stand, daneben ein schwerer grüner Ohrensessel aus Samt, der passend zum Telefon gekauft wurde, war ein Privileg, aufregend und kostbar, der Geschmack der Zukunft.)

»Wer ist es denn?«, fragte sie Olja, Richtung Telefon eilend.

»Eine deiner Schauspielerinnenfreundinnen.«

Es war Nada. Sie flüsterte aufgeregt:

»Mija, du musst sofort ins Atelier kommen.«

»Warum, was ist passiert?«

»Der Spieler war da.«

Ihre Freunde in Belgrad nannten ihn »den Spieler«. Das hörte sich verruchter an, als es war, denn er war tatsächlich ein Spieler.

»Was? Im Theater?«

»Nein, er parkte gegenüber in einem unglaublichen Auto, einem silbernen ...«

»Was hat er gesagt?«

»Na nichts.«

»Wie nichts? Was wollte er denn?«

«Er ist dann weggefahren, als wir bei der Probenpause rausgingen und du nicht da warst.«

»Hm.«

»Aber wahrscheinlich wollte er dich sehen.«

»Warum gerade jetzt?«

»Ich weiß es nicht.«

»Gut, Nada, wir sehen uns heute Nachmittag. Danke.«

»Ich küsse dich.«

Tatsächlich war er schnell weggefahren, als er die Gruppe junger Schauspieler gesehen hatte und sie nicht unter ihnen war. Mit einem Mal kam er sich töricht vor und wusste nun gar nicht, was er eigentlich gesagt hätte, wenn er sie gesehen hätte, und ob es nicht vielleicht zu spät war für alles: Er hatte in Paris, wo es immer schon eine große jugoslawische Diaspora gab, erfahren, dass sie einen Kollegen mehr als nur schätzte. Auch wusste er nicht, ob sie überhaupt noch im dritten Stock der Georgi Dimitrova 18 lebte – und, ach ja, wie viel Steuern er wohl würde zahlen müssen. (Es würden letztlich 200 Prozent sein, eine unerhörte Summe für ein unerhörtes Meisterwerk, einen Stern für mich, würde er später immer sagen, und zwei für Tito. Nicht dass die zuständige Stelle in Belgrad ihm dies hatte mitteilen können. General Ivanović war zwar sehr zuvorkommend und zwang ihm ein Schnäpschen auf, »eins fürs System[3], kommen Sie schon, Genosse Pilić«, und sah sich den Wagen genauestens an – »Mercedes, eh?« –, doch dann schickte er ihn wieder zurück nach Split: »Sie müssen die Steuern dort bezahlen. Ich habe keine Ahnung, wie ich das besteuern soll. Dafür sind die dalmatinischen Genossen zuständig.«)

Und doch. Diese scheinbar sinnlose Reise, wie es ihm zunächst schien, veränderte alles, sein Leben, ihr Leben, und legte den Grundstein für die Wendung, die beide weit weg von ihren Wurzeln führen wird.

* * *

Man kann sich alles aussuchen – seine Freunde, seine Heimat, heutzutage sogar seine Nase, lediglich über seine Wurzeln kann man nicht bestimmen. Man kann sie nicht ablegen und nicht leugnen. Ein Baum wächst schließlich dort, wo er gepflanzt wurde, und wer kann schon sagen, warum es genau jene ursprünglichen Koordinaten sind, die das Schnittmuster des eigenen Lebens skizzieren? Denn das werden sie, egal wie viele – und welche – Koordinaten man sich danach zum Niederlassen aussucht. Je älter man wird, umso mehr spürt man seine Wur-

3 »Eins fürs System« – hier war nicht das politische System gemeint, sondern der menschliche Organismus, dem ein Schnäpschen in Ehren der Erfahrung nach immer guttut.

zeln, so ähnlich wie man »Rücken« oder »Hüfte« spürt, obwohl man durchaus schon mit einem Rücken und Hüften zur Welt kam. Der Baum wächst zu einem Stamm heran, und der eigene Stammbaum ist so etwas wie die Blaupause der Impulse, der unbewussten, nicht steuerbaren Reaktionen, der bleibt, unabhängig davon, was man sich bewusst antrainiert hat, der bleibt, auch wenn man entwurzelt wird. Dann ändert sich nur scheinbar alles. Vor allem sieht man die Welt und sich selbst in einem anderen Licht: eher lilagrau, wie an einem Novemberabend bei Nieselregen, während drinnen die Kerzen flackern.

Ich stamme aus Jugoslawien. Das bedeutet wörtlich »Das Land der südlichen Slawen«. Dort sind meine Wurzeln. In Jugoslawien wurde ich geboren, so steht es auf meiner Geburtsurkunde geschrieben, der ersten. Kurz bevor ich 2010 heiratete, merkte ich, dass ich sie verloren hatte, bei einem meiner Umzüge, vielleicht im Jahr 2001 von London nach München, da ging viel verloren, oder von Hamburg nach, ach, auch egal. Jedenfalls musste ich eine neue Geburtsurkunde beantragen – in Split, meiner Geburtsstadt. Ich bekam sie recht zügig, weil eine Freundin meiner Eltern eine Nichte hat, deren Verlobter im Meldeamt von Split arbeitet. Als ich die neue Geburtsurkunde erhielt, war nicht nur das Datum der Ausstellung anders. Auch mein Geburtsland existierte nicht mehr. Kein Wort von Jugoslawien. Nur Split stand darauf, Komma, Kroatien. (Ich fand bei meinem nächsten Umzug die alte Geburtsurkunde wieder und konnte somit vergleichen.) Das Land, in dem ich geboren wurde, gibt es nicht mehr, das hatte ich schon irgendwie mitbekommen, doch es wie durch die Zaubertinte der Kriege gelöscht zu sehen: Das ist eine Wurzelbehandlung der anderen Art, für die keine Betäubung stark genug sein kann.

Meine Eltern wurden in Jugoslawien geboren. Die Eltern meiner Eltern wurde allesamt in Österreich-Ungarn geboren, kurz bevor es zum Königreich der Serben, Kroaten und Slowenen wurde und dann zur Sozialistischen Föderativen Republik Jugoslawien (SFRJ), um schließlich in Jugoslawien, Kroatien und Restjugoslawien zu sterben. Diese verschiedenen Namen, Bezeichnungen, Mächte und Grenzen ändern natürlich nichts an den Wurzeln selbst – die stehen über allem, dadurch, dass sie unter allem stehen. Ich lebe nun etwa eintausend Kilometer weiter nordwestlich von meinen Ursprungskoordinaten. Wie soll ich mich bezeichnen? Tausende von Konversationen darüber haben dies nicht eindeutig klären können, ich weiß es immer noch nicht: als Südslawin, Deutsche, Münchnerin, Ex-Berlinerin, Europäerin? Oder Ex-Jugoslawin? Oder, weil es viele so gern genau wissen wollen, halbe Serbin, halbe Kroatin, seit ihrem zehnten Lebensjahr in Deutschland lebend, seit dem achtzehnten eingebürgert, die ić-Endung in ihrem Namen (auch wenn sie schließlich zum -ic eingedeutscht wurde) immer mit sich tragend?

Jugoslawien – das waren nicht nur die tiefen Schluchten und glänzend grünen Flüsse Bosniens, die sich winden wie der Refrain eines Sevdahs, die sanfte schlammige Weite der Vojvodina mit den bonbonbunten niedrigen Häuser darin, das Belgradbraun an Donau und Sava, der Marmor und die Zypressen Dalmatiens, die Inseln und das knallblaue Meer, mein Meer! Mein Meer. Es war meine Heimat, das Land, aus dem ich stamme, in dem ich gehen und reden und lesen und schreiben lernte, in dem ich aber nicht lernte, dass ich aus einer »Mischehe« stamme, weil das nicht wichtig war, bevor der Krieg kam. Ich lernte erst relativ spät im Leben, was es heißt, eine bilaterale Psyche an den Tag legen zu müssen. Die rechte Hirnhälfte widerspricht der linken, doch das Herz, ach, das Herz! Das kann man nicht zweiteilen.

Hier sollte dringend der wurzelbedingte Hang zum Pathos erwähnt werden.

Dinge, die mich meine Wurzeln früh lehrten:

- Pathos ist gut.
- Sehnsucht ist wichtig.
- Wir probieren heute alles, weil es morgen vielleicht gar nicht gibt.
- Die Menschheit ist der Ursprung allen Glücks und Unglücks.
- Doch man kann nicht anders, als sie zu lieben.
- Wenn es windig und sonnig ist, ist es am schönsten.
- Das Meer ist die beste Meditation.
- Es ist manchmal schön, traurig zu sein.
- Der Blitz schlägt nicht in Brennnesseln ein.
- Die Uhrzeit darf man nicht so genau nehmen, und Zahlen kann man drehen. Überhaupt: Zahlen: pffft.

Dinge, die ich aufgrund meiner Wurzeln leider erst spät lernte:

- Mittel- bis längerfristig zu planen.
- Wörter so aufzudröseln, dass man Bindestriche dazwischen setzen kann.
- Sparen – siehe: Vielleicht ist morgen alles vorbei.
- Klappe halten, auch: erst denken, dann reden.
- Spazieren gehen – wozu soll das gut sein? Sitzen hingegen, gerne auf nicht fertig gebauten Mäuerchen[4], ist gut.
- Meine normale Redelautstärke wird nördlich der Alpen als Schreien empfunden.
- Zeitmanagement – siehe: Morgen ist vielleicht eh alles vorbei.

***

4 Dazu später mehr. Doch, wirklich: Mäuerchen sind wichtig.

In der Nacht, bevor er am Theater aufgetaucht war, hatte Mija von ihm geträumt, erstmals wieder nach einigen Wochen (nach dreiunddreißig Tagen, um genau zu sein). In dem Traum hatte er ihr eine Bürste aus kreolischen Schweineborsten, das Herz eines Falken und eine Schatulle aus Gold geschenkt, was immer das zu bedeuten hatte. Zwei Jahre hatten sie sich nicht gesehen, und es war die Zeit, als man Menschen noch leichter vergessen konnte, weil sie einen nicht ständig in Gestalt von angeberischen Fotos mit Victory-Zeichen von irgendeinem Bildschirm angrinsten. Doch sie vergaß er nicht. Seit zwei Jahren nicht. Und von jedem Ort, den er bereiste, Alexandria, Chicago, Melbourne, Montreal, schrieb er Mara, ihrer Mutter, eine Postkarte, immer noch, obwohl sie durch die Trennung den Status der Schwiegermutter in spe verloren hatte. Nun ja: Er schickte sie ab. Einmal vergaß er den Text komplett und sandte ihr eine leere Postkarte. Mara lächelte nur und freute sich, denn er hatte an sie gedacht. Ein anderes Mal erhielt sie eine Karte mit folgendem Inhalt:

Liebe Mara,
viele Grüße aus Iks Ipsilon,
Dein Nikola

Mara schmunzelte und legte mit ihren perfekt manikürten Händen die Postkarte auf den Stapel zu den Hunderten anderen, die er in den letzten zehn Jahren geschrieben hatte. Iks Ipsilon! Er reiste so viel, der junge Mann, und dieses beigefarbene Hotelzimmereinerlei – manchmal musste er doch wirklich keine Ahnung haben, wo er gerade war. Und immer noch besser, wenn jemand in Iks Ipsilon an einen denkt, als gar nicht. Lieber ein bisschen als gar nicht – *bolje išta nego ništa*, so sagt man bei uns. Sie hoffte immer noch, dass ihre Tochter mit ihm, diesem jungen Kroaten, der das Land so charmant und anständig und furchtlos vertrat, wieder zusammenfinden würde. Geduld! Mit der Zeit wird aus Gras Milch, sagte Maras Stiefmutter immer.

Maras Schwestern hießen Zora und Smilja, und als Mija das Engagement am Theater in Belgrad bekommen hatte, zog sie in Zoras Gästezimmer in der Georgi Dimitrova ein. Es war übrigens auch Zora gewesen, die einige Jahre zuvor durch ihre Kontakte verhindert hatte, dass Mija an der Schauspielschule aufgenommen wurde, obwohl sie die Prüfung bestanden hätte. Zoras Absichten waren gut – warum das junge Ding in ihr Unglück rennen lassen, wenn man es durch einen Anruf verhindern kann? – und ihre Kontakte waren stets vorzüglich gewesen. Doch die Unbeirrtheit des jungen Mädchens, was seine Berufung anging, war es ebenso.

Nachdem sie abgelehnt worden war, ging sie in den Friseursalon, in dem Zora einen süßen Kaffee trank, die Nägel kirschrot lackiert bekam und unter einer riesigen, bedrohlich brummenden Trockenhaube saß.

»Ich habe es nicht geschafft, aber das macht nichts, das macht absolut überhaupt nichts. Ich probiere es so lange, bis die mich nehmen. Ich werde Schauspielerin!«, sagte sie und strahlte wie der Himmel über Split an einem Tag im Juni, trotz der Niederlage. Denn sie hatte nun die endgültige Gewissheit, dass ihr Entschluss, Schauspielerin zu werden, der einzig richtige war.

Zora hörte sie trockenhaubenbedingt nicht, sondern sah sie nur strahlen. Aus dem Gesichtsausdruck ihrer Nichte schloss sie, dass jemand die Anweisungen nicht richtig befolgt hatte, sprich: dass sie strahlte, weil sie die Aufnahmeprüfung bestanden hatte.

»Was, ich höre dich nicht unter dem Ding. He! Ausmachen!«, schrie Zora, und jemand eilte herbei und zog den Stecker, und die Trockenhaube dampfte ab wie eine Lokomotive.

»Ich habe es nicht geschafft, aber das macht nichts, das macht absolut überhaupt nichts. Ich probiere es so lange, bis die mich nehmen. Ich werde Schauspielerin!«, schrie sie, obwohl die Haube nicht mehr lief.

Verdammt. Die ist ja noch entschlossener als zuvor, dachte Zora. Das junge Mädchen war als Kind fast schon schmerzhaft schüchtern gewesen, mit einer kleinen Stimme und einem Hang zum Stottern, und all das verschwand, sobald sie auf einer Bühne stand. Im Jahr darauf hinderte sie niemand mehr, sie schaffte die Aufnahme und wurde Schauspielerin.

Zora war eine perlende Persönlichkeit, klug, schnell, krass, klein, dunkel, charmant, eine Königin des Networkings, würde man heute wohl sagen, eine Karrierefrau, die durchaus gefährlich werden konnte, wenn man sich ihr in den Weg stellte. Da ihr Mann einer der ranghöchsten Generäle der jugoslawischen Nationalarmee war, stellte man sich ihr besser nicht in den Weg. Die beiden zogen seit Jahren durch die Republik, je nachdem, wo er stationiert wurde, und Belgrad war nach Ljubljana und Zagreb und vielen anderen Städten ihre letzte Station. Zora arbeitete beim Fernsehen und war dort für Kultursendungen verantwortlich, die man sich gerne ansah: Sie hatte stets einen hohen Anspruch, förderte junge Talente und versammelte in ihrer Freizeit mit Vorliebe kluge Menschen um sich.

In Zoras Wohnung würde Mija in einem seltenen Moment der Entspannung – es war das Belgrad der sechziger Jahre, und sie war Schauspielerin, da kam man nicht oft zum Chillen – auf dem Sofa ein Gerücht in der Zeitung lesen von einer hellblonden Schönheit aus der südlichen Hemisphäre, mit der der Mann mit den Tennisschlägern einige Male gesehen wurde. Ja, sie waren getrennt, also konnte sie nichts sagen, doch sie ließ langsam die Zeitung auf den weichen Teppich fallen und ging hinaus in den Tašmajdan Park. Als sie wieder zurückkam, fand sie Zora und die ganze Familie, selbst Olja und den General, schluchzend vor, die Zeitung vor ihnen auf dem Boden. Zoras Mann war ein zwei Meter großer Montenegriner, der aussah wie ein Hollywoodstar und auch zu Hause seine Generalsterne trug, nun wischte er sich verstohlen eine Träne aus dem Auge, bevor er sich eine Pfeife stopfen ging. Sie alle nahmen das Gerücht nicht auf die leichte Schulter. Während sie ruhig blieb, weinten die anderen Bewohner der Georgi Dimitrova 18 zwei Tage lang hysterisch, als wären sie Albanerinnen an einem Grab, dann aber hörten sie plötzlich alle gemeinsam auf. Als Mija dann nach einiger Zeit anfing, den Einladungen anderer junger Männer nachzugeben, und mit einem mehr als einmal etwas trinken ging, versuchte Zora, »diesen Bengel!« verhaften zu lassen. Der General aber stellte sich quer:

»Nein. So machen wir das nicht. Ich kann doch nicht jemanden verhaften lassen, weil der mal was mit ihr trinken war.«

»Wie machen wir es dann? Sie und der Spieler gehören zusammen, hör mal.«

»Wenn sie zusammengehören, wird es auch so kommen.«

***

Und so kam es auch, und zwar wie folgt: Obwohl er in der Zwischenzeit weggefahren war, machte sie sich auf den Weg zum Theater. In der Ulica Dalmatinska sah sie seinen Wagen, er fuhr planlos in der Gegend herum, entdeckte sie, hupte, parkte wieder quer. Sie rannte zu ihm hin, er kurbelte das Fenster herunter, dachte an den einen Satz, den sein Vater ihm vor jeder Reise sagt:

»Sei anständig und habe keine Angst.«

Keine Angst.

Wir probieren heute alles aus.

»Was machst du denn in Belgrad?«, fragt sie.

»Ach, das hat mit dem Auto zu tun, sie haben mich aus Split hierhergeschickt, weil sie nicht wussten, wie sie ihn besteuern sollen, und da bin ich nach Belgrad und …«

»Ja?«

»Und da habe ich dich gesucht.«

»Ja?«

»Ja.«

»Und jetzt hast du mich gefunden.«

Und dann sagen beide nichts mehr. Und dann beide etwas gleichzeitig. Und dann wieder Pause. Und dann wieder nichts. Sie sind entspannt wie zwei Nachrichtensprecher im Fernsehen, die am Schluss der Sendung noch versuchen, ungezwungen miteinander zu plaudern.

Dann sagt er:

»Ich habe dir etwas mitgebracht. Einen Kamm.«

Sie will lachen, stattdessen fasst sie sich ins Haar.

»Sag mal, was machst du Silvester?«, fragt er schließlich.

»Da stoße ich mit dir an. Oder?«

»Ja. Ich bitte darum.«

***

Viele Grüße aus Iks Ipsilon: Wir Jugos besitzen kein X. Genauer gesagt: Weder das serbische noch das kroatische Alphabet, die übrigens identisch sind, kennen ein X. (Es gibt auch kein Q, W oder Y, dafür einige andere Buchstaben, die im deutschen Alphabet nicht vorkommen. Insgesamt sind es zweiunddreißig an der Zahl.) Aber der Laut X ist uns nicht fremd, wir schreiben ihn, wie überhaupt alles, phonetisch, als ks: Aleksandar, *taksi*, *seks* – nicht zwingend in dieser Reihenfolge. Oder eben: *import eksport*.

»Was machst du so?«

»Mache ich gerade ein bisschen so … na … *import eksport*, weiß du.«

Wenn man das R rollt und das X etwas weicher macht und das Ganze balkanesisch ausdehnt, riecht es sofort nach Ärger und/oder Zollfahndung. *Import eksport* steht für schwindelige Geschäfte, vom Laster gefallene Autoradios, unsaubere Deals, die in verrauchten, mit Siebziger-Jahre-*Mebeln* ausgestatteten *Biros* um den *Haubanof* herum ausgehandelt werden. Wenn ein Landsmann gerade nicht angeben kann oder will, womit er sein Geld verdient: *Import eksport* hört sich immer plausibel an.

In der Zeit des jahrelangen Embargos, das die Vereinten Nationen 1992 gegen Restjugoslawien (gab es jemals einen traurigeren Namen für ein Land?) verhängten, entpuppte sich das *import-eksport*-Gen, das wohl in uns allen steckt, als Vorteil. Die Lage war katastrophal: Kein Öl, kein Benzin, kein Stahl, kein Zucker, nicht einmal Medikamente durften eingeführt werden. Dass Mara, meine Großmutter, ihre lebensnotwendige und ausschließlich im Ausland erhältliche Herzmedizin bekam, dafür sorgten wir aber, und so betrieb sogar ich schon einmal, auf der kleinsten vorstellbaren Makro-Ebene, *import eksport* – ohne Papiere, ohne ein X.

Der Begriff ist inzwischen sogar in den urbanen deutschen Sprachgebrauch importiert worden: *Import Eksport* hieß zum Beispiel eine lustige Clubnacht in München, bei der mir mal eine Riesentrompete auf den Fuß gefallen ist. Das ist jetzt keine Metapher, ein gigantisches Blasinstrument landete tatsächlich auf meinem Fuß, aber keine Sorge – nichts, was ein bisschen Schnapseingereibe nicht wieder hingebogen hätte. Šljivovic dort draufgeben, wo es wehtut, hilft nämlich gegen fast alle Wehwehchen, wie ich schon in der Kindheit lernte – so ist der Schnaps ein Wundermittel gegen blaue Flecken, Zahnschmerzen, Erkältungen, Mückenstiche oder Magenbeschwerden, reinigt und stärkt zudem den Organismus und vieles mehr. Man darf ihn natürlich auch trinken, zum Beispiel wenn man gerade einen *Import-eksport*-Deal abgeschlossen hat. Bin ich Ekspertin für so was. (Zum Satzbau kommen wir noch früh genug.) Das X, dieser merkwürdige Buchstabe, ist übrigens der zweitseltenste Buchstabe im deutschen Alphabet, von einer lächerlichen Häufigkeit von 0,03 Prozent, im Zusammenhang mit Jugoslawien, dem Land, in dem der Buchstabe nicht existiert, würde er vor allem nach dem Zerfall häufig vorkommen. Jugoslawien kommt nach seinem Zerfall nicht mehr ohne X aus. Zum Beispiel:

Ex-Jugoslawien.

Oder auch:

Exil.

***

Einige Dinge waren den beiden Menschen, ob sie sich nun wiederbegegnet wären oder nicht, ob des Autos wegen oder zu einem anderen Zeitpunkt, unabhängig voneinander vorherbestimmt: eine große Beweglichkeit zu Land, See und in der Luft, eine fast nomadenhafte Freude am Reisen, eine hohe Widerstandsfähigkeit in gefährlichen und schlechten Zeiten, eine unbeugsame Zärtlichkeit den Dingen gegenüber im Speziellen, eine Dringlichkeit fürs Leben im Allgemeinen, eine Flexibilität in der Fremde. Das war gut so, denn das Exil würde kommen, oder anders gesagt: Man würde es sich selbst auferlegen und die Wurzeln, die später als Ursprung für viel Leid sorgen würden, verlassen. Diese Wurzeln würden sie zunächst nicht vergessen wollen und später nicht vergessen können. Sie würden sich der neuen Umgebung anpassen können, anders als der riesige Oleander, den meine serbische Mutter jahrelang in unserem Garten in Split goss, zweimal täglich, denn »er ist sehr durstig«, wie sie behauptete, und der dann, kaum in Deutschland angekommen, sofort einging. Seine Wurzeln, schien er zu sagen, sind nicht in diesem Topf, sondern dort, wo er erfahren hat, was Sonne bedeutet. (Es dürstete ihn entweder nach ihr oder nach frischer Blumentopferde.) Meine Eltern, und auch mein Bruder und ich, würden aber unter der anderen, nördlicheren Sonne wachsen und gedeihen, denn Unkraut vergeht nicht – und der Blitz schlägt nicht in Brennnesseln ein.

***

Die Einladung zur Silvesterparty 1969/1970, im Hotel Esplanade in Zagreb – Gastgeber: Tito –, war sein geheimer Trumpf im Ärmel: Er bittet sie, seine Begleitung zu sein. Sie gehen gemeinsam hin, und die heimischen Klatschspalten füllen sich, und eineinhalb Jahre später auch die des *Mirrors* und der *Sun*, mit einem hübschen Foto: der Bräutigam im Anzug, die Braut in einem bodenlangen dunkelblauen Kleid und mit offenen Haaren unter einem großen Hut. Sie heiraten in London im Juni 1971, weil er zu dieser Zeit in Wimbledon spielt; sie heiraten auf jugoslawischem Boden, in der jugoslawischen Botschaft, in der wohl die Party des Jahrhunderts steigt, denn Tennisspieler aller Nationen und die jugoslawische Diaspora in der englischen Hauptstadt feiern noch lange, nachdem Braut und Bräutigam sich verabschiedet haben. Als einer der Letzten verlässt der Australier John Newcombe die Botschaft, er soll erst um vier Uhr früh ins Bett gekommen sein. In diesem Jahr gewinnt Newcombe Wimbledon, und zweieinhalb Jahrzehnte später erzählt er mir, »die Party deiner Eltern werde ich nie vergessen«.

Sechs Monate später komme ich in Split zur Welt. Die Hochzeit wurde also meinetwegen vollzogen, aber dann: nicht nur, schließlich sind sie dreiundvierzig Jahre später immer noch verheiratet.

Fünfundzwanzig Jahre nach dieser Nacht in der Botschaft würde auch ich in London landen, um dort einige Jahre zu verbringen. In dem Jahr, in dem meine Eltern in London heiraten, erhält der Lieblingsdichter meiner Mutter, Miloš Crnjanski, den bekanntesten jugoslawischen Buchpreis für seinen *Roman über London*, in der die Einsamkeit und Nostalgie eines emigrierten russischen Ehepaars beschrieben werden, in der Stadt, in der auch er über zwei Jahrzehnte verbracht hat.

Ebenfalls in London: Am 17. Juli 1945 erklärt Premierminister Winston Churchill die Suite 212 des Claridge Hotels für einen Tag zu jugoslawischem Staatsgebiet. Dort kam im Exil der aktuelle Thronprätendent des Hauses Karađorđević, Aleksandar II., zur Welt. Unter dem Bett der Gebärenden verstreute man jugoslawische Erde, damit das Kind das Licht der Welt auf seiner Heimaterde erblickte. Scheinbar gehört es zu den Privilegien von Premierministern beziehungsweise Königen im Exil, wenigstens zu versuchen, die Wurzeln zu foppen. Der Junge wurde in der Westminster Abbey getauft, Paten waren König George V. und seine Tochter, Prinzessin Elizabeth, die spätere Elizabeth II., doch dieser Tipptopp-Lebensanfang allererster Sahne konnte ein Leben im Exil auch nicht verhindern: Aleksandar Karađorđević lebt heute nach vielen Stationen in Belgrad, sein Vater Petar I. starb 1970 im Exil in den USA. Petar war unweit vom Tašmajdan Park mit elf Jahren zum König erklärt worden, als sein Vater Aleksandar I. 1934 bei einem Staatsbesuch in Marseille erschossen wurde.

Als die englische Schriftstellerin Rebecca West von diesem Attentat in den Nachrichten hört, fasst sie den Entschluss, dieses Land zu bereisen, von dem sie »nur Gewalt« kennt und das die Zutaten für ihr Magnum Opus *Schwarzes Lamm und grauer Falke: Eine Reise durch Jugoslawien* liefern wird. West ist beunruhigt von der Nachricht, und als sie herausfindet, dass das Attentat gefilmt wurde, sieht sie sich immer wieder die Aufnahmen an. Sie stellt fest, dass König Aleksandar I., »Der Vereiniger«, den West als einen »guten König trotz widriger Umstände« beschreibt, von seiner Ermordung gar nicht überrascht scheint. Beunruhigt ist sie, weil alle Attentate im Reich der Südslawen grässliche Folgen hatten: Wann immer dort ein Monarch gewaltsam ums Leben kam, folgten Krieg und Unruhen im Rest Europas. Auch die Ermordung von König Aleksandar Obrenović und seiner Frau Draga am 11. Juni 1903 lässt West nicht los, obwohl sie zu dem Zeitpunkt erst zehn Jahre alt war. Der schwächliche König war nur schwer zu töten, denn obwohl auf ihn geschossen und er mit dem Schwert angegriffen wurde, musste man ihn noch über den Balkon werfen, und an der Brüstung hielt er sich so fest, dass man ihn abschneiden musste. »Als Alexander und Draga von diesem Balkon fielen, fiel die ganze moderne Welt mit ihnen. Es brauchte einige Zeit, bis sie den Boden erreichten und den Nacken brachen, doch der Fall fing genau in diesem Augenblick an«, schreibt West.

Nichts über den Balkan zu wissen bedeutete für West, »nichts über mein eigenes Schicksal zu wissen«. Sie sah Jugoslawien als das potenziell seismische Land an, das das Schicksal Europas bestimmt – und beschließt, es nochmals für einige Monate zu bereisen.

***

Das potenziell seismische Land: 1909 wurde im Tašmajdan Park das Seismologische Zentrum errichtet. Was auch seitdem dort geschah und was auch sonst in der Nähe zerstört wurde, das Seismologische Zentrum blieb standhaft stehen, unbeirrt gegenüber allen Schwingungen und Beben, an den Koordinaten der Stadt Belgrad, 44° 49’ nördliche Breite, 20° 28’ östliche Länge.

***

In dem Jahr, in dem meine Mutter und mein Vater wieder zusammenkommen, erscheint in Jugoslawien seine Autobiografie unter dem Titel *I na bijeloj stazi trnje*, ins Deutsche zu übersetzen mit *Auch auf dem weißen Weg Dornen*. Sie beginnt mit einer unendlich mühsamen Zugfahrt nach Paris und beschreibt sehr viele Reisen, die meisten zwar lang und mühsam, doch auch voller Freude auf das Neue. Tage und Wochen in Zügen und Flugzeugen und Schiffen werden geschildert, und vielleicht ist es kein Zufall gewesen, all das dem Ghostwriter zu diktieren und sich dann zu entschließen, sich einen schnieken Wagen zu kaufen. Die letzte Seite seiner Autobiografie, die schon ein paar Monate nach seinem hier geschilderten Besuch in Belgrad erscheint, besteht aus drei Sätzen:

Was sich auch alles wandeln mag, dieses eine wird bleiben,
unverändert, ungebrochen: Niki Pilic from Split, Yugoslavia.
Es bleibt der Wunsch nach der Rückkehr.
Und die Rückkehr.
ENDE
(JANUAR 1969)

Der Palast

Eine andere Rückkehr nach Split, ungefähr 1700 Jahre zuvor: Obwohl schon Sommer war, wehte der Jugo, als der römische Kaiser Diokletian die Koordinaten 43° 31' nördliche Breite, 16° 26' östliche Länge aussuchte, um an diesem Punkt der Erde den Palast bauen zu lassen, in dem er seinen Lebensabend verbringen würde. Der Jugo ist eine Wucht, ein feuchter, warmer – wenn er im Sommer auftritt –, fast heißer Wind, der aus dem Südosten kommt und die Wellen, Blutdruckmessgeräte und Befindlichkeiten hochpeitscht, als gäbe es zwar ein Morgen, aber als würde er am liebsten doch schon heute auf den Putz hauen.

Der südöstliche Horizont war von niedrigen Wolken bevölkert, taubengrau, eine so unpassende Farbe für diesen Landstrich, und sie würden, das wusste Diokletian genau, gleich jetzt beginnen, über seinen Kopf hinweg nach hinten zu ziehen und die Gipfel der nahen Berge hinter der Küste erdrückend zu umtanzen.

Ach, der Jugo[5]. An der südlichen Adria weht er meist von Herbstanfang bis Winterende, an der nördlichen Adria von Winterende bis Anfang des Sommers. Doch Asphalatos – heute Split, Namen anders, Winde gleich – lag genau in der Mitte, zwischen der südlichen und der nördlichen Adria, und der Jugo

5 Der Wind, nicht der Mensch, obwohl es vielleicht bezeichnend ist, dass der eine wie der andere heißt. Den Wind spricht man mit einem kurzen »Ju« aus, den Menschen mit einem langen.

blies hier, so schien es dem Kaiser, wann immer es ihn bockte. Den Jugo, nicht den Kaiser. Ausnahmsweise.

Diokletian dachte sich: Wenn es hier bei diesem fiesen Kackwind, der mir soooo'n Kopf macht – und hier machte er eine ausladende Herrscherbewegung –, so prächtig und herrlich schön ist und der Kopf derart gut durchlüftet und die Luft wunderbar samtig, dann will ich hier sterben!

Und so kam es auch. Er starb genau da, in seinem Palast, und die Koordinaten verschluckten ihn. Diokletians Sarg gilt als verschollen, nach wie vor wird er in Split vermutet, unter der Stadt, in der ich geboren wurde.

***

Diokletian kannte die Winde dieser Küste von Geburt an, auch ihre scharfen kahlen Felsen, mal schwarz, mal weiß, mal grau, parallele Linien, Smaragdwasser, das weiter draußen zu Saphirwasser wurde, immer lupenrein und so klar wie eine gute, einfache Idee. Er kannte auch den Duft von Lavendel und Pinien, die Formen der Feigenbäume und der Oleandersträucher, die Umrisse der Zypressen, die am schärfsten am Horizont auszumachen waren, wie wütende Zwergenfinger. Er wurde unweit von Asphalatos geboren, in Salona, damals Hauptstadt der römischen Provinz Dalmatien, heute nur noch Besichtigungsstätte für Touristen. Er wuchs in einfachen Verhältnissen auf, als Sohn eines Sklaven oder Hirten oder Freigelassenen, darüber gibt es unterschiedliche Aufzeichnungen. Doch sicher weiß man, dass er eine Topkarriere in der Armee machte und schließlich zum Selfmade-Kaiser wurde, als sein Vorgänger mit dem fabelhaften Namen Numerian einen reichlich merkwürdigen Tod fand.

Der Legende nach hatte ein gallischer Druide Diocles, so Diokletians Geburtsname, einst vorhergesagt, er würde an dem Tag Kaiser werden, an dem er einen wilden Eber erlegte, und siehe da: Numerian wurde wohl tatsächlich von einem Eber[6] angegriffen, ein Vorfall, bei dem Diocles nicht ganz unbeteiligt gewesen sein soll. Wie auch immer: Marcus Aurelius Caius Valerius Diocletianus aka. Diokletian – der Vater meiner Stadt und der Stadt meines Vaters – wurde im Jahr 284 Kaiser des Römischen Reichs.

Er führte die Tetrachie ein, die sich als ein Überraschungserfolg entpuppte, vier Kaiser (zwei Junior- und zwei Seniorkaiser) mit jeweils einem Machtzentrum. Heute erscheinen sie willkürlich verteilt, in Mailand, in Nikomedia (das heutige Izmit in der Türkei), Trier und Sirmium (jetzt das serbische Sremska Mitrovica), doch die Teilung funktionierte. Diokletian strukturierte das Militär und die Zivilverwaltung um und reformierte das Münzwesen. Die Viererherrschaft fiel nach seinem Tod wie ein zu locker geschlagenes Soufflé in sich zusammen, eine Parallele zu einem anderen großen Herrscher dieser Gefilde: Tito. Doch der Römer hinterließ etwas Bleibendes, in der Sonne sanft Leuchtendes, etwas, ohne das ich mir mein frühes und folglich mein gesamtes Leben nicht vorstellen kann: den Palast, der die Altstadt von Split darstellt.

Für die damaligen Verhältnisse wurde der Palast äußerst schnell und effizient fertiggestellt, in nur zehn Jahren, komplett mit einem Säulenhof (dem immer noch erhaltenen Perystil), drei Tempeln, vier Toren, einer Empfangshalle mit Kuppeln, einem Äquadukt, Thermen, Pferdestallungen, Soldaten- und Dienstwohnräumen, kaiserlichen Gemächern, einer Galerie mit Meerblick, Kellern sowie einem Mausoleum (zum Teil erhalten, aber der Hausherr leider nicht drin, weil, wie gesagt, Über-

6 Ein Vorfall, hinter dem entweder Numerians Schwiegervater Aper vermutet wird – oder Diocles selbst. Im Lateinischen jedenfalls heißt *Aper* Eber.

reste unauffindbar). Alles war aus weißem Kalkstein und griechischem und italienischem Marmor gebaut, außerdem gab es noch eine schwarze Sphinx aus Ägypten. Heute ist sehr viel davon verschwunden, und viel Neues ist durch die Jahrhunderte mit dem verschmolzen, was geblieben ist, so als wäre Diokletians Palast der Tortenboden für all die Schichten in diesem historisch-architektonischen Kuchen.

Im frühen 7. Jahrhundert, als die Awaren und die Slawen in Salona einfielen und alles niederbrannten, brachen die Bewohner von Salona nach Split auf, verschanzten sich hinter den zwanzig Meter hohen Mauern und nutzten als erste Generation diesen Palastkomplex als Stadt. Mein Geburtsort ist nur ein Beispiel, aber ein gutes, dafür, wie viele unterschiedliche Mächte diesen Teil Südosteuropas, das Land der südlichen Slawen, für sich beanspruchten: Spalatum war Teil von Byzanz, dann ein slawisches Fürstentum, stand anschließend wieder unter venezianischer Oberhoheit, war dann wieder Teil von Byzanz, dann von Kroatien und wieder von Venedig. Danach herrschten hier ungarische Könige, dann die Osmanen, ein weiteres Mal Venedig, jetzt allerdings abwechselnd mit den Osmanen (es gab etliche venezianisch-osmanische Kriege), dann gab es Anfang des 19. Jahrhunderts ein paar friedliche Jahre unter den Franzosen, und dann kamen die Österreicher. 1813 eroberte das Kaisertum Österreich Illyrien und erklärte es zum Königreich Dalmatien, Amtssprache, logisch, Italienisch. Zu diesem Zeitpunkt begriffen die Mächte wohl zum ersten Mal, auf welch archäologischem Kleinod man saß, doch dann auch irgendwie nicht: Der kaiserliche Gouverneur stellte zwar vieles unter Denkmalschutz, ordnete aber gleichzeitig den Abriss einiger spätgotischen Bauten am heutigen Narodni Trg, der Pjaca, damals die Piazza San Lorenzo, an. Es ging weiter mit Österreich-Ungarn (Split wurde Garnisonsstadt der K.-u.-k.-Monarchie), bis schließlich die Italiener an die Macht kamen. Es gibt also jede Menge Geschichts- und Baustoff in dem Alterswohnsitz jenes römischen Kaisers, der die Koordinaten meiner Geburtsstadt bestimmt hatte.

Die Grundmauern des Palasts stehen noch, als wunderbar durchlöchertes Gerippe, in dessen Innerem auf 30 000 Quadratmetern Kirchen, Statuen, enge Gassen und ein unebenes Meer rot bedachter Steinhäuser ineinander verschmolzen sind, verwoben mit Originalteilen aus Zeiten des Diokletian. Dazwischen stehen, einfach so, Mauern herum, in ihren Fugen Büsche und Pflänzchen, Säulen, die ins Leere gehen, Rundbogen, die nach nirgendwo führen. Immer wieder tauchen postkartenperfekte Piazzas auf, das Perystil, die Sphinx, die Tore und die Büsten des Bauherrn mit Lorbeerkranz.

Vor allem die Sphinx liebe ich, seit ich denken kann, und das, obwohl sie mir immer etwas Angst einjagte. Doch das fand ich nie wirklich schlimm, denn ein bisschen Angst regt das zentrale Nervensystem an.

All das war die große Szenerie meines jungen Lebens, der Bildschirmschoner meines Kopfes, meine erste Hirntapete, der Palast, die Mauern, der Marmor und immer im Blick: das Meer.

***

Klack-klack-klack machten meine Lackschühchen, als ich meine ersten Schritte durch den Palast machte, *klack-klack-klack* die ersten Ledersandalen im Sommer, *klack-klack-klack* die Absätze der schönen Splićanke – im ganzen Land als die schönsten Frauen bekannt, neben den Belgraderinnen vielleicht – auf dem Marmor, jeder Schritt eine Freude. *Klack-klack-klack,* über diese großen, unebenen, glänzenden Steine hinweg, die sanft und stark und golden leuchteten, wenn die Sonne sich senkte und die Schatten der Palmenkronen an den Mauern und Häusern immer länger wurden. *Klack-klack-klack.* Am Perystil vorbei, weiter zur schwarzen Sphinx, dann nach vorn zur Riva, zu den Palmen, entlang der Cafés mit den Korbstühlen und den roten Sonnenschirmen; der Dalmatiner an sich sitzt nicht gern in der grellen Sonne, um ein Eis zu bekommen, bitte, bitte.

Diokletian: Seinen Namen hörte ich als Kind ständig, und ich dachte, es würde »Palast« bedeuten. Dass das alles nur eine mögliche Kulisse fürs Leben war, darauf war ich natürlich nicht gekommen, so wie einem die Muttersprache auch nur als die einzig mögliche Sprache erscheint, sobald man beginnt, die ersten Wörter zu brabbeln. Man hat keine Wahl. Das ist deine Welt. So sieht sie aus. So klingt sie: *Klack-klack* wie das Glück, und *Patsch*, wenn eine Kugel Eis auf dem Marmor landet, und dahinter *Schwummschwummwuschwusch* das Meer, und *Uuiuiuuuui* der Jugo über den roten Dächern.

***

Mein Vater wurde 1939 in Split geboren. In seiner Kindheit und Jugend war es noch üblich, dass ein Junge einem angebeteten Mädchen eine Serenade als singenden Ausdruck der Verehrung unter ihrem Fenster (wahlweise: Balkon) darbrachte. Manchmal war es nicht nur ein Junge, sondern mehrere, und das Mädchen sah nicht immer genau, wer gesungen hatte, deshalb war ein gutes Gehör mindestens genauso wichtig wie gute Augen. Manchmal kreuzte die Mutter des Mädchens auf und schüttete einen Eimer Wasser über den oder die Jungen, um den hormonellen Testosteronbrand da unten zu löschen. Ich bin davon überzeugt, dass solch ein romantischer Wahnwitz nur durch solch eine Kulisse begünstigt und ermöglicht wurde.

***

»Ich kann das jetzt nicht noch einmal nachrechnen, der Jugo kommt«, sagte ein Mitschüler in der Klasse 2b der Grundschule Vinko Paić-Ožić. Die Lehrerin hatte ihn gefragt, wie viel zwei plus zwei sei. Statt ihn zu rügen, fasste sie sich nur langsam an den Kopf.

Keine Frage: Der Maestral, der fröhliche Wind der Sommermonate, der so beschwingt feste kleine Wolken in den Himmel knallte, war offiziell mein Lieblingswind, wie ein hübscher Begleiter, der überall gern gesehen wird, der genau die richtigen Leute kennt und schick, aber nicht zu aufgedonnert ist. Doch man sehnt sich niemals wirklich nach ihm, und Sehnsucht ist wichtig, wo ich herkomme. Man sehnt sich eher nach denen, die die Traurigkeit, die das eigene Herz übermannt, verstehen, und zwar nicht die Traurigkeit, die einen ob Krankheit, Ungerechtigkeit oder allgemeinen Arschlochtums der menschlichen Rasse befällt, sondern die spontane, unbegründete Traurigkeit, die manchmal mit Melancholie verwechselt wird. Und genau aus diesem Grund, wenn auch nur heimlich, mochte ich den Jugo lieber als den Maestral und all die damit einhergehenden Jammereien, das Kopfschmerzengejaule und andere Unzurechnungsfähigkeiten der Erwachsenen – und mancher Kinder, die sich das abguckten, wenn sie keine Lust hatten zu rechnen.

Eine erste Jugo-Unzurechnungsfähigkeit meinerseits geschah, als ich vier oder fünf Jahre alt war. Ich steckte mir beim aufkommenden Jugo eine kleine blaue Plastikkugel in meine kleine Nase. Die Kugel war zwar klein, aber groß genug, um stecken zu bleiben und nicht mehr aus meiner Nase zu wollen. So tief ich auch bohrte, sie weigerte sich, sich zu zeigen; im Gegenteil, ich schob sie weiter und weiter hinein. Mir war ob meiner Kindheitsdummheit nicht klar, dass ich hierdurch das Gegenteil erreichen könnte. Die kleine blaue Plastikkugel kam tatsächlich erst aus der Nase, als der Jugo in eine heftige Bura umschlug, was durchaus mal vorkam, wenn auch nicht häufig. Auch das mochte ich am Jugo, die sechsunddreißig Stunden, in denen er sich aufbaute. Die Bura kam plötzlich, ohne Vorwarnung, wie eine Kugel, die in der Nase stecken bleibt.

***

Gäbe es den Wind nicht, würden die Spinnen aus dem Himmel ein Netz machen. So sagt man bei uns.

Wind. *Vetar* sagte meine Mutter, *vjetar* mein Vater. (Ich sagte beides.) *Vetar, vjetar*, Wind. Das war ein Wort, das ich später auch im Deutschen mögen würde. Wind. Als ich zum ersten Mal den Ausdruck »sich winden« hörte, da konnte ich erst etwas Deutsch, dachte ich, es hieße »zum Wind werden«, also so etwas wie kraftvoll aufbrausen oder sich den Winden hingeben, meditativ, mit völliger Zufriedenheit, im besten Sinne gedankenlos, mit wehenden Haaren und offener Nase – sofern nicht gerade eine blaue Plastikkugel darin steckte.

(Als ich den Ausdruck »windiger Jugo« hörte, das war in Wien, sprach ich längst perfekt Deutsch, doch wieder verstand ich falsch: Ich dachte eher so an einen starken Südostwind statt an einen zwielichtigen Balkenesen-Tschusch.)

***

Es gibt keine windige Stadt, die ich nicht mag.

***

Die Bura ist ein kalter, trockener Nordostwind, der vom Kontinent her weht – immer eher suspekt – und klares Wetter mit sich bringt. Sie beginnt plötzlich und bläst in Böen auf das Meer, was sehr schön und grazil und manchmal auch brutal aussehen kann. Im Sommer weht die Bura als lokaler Wind und dauert einige Tage, im Winter kann sie sechs bis vierzehn Tage anhalten. Die Bura war immer auch Kälte und Klarheit, eine Art Mini-Ersatzwinter.

Der Mensch kommt müde auf die Welt und lebt, um sich zu erholen. So sagt man in Dalmatien. Tatsächlich legt man hier eher eine gemütliche Sohle an den Tag oder, wie das heißt, man legt sich des Öfteren hin, macht eine Pause, setzt sich auf ein Mäuerchen, nimmt ein zweites Frühstück (*marenda*) zu sich oder sperrt mal den Laden nicht auf, und weht der Jugo oder die Bura, hat man auch einen Grund dafür, und wenn gerade weder Jugo noch Bura herrschen, gibt es auch noch: Tramontana (schönes Wetter, hoher Luftdruck, trocken, recht kalt, heiterer Himmel), oder Pulenat, Lebić oder Oštro (zu Deutsch: scharf), Levant oder Burin (zu Deutsch: Buraleinchen), eine besondere Form der Bura, die am nächsten Morgen schönes Wetter bringt. Was auch immer sein mag, jede Laune ist auf alle Fälle durch den Wind abgesichert.

***

Draußen blies die Bura, als mir klar wurde, dass wir wegziehen würden. Und als mir das klar wurde, wurde mir kalt. Dass ich den Wind an diesem Tag noch in Erinnerung habe, liegt nicht etwa an meinen außergewöhnlichen Meteorologiekenntnissen, sondern daran, dass ich den ganzen Tag über, vom Café bis zur Schule über den Metzger bis zu den Großeltern, immer nur hörte: »Aaaah, Bura … meine Knochen … alles feucht … Ja, ja, wie soll man das wieder rauskriegen? Aaaah.«

Der Jugo hingegen war statt von leisem Feuchte-Knochen-Gewimmere eher von lautem, schwummrigem Kopf-Gejaule begleitet: »Uh, der Kopf, mir ist schwindelig, uh, uh, warum spinnen alle so stark?«

***

Die Nummer mit der Kugel war mir vor meinen Eltern peinlich, also ging ich nach einiger Zeit zu teta Mirjana nach nebenan. Teta (Tante) Mirjana und Onkel Mirjan waren ganz feine Leute, die nicht so herumschrien wie in Split üblich, immer feinste Kekse zu Hause hatten und die beste Auswahl an Stiften, mit denen ich je gemalt hatte, denn Mirjan war Illustrator und Grafikdesigner.

Ich erklärte teta Mirjana die Lage und fasste zusammen:

»Die Kugel geht nicht mehr raus.«

»Du musst schnaufen.«

Ich sah sie fragend an.

»Wie ein Pferd. Los!«

Es klappte sofort! Ich war so glücklich, und während ich einen Keks mampfte, beschloss ich, dass die Kugel feierlich vom Balkon geschmissen werden musste. Keine Ahnung, warum, doch eine Zeremonie erschien mir nach all meinem Leid als angemessen. Meine ganze Familie musste bei der Kugel-Schmeiß-Zeremonie zugegen sein, und ich bestand auf einem Spalier, das aufging, weil neben meinem Vater, meiner Mutter und meinem kleinen Bruder auch baka (Oma) Mara aus Novi Sad zu Besuch war. Die Kugel sollte ins Meer fliegen, das war die Idee, und auf dem Meeresgrund konnte sie sich recht gut überlegen, ob sie noch einmal in ein kindliches Nasenloch steigen und es verstopfen sollte. Das Meer konnte ich vom Balkon aus sehen, und obwohl es ungefähr vierhundert Meter waren bis zu dem Punkt, an dem die Kiesel ins Wasser übergingen, machten meine Eltern mit, auch wenn sie sich sonst nicht davor scheuten, Kinderquatsch als ebensolchen beim Namen zu nennen.

Die Kugel traf, wie mir meine Mutter etwa zwanzig Jahre später erzählen würde, teta Mirjana am Kopf, die unten gerade zur Haustür hinausging.

***

Von unserem Balkon aus sah ich das Meer, und natürlich kam mir auch hier nie der Gedanke, dass ein solche Sicht nicht die einzige Option war, und dennoch schätzte ich den Blick aufs Meer außerordentlich und betrachtete es mit Freude. Manchmal setzte ich mich auf meinen aufblasbaren Löwenthron aus Plastik und beobachtete es gezielt in all seiner dunkelblauen Fülle und ruhigen Weite, sah es sehr lange und eifrig an, starrte darauf, denn selbst wenn es still zu sein schien, war doch irgendwo immer etwas los, vielleicht nur eine kleine Welle, oder ist das ein Boot oder doch nicht, und eine Möwe flog ganz weit oben – und dann kam etwas Eigenes dazu in meinem Kopf. Noch eine gute Portion Wind dazu – fertig ist das gute Hirn.

***

Auf diesem Balkon wurden viele Fotos geschossen, auch die der serbisch-kroatischen Schwägereisorte, wenn die Verwandtschaft aus Novi Sad oder Belgrad zu Besuch war. Pelzmäntel und Perlenketten an den stolzen Omas, davor die Mädchen mit Schleifen im Haar, im Hintergrund die weiße Balkonbrüstung, noch weiter dahinter Himmel und Meer. Man stellte sich auf den Balkon und machte Fotos, vielleicht weil dort das Licht gut war oder weil sich das Blau gut als Hintergrund eignete. Doch nicht nur für den Balkon machte man sich schick, auf einigen Aufnahmen direkt am Meer sind meine ältere Cousine Vana aus Novi Sad und ich in Begleitung von Mara zu sehen, in Tupfenröckchen und Strumpfhosen und Lackschuhen und Schleifen im Haar. Fein gemacht fürs am Meer, warum auch nicht? Schluffig angezogen wurde man damals nicht geknipst. Ich war vielleicht drei, sie sechs Jahre alt, zu Besuch aus der flachen, meerlosen Vojvodina. Eine meiner ersten Erinnerungen ist, wie sie die Nase hochstreckte, übertrieben tief einatmete, einen Stein nahm, ihn ins Wasser schmiss, ihm hinterhersah und sagte:

»Ich glaube, das Meer hat alle Antworten. Auf alles. Auch auf die Fragen, die man gar nicht weiß.«

Mir fiel auf, dass diese Szenerie etwas Besonderes für sie war, so wie der Belgradduft für mich. Dies ist einer der ersten Gedanken, an die ich mich erinnern kann, denn ich wusste zugleich, dass es für sie außergewöhnlich war, weil sie es nicht immer vor der Nase hatte, doch dass es auch für mich trotz seiner salzigen blauen rauschenden Omnipräsenz immer ganz oben auf der Liste der besonderen Dinge stehen würde.

Eines der bekanntesten Gedichte unserer Sprache heißt »Sumatra« und wurde 1920 von Miloš Crnjanski geschrieben. Darin wird ein Zustand irgendwo zwischen Fernweh, Freude und Sorglosigkeit beschrieben, in dem das eigene Schicksal von fremden schneebedeckten Gipfeln, blauen Ufern und einer roten Blume bestimmt wird. Das Gedicht besagt, dass ein Lächeln eine rote Blume auf Sumatra zum Blühen bringt, dass es in weiter Ferne Bäume gibt, deren Gesundheit von unserer Lyrik abhängt, dass unser eigenes Schicksal vom Blau der dalmatinischen Inseln bestimmt wird. Ich fühlte all das, wenn ich aufs Meer starrte. Und obwohl das vom Blau der dalmatinischen Inseln bestimmte Schicksal nur ein Beispiel für Crnjanski war, war es doch Ursache und Wirkung, in meinem Fall, auf jeden Fall, für alle Fälle.

Mit dem schwarzäugigen Mädchen in Zöpfchen und Tupfenröckchen, immer drei Jahre älter als ich – mich faszinierte und ärgerte zugleich, dass ich nicht aufholen konnte –, sollte ich, zwanzig Jahre nachdem diese Fotos entstanden waren, in London eine Wohnung teilen. London, dahin wollte ich, weil mir nach Megametropolen war, sie, um einem Krieg zu entfliehen, nur für ein paar Monate, »bis sich die Lage beruhigt hat«. Heute lebt sie immer noch dort, und inzwischen ist sie britische Staatsbürgerin. Ich bin deutsche Staatsbürgerin. Abgeben mussten wir dafür unsere alten Staatsbürgerschaften. Behalten haben wir das

Wasser, an dem wir aufwuchsen, in uns, das Blau der Adria bei mir, für sie das der Donau – die Balance in uns, denn alles fließt, und nichts bleibt. Und wenn es in London so richtig windig war, was gottlob nicht allzu selten vorkam, und wir uns schön anzogen, bei der South Bank ausstiegen, nahe der Themse, die so schlammfarben war, dass sie das Grau der South Bank fast ins Belgradbraun zog, machten wir ein Foto von uns beiden und schickten es unserer baka Mara.

***

Wozu der Wind noch gut war: Spiel. Ich wuchs in Split 3 auf, einem Stadtteil, der zu den besten gehört, was urbane Architektur damals zu bieten hatte: Es gab eine Universität und Schulen und Geschäfte und natürlich Wohnhäuser und Hochhäuser, weiße und sandfarbene, mit Schlitzen für Efeu und Rastern für Möwen, das Meer auf der einen und die Berge auf der anderen Seite. Split 3 wurde mehrfach ausgezeichnet, Delegationen aus der ganzen Welt reisten an, um den Stadtteil zu studieren, und der berühmte Architekt Dinko Kovač, der ihn entworfen hat, sagte, das Lächeln wäre auch ein Material, das zum Bau verwendet worden wäre. Wenn man von unserem Haus in Split aus etwa zehn Minuten Richtung Berge ging, fingen schon die richtigen Hochhäuser an, so ab zwanzig Stockwerken aufwärts. Zwei davon standen sehr nah aneinander, und wenn es sehr windig war, fanden sich da lauter Kinder in dem Windfang ein, um sich fallen zu lassen und vom Wind, der dazwischen durchpeitschenden Böen getragen zu werden. Es war, als könnte man fliegen.

Vielleicht hat es auch Einfluss auf einen Menschen, wie er als Kind gespielt hat; meine Clique und ich spielten am liebsten mit und durch den Wind.

Nur einmal machte mir ein Wind ein bisschen Angst. Nein, Halt – mehr als ein bisschen Angst, denn ein bisschen Angst war gut, also richtige Angst, aber auch einen Kick, den wohl abenteuersüchtige Paraglider suchen müssen. Es waren »orkanartige Böen«, so sagen doch immer die armen Reporterdeppen, die an deutsche Küsten geschickt werden, Wasser ins Gesicht bekommen, sich kaum aufrecht halten können, von Wind und Wetter durchgeschüttelt werden, komische Grimassen dabei ziehen, während ihre Haare und die riesigen Muppet-Mikrofone davonzuflattern drohen. So ungefähr war die Lage in Split an diesem Tag, weshalb wir alle von der Schule früher nach Hause geschickt wurden. Ich muss getrödelt haben, denn plötzlich waren meine Mitschüler verschwunden und ich allein auf der Straße, der Weg, der noch vor mir lag, war aber nur ein kurzer. Ich setzte an, der Wind blies gegen mich, und ich spielte Bergsteiger. Dann ließ der Wind mit einem Mal nach, und es war plötzlich still. Ich ging weiter, ebenerdig, doch ein paar Sekunden später kam von hinten eine Windböe, die mich sanft in die Luft hob, etwa zehn oder zwanzig Meter trug und mich anschließend wieder absetzte. Ich flog ein paar Sekunden lang, leider muss ich das in der Vergangenheitsform ausdrücken, denn der Gedanke formte sich erst bei der Landung. Ich war überglücklich. Dann erst packte mich die Angst, ich versteckte mich in einem Hauseingang und wartete, bis es einigermaßen sicher war, und lief nach Hause. Dort war man schon besorgt.

»Wo warst du denn, bei dieser Bura?«, fragte meine Mutter, außer sich.

»Ich war durch den Wind.« So würde man das wohl übersetzen.

Ich bin geflogen. Hätte man mir das geglaubt?

***

Diokletian, der Dödel, konnte von seinen Gemächern aus das Meer nicht sehen, obwohl es gleich vor der Haustür (oder den Haustoren) lag. Die Palastgemächer waren kalt und dunkel, das einzige Licht, das durchdrang, kam aus den dafür bestimmten Löchern in der Decke. Kalt, nass, dunkel und deprimierend: Er muss einsam gewesen sein in diesen letzten Lebensjahren im Palast. Er war der einzige römische Kaiser, der freiwillig in den Ruhestand gegangen war, doch wahrscheinlich hatte er sich den lustiger vorgestellt. Seine Frau Prisca lebte da schon bei ihrer gemeinsamen Tochter Valeria und deren Mann Galerius in Thessaloniki. Galerius war einer der vier Kaiser und hatte das östliche Reich unter seiner Herrschaft. Nach seinem Tod 311 n. Chr. wurden Valeria und Prisca verbannt und mussten vor einem gewissen Licinius fliehen, einem Adoptivsohn Diokletians, der sich Galerius' Provinzen aneignete. Valeria floh und konnte sich kurzzeitig retten, wurde aber schließlich doch von Licinius gefunden, der sie gemeinsam mit ihrem Stiefsohn hinrichten ließ. Ob Diokletian von ihrem Schicksal erfuhr, weiß man nicht, ebenso wenig, warum er, der Christen verfolgte, Prisca und Valeria, zwei gläubige Christinnen, gewähren ließ.

In Dalmatien gibt es eine Legende, die man sich über Valeria erzählt: Der zufolge hatte sie viele Verehrer, doch Diokletian wählte für sie einen Mann aus, den sie nicht leiden konnte. Sie weigerte sich, ihn zu heiraten, und ihr Vater ließ sie in den Palastkerker schmeißen. Doch einmal im Jahr, durch Gottes Hand oder durch Magie, öffneten sich die Türen ihres Kerkers, und sie fuhr durch Split, gekleidet in einem Tuch aus Gold, in einer leuchtenden Kutsche, die von Pferden mit Flügeln gezogen wurde. Ihre Erscheinung war ein Segen, und jeder, der die Kutsche aufhielt und Valeria berührte, war bis ans Ende seines Lebens glücklich. Als der Kaiser davon hörte, schickte er Soldaten, doch die Meute ließ sich nicht verscheuchen. Schließlich befahl er, Valeria töten zu lassen, doch daraufhin schmolzen die Wände ihres Verlieses, sie entkam und war nicht mehr aufzufinden. Sie lebt noch immer, und einmal, alle hundert Jahre, stets um die Weihnachtszeit herum, taucht sie wieder auf. Sie begleitet eine Geisterprozession, die in Salona beginnt, dem Geburtsort ihres Vaters, heute ein Vorort von Split, und in der Altstadt von Split (dem Sterbeort ihres Vaters) endet. Jeder, der einen Blick auf sie erhascht, ist bis ans Ende seines Daseins von Glück gesegnet.

* * *

»Hast du Valeria schon einmal gesehen?«, fragte ich meine none Danica, die Mutter meines Vaters. Ihre Familie lebte seit fünf Generationen in Split, und sie selbst wurde im schicksalhaften Jahr 1914 in dieser Stadt geboren. *None* heißt auf Dalmatinisch »Oma«, von italienisch »nonna«, so wie viele dalmatinische Ausdrücke italienischer Herkunft sind. Überhaupt hatte jeder in meiner Kindheit einen Titel: baka Mara, none Danica, teta Mirjana, drug Tito, Pionierin Pilic. Danica kommt in *zvijezda Danica* vor, so heißt bei uns der Morgenstern. Danica war auch der Ausgangspunkt für meinen Namen, den man aber lieber »internationaler« gestaltete, vielleicht weil man bereits bei meiner Geburt weitsichtig die Möglichkeit der Emigration mit einkalkulierte. Das war natürlich ein Schuss in den Ofen, denn die Schreibweise mit dem j zwischen dem i und dem e machte mich erst recht zum Jugo im Ausland und führte dazu, dass ich viel Zeit beim Buchstabieren vergeudete, um letztlich als Danyielja Piltz angeschrieben zu werden. Doch, wirklich – manche Leute bekommen nicht einmal das »ic« richtig hin.

* * *

»Ob ich Valeria gesehen habe?«, fragte none Danica, während sie mir ein großes Stück exzellentes Fleisch von hervorragender Qualität auf den Teller tat. Dabei klimperten ihre goldenen Armreifen, immer mindestens elf, manchmal dreizehn. Sie nahm sie nie ab, dazu trug sie immer tomatenrote Fingernägel. None Danica war das, was man in Bayern als »fest« bezeichnen würde, sie hatte also sehr gutes Bindegewebe und davon jede Menge. »Sehr gute Fleischqualität« nannte sie das selbst und meinte es ganz ernst.

»Vielleicht habe ich Valeria einmal als Kind gesehen«, sagte sie. »Aber vielleicht war das auch ein Geist. Iss das Fleisch jetzt, mein Kind, das bringt dir ganz sicher Glück.«

Das musste man mir nicht zweimal sagen.

***

Meine kroatischen Großeltern waren Metzger von Beruf. Eine Zeit lang besaßen sie den feinsten Metzgerladen in ganz Split, auf der Ulica Prvoboraca[7]; nach Abschaffung von Privatunternehmen arbeiteten sie dann in staatlichen Metzgereibetrieben. Folglich bin ich mit noch mehr und noch besserem Fleisch aufgewachsen, als es meine proteinreichen Balkankoordinaten vermuten lassen, und diese besagen, dass sich Glück nicht nur beim Anblick von Valeria, sondern zuverlässiger und vor allem nicht alle hundert Jahre anhand der Höhe der Fleischberge vor einem bemessen lässt. Ich atmete Fleisch als Kind, ich liebte es. Mein Großvater (Titel: dida) Krsto hatte in einer geräumigen Kammer im Flur einige Schinken zum Trocknen hängen. Dort stand auch eine tonnenschwere Waage, und es hingen dort riesige schwertlange Messer an der Wand. Und schon im Flur, noch im Man-

7 Die Straße der Erstkämpfer, also derer, die sich unter Lebensgefahr dazu entschlossen hatten, gegen die Nazis zu kämpfen.

tel, sobald ich zur Tür hereinkam, bekam ich ein Stück Fleisch oder *pršut* (luftgetrockner Schinken) zugesteckt, und drinnen dann, im Esszimmer, stapelte sich, genau, Fleisch über Fleisch. Es war köstlich: zart, schmackhaft, dampfend, gut und voll von dem, was mich groß und stark machen würde. Das musste man mir nicht sagen – obwohl man es tat –, denn das schmeckte ich selbst heraus. Als ich einige Jahre später nach Deutschland zog, erschien mir dort sogar das feinste Fleisch wie eine Schuhsohle. Das war nicht nur meine subjektive Empfindung: Rinder in Jugoslawien wurden bei hundert Kilo, in Deutschland bei vierhundert Kilo geschlachtet. Außerdem pumpten wir unsere Tiere nie mit Zeug voll, wozu denn auch? Wir wollten sie ja essen. Ich aß als Kind immer nur Bio, doch wir nannten es schlichtweg: Essen.

Ich aß viel Fleisch, mittags, abends oder zwischendurch – der Jugo an sich ist sehr diszipliniert, was seine Zwischenmahlzeiten angeht. Fleisch war gut, Fleisch war da, Fleisch war mein Gemüse. Neben Fleisch gab es viel Fisch – wir lebten schließlich am Meer – und dazu Mangold, Spinat, Tomaten, Olivenöl und Knoblauch. Eigentlich bin ich gesund aufgewachsen, mit einer Art Mischung aus mediterraner und Atkins-Diät würde man heute sagen.

Gesundheitliche Probleme bekam ich erst nach zehn Jahren als Vegetarierin. Als ich achtzehn war, beschloss ich, kein Fleisch mehr zu essen, ohne viel Tamtam oder Militarismus, einfach so. Als ich nach London zog, ging die Sache mit dem Rinderwahn los, doch auch so vermutete ich: Wenn schon in Deutschland das Fleisch nach Schuhsohle schmeckt, dann müsste das Fleisch in England wie das Arschloch einer Schuhsohle schmecken, rein dem Anblick nach. Ich bin ja nicht umsonst Metzgersenkelin, wenn ich dem Fleisch sein Arschlochsohlentum nicht ansehen würde. Zehn Jahre habe ich kein Fleisch gegessen und es auch nicht im Geringsten vermisst, vielleicht weil ich mir in der Kindheit einen guten Vorrat angelegt hatte. Man kann sich aber vorstellen, was bei mir zu Hause los war: Wenn ich bei meinen Eltern zu Besuch war, lag beim Essen auf meinem Teller unweigerlich ein Schnitzel, selbst nach Jahren noch. Als ich jedes Mal geduldig verkündete, ich würde kein Fleisch essen, machte sich meine Mutter daran, mir Hühnchen zuzubereiten, und mein Vater verdrehte die Augen und warnte mich, dass das »nicht gut« sei, »gar nicht gut, so dumm«. Meistens aber tat er aber so, als ob er nicht wüsste, wovon ich überhaupt redete, als ob ihm dieses Konzept des freiwilligen Fleischverzichts gar nicht in den Kopf gehen wolle. Als ob nicht.

Irgendwann einmal in Bosnien hörte ich den Spruch: »*Jebeš jelo koje kurac nije napravio*«, zu Deutsch: »Fick das Essen, das kein Schwanz gezeugt hat.« (Zu Kraftausdrücken komme ich später noch, nur so viel vorab: Besonders vulgär ist das nicht.) Es fasst unsere Einstellung zum Fleisch ganz treffend zusammen.

Übrigens verhalf mir ein türkisches Piliç dazu, wieder Fleisch zu essen. In London wurde ich immer häufiger krank und fühlte mich schwach und blutleer à la Eisenmangel oder Schwindsucht. Irgendwann entdeckte ich in meinem lokalen *24 Hour Store*, der von Türken betrieben wurde, eines schwindeligen Tages Dosen mit Würstchen und folgender Aufschrift: »*Mini Piliç Sosis*«. Es gab auch *Jumbo Piliç Sosis*.

Ich deutete die Zeichen und öffnete die Dosen. Hätten none Danica und dida Krsto das noch erlebt, wären sie sehr stolz auf mich gewesen.

***

None Danica sah den Fleischberg auf meinem Teller an, als wäre er ein Horizont, hob eine Augenbraue und fuhr fort:

»Valeria, ja, wer weiß … Dafür reibe ich den linken Zeh von Grgur Ninski, aber nur jedes dritte Mal, wenn ich daran vorbeigehe.«

Der Bildhauer

Die schwarze Bronzestatue des Grgur Ninski (zu Deutsch: Gregor von Nin) ist zehn Meter hoch, steht vor dem Goldtor (dem nördlichen Tor des Palasts) und rahmt Finger hebend und Buch schwingend die Altstadt von Split ein. Weil es Glück und Gesundheit bringen soll, wenn man den linken großen Zeh der Statue reibt, ist dieser nicht mehr schwarz, sondern bronzegülden, jedoch nicht edel bronzegülden, sondern strahlt matt in einer gewissen Jahrelang-abgerubbelt-Bronzenuance. Die anderen vier Zehen von Gregors linkem Fuße sind auch nicht ganz schwarz, sondern werden zum kleinen Zeh hin nur immer weniger bronzefarben. Vielleicht reiben die Leute, die nicht so viel Glück brauchen oder ihr Glück nur auffrischen wollen, andere Zehen des Grgur Ninski. Jedenfalls werden diese eindeutig gerieben, warum auch immer.

Gregor von Nin war von 900 bis 929 Bischof der kroatischen Stadt Nin und Kanzler des kroatischen Königreichs. Neun muss seine Zahl gewesen sein, denn am 29.09.1929 wurde seine Statue in der Säulenhalle in Splits Altstadt aufgestellt. Während des Zweiten Weltkriegs wurde sie in Sicherheit gebracht. (Ich wüsste gern, wohin. Wohin nur bringt man eine zehn Meter hohe, vierzehn Tonnen schwere Statue in Sicherheit, vor allem wenn die Stadt bombardiert wird? Kein Wunder, dass Diokletians Sarg noch nicht aufgetaucht ist, Split ist ein einziges Labyrinth.) Seit 1954 steht die Statue vor dem nördlichen Tor.

Die ursprüngliche Aufstellung im Perystil im Jahr 1929 war

sowohl ein Ereignis als auch ein politisches Statement. Um die Wichtigkeit der Statue zu verdeutlichen, wollte sowohl der Künstler, der Bildhauer Ivan Meštrović, als auch der Stadtrat Splits, dass die Statue vor der Kathedrale aufgestellt wird. Sie war dazu gedacht und gemacht, den tausendjährigen Kampf gegen fremde Besatzermächte anzuprangern, mit einem besonderen Augenzwinkern an die Signori auf der gegenüberliegenden Seite der Adria, viele davon noch hier, weiterhin in der Verwaltung und in höheren Ämtern. Sie wollten nicht so gern, dass ein Kroate inmitten römischer Mauern steht und irgendwelche Finger hebt. Der erhobene Zeigefinger und das aufgeschlagene Buch in der linken Hand kennzeichnen nämlich Ninskis Kampf für den Gottesdienst in slawischer Sprache und darüber hinaus den Kampf für eine einheitliche Sprache. Es ist immer ein Kampf bei uns, selbst wenn es um den Standort einer Statue geht, das sollte man sich an dieser Stelle merken.

Ivan Meštrović schuf insgesamt drei Statuen von Grgur Ninski: die in Split, eine andere in Nin, die dritte in Varaždin. Er war der größte kroatische Bildhauer aller Zeiten, und in Split war sein Name ständig in aller Munde, nicht nur weil unterhalb des Marjan-Bergs eine Promenade seinen Namen trägt und sich dort sein Palast befindet, in dem heute noch viele seiner wichtigen Werke ausgestellt sind, die er der Stadt Split vermachte. Dieser Palast heißt Galerija Meštrović und wurde zwischen 1931 und 1939 nach seinen Vorstellungen gebaut – nämlich etappenweise von Osten nach Westen, durchaus vergleichbar mit seinem Lebensweg. Als ich ein Kind war, hörte ich seinen Namen andauernd, Meštrović hier und Meštrović da, und tatsächlich: Seine Werke waren nicht nur in Split, sondern überall in Jugoslawien zu sehen und darüber hinaus in der ganzen Welt. Wenn ein Mädchen besonders schön war, sagten die Leute: »Die sieht aus wie von Meštrović gemeißelt.«

Der Franzose Auguste Rodin, dessen Bekanntschaft er 1904 machte, nannte ihn »das größte Phänomen unter allen Bildhauern«, was ihn sicher freute, denn niemand beeinflusste Meštrović so sehr wie ebenjener Rodin, dessentwegen er nach Paris zog und über den er später sogar ein Traktat mit dem Titel *Einige Erinnerungen an Rodin* veröffentlichte.

Ivan Meštrović wurde 1883 in arme Verhältnisse hineingeboren, in einem Eisenbahnwagon erblickte er das Licht der Welt, im dalmatinischen Hinterland, ungefähr fünfundzwanzig Kilometer westlich von dem Geburtsort meines Großvaters Krsto, dem, der meinem Vater beibrachte: »Sei anständig und habe keine Angst.« Mit zwölf Jahren brachte sich Meštrović selbst Lesen und Schreiben bei. Mit sechzehn ging er nach Split, genau wie mein Großvater, doch hier hören die Parallelen auf: Der eine blieb und wurde Metzger, der andere ging mit achtzehn zum Studieren nach Wien, wo ihn der Industrielle Karl Wittgenstein als Mäzen jahrelang unterstützte.

Meštrović lebte auch in Paris, Rom, London, Zagreb, Belgrad und Genf und zog nach dem Zweiten Weltkrieg, in dem seine jüdische Frau und dreißig Mitglieder ihrer Familie getötet wurden, in die USA, zunächst nach Syracuse, New York, und dann nach South Bend, Indiana, wo er verstarb. Meštrović war ein Nomade, ein Moralist; er war zunächst gegen die österreich-ungarische Unterdrückung, dann gegen den Faschismus und schließlich gegen den Kommunismus. Er saß im Gefängnis, lehrte an Universitäten und war der erste Künstler, der im New Yorker Museum für Modern Art (MoMA) eine Einzelausstellung bekam. Er hatte keine Angst.

Einmal sagte er: »Oh, meine kleine, arme Heimaterde – auf der ganzen Welt bist du mein größter Schatz.«

Dort liegt er begraben, in seiner Heimaterde, in Otavice, unweit seines Geburtsorts, wo heute auch »Die Quelle des Lebens«

steht, jene Arbeit, die Ludwig Wittgenstein, der Sohn seines Mäzens Karl, bei ihm in Auftrag gegeben hatte. »Die Quelle des Lebens« – was für ein Name für eine Arbeit und was für einen Weg hat diese Arbeit hinter sich, aus einer der feinsten Villen Wiens als Wandbrunnen ins dalmatinische Hinterland, die arme, kleine Heimaterde, für den Bildhauer wahrhaft die Quelle des Lebens.

Das ganze Zehenrubbeln, das Split seit Jahrzehnten veranstaltet, hat mindestens genauso viel mit Meštrovićs Person zu tun wie mit dem großen Bischof.

***

Als Meštrović nach Wien kam, hatte er in Wittgenstein nicht nur einen Financier, sondern auch einen Mentor und hilfreichen Ansprechpartner, wie viele Briefe beweisen. Ein guter Start, könnte man meinen, doch der Bildhauer sprach kein Wort Deutsch. Und so unerschrocken wie er sich eigenständig Lesen und Schreiben beibrachte, so lernte er innerhalb eines Jahres die deutsche Sprache. Ich selbst würde dies, schneller als mir lieb war, wiederholen müssen.

***

Als Kind nahm ich Diokletians Palast zwar als die einzig mögliche Kulisse wahr, doch deshalb empfand ich ihn nicht weniger als ein Wunder. Und siehe da: Kurz bevor sich die Kulisse änderte und meine Eltern den Weißwurstäquator zur Hauptkulisse erklärten, wurde mein erstes Tapetenhirnmuster, Diokletians Palast und die Altstadt von Split, zum Unesco-Weltkulturerbe erklärt.

Von Split aus sind es genau fünf Breitengrade weiter nördlich und fünf Längengrade weiter westlich nach München, 48° 08' nördliche Breite, 11° 34' östliche Länge.

Die Statue

Eine andere bekannte Statue von Meštrović ist die des Svetozar Miletić. Sie steht in Novi Sad, 45° 15' nördliche Breite, 19° 50' östliche Länge, am Trg Slobode, dem Platz der Freiheit, und genau unterhalb der Statue des Svetozar Miletić, der seinen Rücken dem Rathaus von Novi Sad zuwendet, erblickte mein Vater zum ersten Mal das Mädchen, dessentwegen er zehn Jahre später in Belgrad so schief parken würde wie nie wieder in seinem Leben.

Die Statue war genauso alt wie er, 1939 von Ivan Meštrović erschaffen. Womöglich fühlte er sich deshalb genau hier, am Platz der Freiheit, wohl und an zu Hause erinnert, an Dalmatien, das so anders roch und schmeckte und floss als die Vojvodina, vielleicht auch deshalb, weil die Statue des Svetozar Miletić aus schwarzer Bronze war und mit erhobener Hand zum Kampf aufrief, ähnlich wie Grgur Ninski vor dem goldenen Tor in Split.

Er war zwanzig Jahre alt und nach Novi Sad gekommen, um Jura zu studieren, ein Unternehmen, das nur zwei Semester andauern würde, denn es sollte sich herausstellen, dass seine flinke linke Hand, für die er in der Schule noch geschlagen wurde, weil es die »Hand des Teufels« war, in Verbindung mit einem Tennisschläger eher ein Geschenk Gottes war. Mit ihr würde er, seinen Freunden Asse um die Ohren hauend, die Welt bereisen, sein Glück und seine Bestimmung und seine Leidenschaft erlangen und dabei sein Land repräsentieren. Doch jetzt, hier, sieht er sie. Er weiß nicht, dass sie nur 250 Meter von hier entfernt wohnt, doch er weiß, dass sie auf dem Weg zum Korzo sein muss, jener

Spazier- und Guckpromenade nahe der Donau, die es in dieser Zeit so in allen größeren jugoslawischen Städten gab. Den Korzo ging man auf und ab, nicht zu schnell, *natenane*, ein Wort typisch für die Vojvodina, das eine Mischung aus Tempo und Laune beschreibt und irgendwo zwischen langsam, gemächlich, unaufgeregt, sanft und bequem liegt.

***

In der Vojvodina, aus der meine Mutter stammt, ist die Küche erstaunlicherweise zu gleichen Teilen von Fleisch wie von der deutschen Sprache bestimmt. In seinem Lied *»Al se nekad dobro jelo«* besingt der großartige Liedermacher Đorđe Balašević, selbst aus Novi Sad stammend, in einer Mischung aus Nostalgie und Ironie, wie gut man doch früher gegessen hat, ach ja. Das Lied erzählt von einem Fressausflug im Jahr 1965 und davon, wie die Gastgeberin immer wieder große Mengen auftischt und der Hausherr sie politisch unkorrekt herumscheucht, und was es alles gibt: Mohnnudeln und Ćevapčići mit Ajvar und Zwiebeln, Gulasch und mit Käse gefüllten Blätterteig, Paprika und Krautwickel, Spanferkel und Hühnerschenkel und noch viel mehr, und zwischendrin immer wieder Mohnnudeln.

Aber auch: *šnicle*[8], *viršle* (Würstchen), *štrudle, šnenokle, šlag* (Sahne), *kitenkes* (Quittenmarmelade), zum, Achtung, *fruštuk*, dann wieder *šufnudle, grizštrudle, kremšnite* und *princeskrofne* (Prinzessinnenkrapfen). So.

Vor allem heißt es in dem Lied aber immer wieder: *»Ne daj kaput!«* – gib Ihnen bloß nicht den Mantel. Man hindert die Gäste physisch daran zu gehen und weigert sich, den Mantel herauszurücken, denn egal wie viel sie schon verdrückt haben: Sie könnten ja noch Hunger haben und nur zu schüchtern sein,

8 »Š« spricht man wie »sch« aus.

dies zu artikulieren. Da kann man sich nie ganz sicher sein. Im Zweifel gegen den Mantel.

Die ganzen *štrudle* sind das österreichische Erbe der Vojvodina und auch das der Donauschwaben, das mit der Verweigerung des Mantelherausgebens ist mein Erbe. Ich flippe immer melodramatisch aus, wenn sich meine Gäste verabschieden wollen.

***

Darüber, wie man von süd- und südosteuropäischen Familiensippen mit Essensbergen beschmissen wird, dass ohne Unterlass massige, fettige, schwere, üppige, kalorienreiche Kost in rauen Mengen aufgetischt wird, wurde ja schon mehr als genug geschrieben. Irgendjemand dort unten, meist eine Tante oder Oma, hat immer Angst, dass es dem Gast, vor allem wenn er Ausländer ist, »nicht schmeckt«. Das ist kein Klischee, es ist tatsächlich so. Man kann das Ausmaß des Mästens nur nachvollziehen, wenn man es selbst erlebt hat. Sollte so ein Besuch irgendwann einmal anstehen, empfehle ich Hosen mit Gummizug. Nein, sie sind nicht elegant, doch dieser Style-Verlust ist es allemal wert, damit es der Tante (oder Oma) nicht an Ort und Stelle das Herz zerreißt, weil man nicht mehr kann. Diese Art von Gastfreundschaft kenne ich von Kindesbeinen an, doch wenn man aus dem fernen Ausland alle paar Jahre mal zu Besuch kommt, nimmt sie besondere Formen an. Es wird sogleich bemerkt, wie dünn man geworden sei, wahrscheinlich um einen davon zu überzeugen, dass man nun alles essen müsse, was einem gleich vorgesetzt wird. Und wenn man denkt, das muss doch jetzt die letzte Platte mit Fleisch gewesen sein, wird noch eine mit Fleisch hereingetragen. (Man sollte hier vielleicht erwähnen, dass das Wort für Grill *(žar)* bei uns auch Lodern, Glut, Leidenschaft und Funke bedeutet.) Nur eines ist wichtig: Man muss dabei die Ehre der Gastgeberin, die sich in der Küche abgesklavt hat, vor die eigene Herzverfettung stellen.

Dieses Verhalten hat bei mir zur Folge, dass ich meinen deutschen Gästen ständig irgendetwas serviere, bringe, abräume und wieder etwas Neues anbiete. Nichts mit: »Ja, mach dir mal 'n Brot, müsste noch was im Kühlschrank sein.« Man würde denken, die sagen dann: »Jetzt lass mal, entspann dich«, doch keineswegs, sie lieben es. Einmal erzählte ich einem Freund, der spontan vorbeigeschaut hat, wie meine Mutter mir immer einen *guilt trip* einjagen will, wenn sie am Telefon mitbekommt, dass ich Gäste habe.

»Du hast Besuch? Hoffentlich hast du auch Kuchen da?«

»Haha«, lachte er und fragte dann: »Und, was ist? Hast du Kuchen da?«

* * *

Neben all den Fressalien gab es auch andere švabo-Wörter, die er aus Dalmatien nicht kannte, zum Beispiel *šrafciger* (Schraubenzieher), *dinstati* (dünsten), *firange* (Vorhänge), *šlafrok* und nicht zuletzt, eher selten eingesetzt, doch genau das, was er jetzt tat: *špacirati*, also gemächlich gehen. Man könnte jetzt denken, dies wäre eine Form des Spazierengehens, doch es ist deutlich langsamer und entspannter als das, was die Deutschen in der freien Luft veranstalten – die wüten so richtig beim Spazierengehen. Sobald an einem Wochenende ein Sonnenstrahl zu sehen ist, erhalte ich garantiert einen Anruf oder eine Nachricht mit folgendem Inhalt:

»Wir machen heute einen schööön langen Spaziergang, kommst du mit?«

»Nein«, lautet heute meine knappe Antwort.

Früher fragte ich noch:

»Wozu denn?«

Oder nur: »Wös?«

Oder: »Wohin?«

Dann hieß es von deutscher Seite: »Nein, einen Spaziergang, schöööн lange Spazierengehen, nix wohin.«

Da setze ich mich lieber auf ein nicht fertig gebautes Mäuerchen.

Bei uns sind in Witzen oft Bosnier die Protagonisten, meist heißen sie Haso und Mujo.

Also: Haso sitzt auf einem Mäuerchen, da kommt Mujo und fragt:

»Was ist los, Haso? Sitzt du herum und denkst nach?«

Darauf Haso: »Nein, ich sitze nur herum.«

***

Mir ist das mit der vielen frischen Luft auch deshalb verdächtig, weil bei uns jeder Arzt bestätigen kann, dass Zugluft (*promaja*) das schlimmste und gefährlichste aller Übel ist, und wer mit nassen Haaren nach draußen geht, eine lebensgefährliche Entzündung riskiert. Deshalb gab es bei uns auch keine Fenster, die sich kippen ließen.[9]

Beim *špacirati* kann man Schuhe mit Absatz, einen schicken Hut oder Lippenstift tragen, und man kann die Hände hinter dem Rücken verschränken und schlendernd und flanierend pfeifen. Man zieht dazu bestimmt keine Jack-Wolfskin-Jacken oder sonstige funktionelle, atmungsaktive Outerwear an, und hässliche Schuhe auch nicht. Dem Jugo an sich – und jetzt ist vielleicht der Zeitpunkt gekommen, um genau zu definieren,

9 Erst im Jahr 2014 las ich einen Artikel mit dem Titel: »Experten-Interview: Zugluft ist gesundheitsschädlich«, als wäre das irgendwie eine brandneue Erkenntnis. Angela Schuh, Professorin für medizinische Klimatologie an der Ludwig-Maximilians-Universität in München erklärte dem *Spiegel*, warum dies der Fall ist, und ich schickte den Link all meinen fensterkippenden Frischluftfanatikerfreunden, denen ich seit Jahren das predigte, was die Professorin als *breaking news* verkaufte.

dass ich mit »Jugo« alle Menschen aller Teilrepubliken des früheren Ex-Jugoslawiens meine, ob sie wollen oder nicht, in diesem Spazierfall vielleicht mit Ausnahme der Slowenen, denn die jodeln gern und haben Berge, also gehen sie womöglich auch gerne spazieren – also, dem Jugo an sich ist Gehen suspekt, frische Luft auch. Männliche Jugos verbringen nur Zeit an der frischen Luft, wenn ein Kaffee, ein Bier oder ein Ball im Spiel ist.

Doch auf dem Korzo war der Špacir-Gang das richtige Tempo, bloß nicht zu schnell, man wollte ja sehen, was geboten wurde, aber auch nicht zu langsam, allzu interessiert wollte man auch nicht erscheinen. Man wusste genau, wann auf dem Korzo etwas los war, vormittags eine Stunde und dann noch einmal abends von sieben bis neun, zu festen Zeiten also, dem Rindermarkt nicht unähnlich, zu dem ihn sein Vater mitgenommen hatte, als er noch davon ausgegangen war, sein Sohn würde den ehrlichen Metzgerberuf wählen und aufhören, mit diesem Feine-Leute-Sport mit den ploppenden kleinen Bällen herumzuspinnen. Angefangen hatte es damit, dass er sein Fahrrad gegen den Tennisschläger eines Freundes, der in seiner Straße wohnte, getauscht hatte. Von da an ging er jeden Abend auf den Tennisplatz, kurz bevor es dunkel wurde. Der Tennisklub Split lag genau gegenüber der elterlichen Wohnung, und er übte barfuß, denn Tennisschuhe hatte er noch keine.

Nikola, der im internationalen »Tenniszirkus« (die Bezeichnung empfand er immer als sehr treffend) Niki gerufen wurde, hatte sich das Spiel also selbst beigebracht, und so lange her war das gar nicht: Erst mit dreizehn Jahren hatte er damit angefangen, und nun war er Anfang zwanzig und um die halbe Welt gereist. Eigentlich hatte er sich auf der Universität in Zagreb für Rechtswissenschaften eingeschrieben, vor allem weil er wusste, dass ihm in den ersten zwei Jahren seines Studiums viel Zeit zum Reisen blieb. Doch es passierte ein Fehler bei der Einschreibung, und er wurde stattdessen nach Novi Sad überschrieben, wo er letztendlich auch nur zwei Semester bleiben würde. Hier *špacierte* er nun mit Studenteneifer an der Donau entlang, diesem breiten grünen Fluss, der die jugoslawische Geschichte mit den Ländern verband, durch die er floss: Österreich, Ungarn und nicht zuletzt Deutschland. Flüsse, dachte er, passen so gut zum Herbst wie Meer zum Sommer.

Es war im späten Herbst, als er an diesem Abend das Mädchen sah, das meine Mutter werden würde. Er sah einen grünen Wildledermantel, grüne Augen, schwarze Haare, weiße Zähne und einen Blick der Gewissheit, dass mit jedem weiteren Schritt alles Weitere möglich ist. Sie beide gehörten zur ersten Generation junger Jugoslawen, die im Zweiten Weltkrieg geboren waren und die zu schätzen wussten, dass Brücken standen, Autos fuhren und man nachts nicht in den Keller musste, dankbar und dennoch in ihrer Rock-'n'-Roll-Aufmüpfigkeit mit der Jugend der ganzen Welt vereint. Die Hinterköpfe der Mädchen waren toupiert, die Tollen der jungen Männer mit Zuckerwasser geglättet und lackiert, man trug Petticoats, Lederjacken und Denim, ein interessantes Material, das zur weltweiten Uniform der Rebellion avanciert war, dessen weltweiter Siegeszug ihn fünf Jahrzehnte später zur Uniform der Fantasielosigkeit machen würde. Denim war damals sehr begehrt, und sie waren darüber glücklich, dass sich Tito ungefähr zehn Jahre zuvor erfolgreich gegen Stalin aufgelehnt hatte, denn das bedeutete, dass sie reisen konnten, etwa nach Triest, um Jeans zu kaufen, nach Frankreich, um zu studieren, nach Amerika, um auszuwandern, in die ganze Welt, um wiederzukommen oder auch nicht. Goldene Zeiten schienen in diesem Land angebrochen zu sein,

Hoffnungen schwangen wie die Tellerröcke, aber vielleicht fühlt sich das eben so an, wenn man jung ist.

Und die Donau floss, wie sie es immer schon getan hatte, unter den Brücken, die geplant, gebaut, zerbombt, zerstört, aufgebaut und zweifellos wieder zerstört werden würden, als könnte sie gar nicht anders, als wäre sie wie das Sein selbst. Sie folgte darin Heraklit, der festhielt: »Alles fließt.« Was auch heißt, dass nichts bleibt.

Nikola bestellte sich ein Bier, ein Dunđerski, und nahm sich vor, in der Bibliothek nachzulesen, wer dieser Typ auf dem Sockel ist, der dem Rathaus von Novi Sad dem Rücken zuwendet.

***

Die Donau ist im Deutschen weiblich, obwohl es »der Fluss« heißt. Bei uns fließt es umgekehrt: Es ist der Dunav, und das Wort für Fluss – *reka* im Serbischen, *rijeka* im Kroatischen – ist weiblich. Das ist bis auf regionales Vokabular eigentlich schon der ganze Unterschied zwischen Kroatisch und Serbisch, man nennt es auch ekavski (Serbisch) und ijekavski (Kroatisch), soll heißen, dass das gleiche Wort im Serbischen mit e und im Kroatischen mit ij oder j vor dem i geschrieben und ausgesprochen wird, also: leto/ljeto (Sommer) bežati/bježati (fliehen), negovati-njegovati (pflegen) und reka/rijeka (Fluss).

***

Während die Ufer streiten,
werden die Gewässer ruhig durchfließen.[10]

***

10 »Agon«, ein Gedicht des serbischen Dichters Branko Miljković (1934–1961).

Es war einmal ein Land.

Dann war es nicht mehr.

Das, was dazwischen liegt, war manchmal heiter und oft schwer.

***

Am 1. Oktober 1939 wurde die Statue des Svetozar Miletić vor dem Rathaus von Novi Sad enthüllt.

»Den hat Meštrović gemacht«, sagte ein Mann mit Hut.

»Ein wichtiges Zeichen für unsere Stadt«, sagte ein Mann mit Brille.

»War der Miletić nicht Rechtsanwalt?«, sagte einer, der zu jung war, um sich zu erinnern.

»Hat der nicht in Wien studiert?«, fragte einer, der gern in Wien studieren wollte.

»Ja, und er war Journalist und sogar Bürgermeister von Novi Sad«, sagte einer, der das irgendwo gelesen hatte.

»Ach, der Miletić, der hat für die Unabhängigkeit und gegen die Unterdrückung und überhaupt für den Frieden gekämpft«, sagte einer, der befürchtete, es würde bald wieder Krieg geben.

»Für den Frieden kämpfen ist so, wie für die Unschuld ficken«, sagte einer, der sich für witzig hielt.

»Ist der nicht verrückt gestorben?«, fragte einer.

»Ach, verrückt. Lieber ein bisschen verrückt als ein bisschen klug!«, sagte einer, dessen Großmutter ihm gestern dieses alte Sprichwort erklärt hatte.

Und Mara sagte leise: »Manche Menschen bleiben.«

Und eigenartig beeindruckt ging sie nach Hause, nur zweihundertfünfzig Meter Richtung Norden zum Trg Cara Lazara 4, und erzählte ihrer Mutter von der Enthüllung und sagte: »Der wird jetzt ewig dastehen.«

»Vielleicht nicht«, sagte ihre Mutter Jovanka, die sie nicht geboren hatte, aber ihre Mutter war. Jovanka befürchtete einen grauenvollen Krieg, vielleicht genauso schlimm wie den, bei dem sie ihre gesamte Familie verloren hatte, ihre Mutter, ihren Vater und alle fünf Geschwister. Auch sie hätte sterben sollen, das war so geplant, als sie ins Wahrzeichen Novi Sads, die prächtige Festung in Petrovaradin, kam.

»Jemand sollte dir ein Denkmal bauen«, sagte Mara.

***

Genau einen Monat vor der Enthüllung der Statue des Svetozar Miletić, am 1. September 1939, war Hitler in Polen einmarschiert. Zwei Jahre nach der Enthüllung würde die Statue, so wie sein *kolega* Grgur Ninski in Split, vor den Bomben der deutschen Luftwaffe in Sicherheit gebracht werden, während der Himmel über Novi Sad brannte.

Bei der Enthüllung der Statue war Mara siebenundzwanzig Jahre alt und hatte bereits zwei Kriege hinter sich: hineingeboren in den Balkankrieg von 1912, der bis 1914 dauerte und fast nahtlos in den Ersten Weltkrieg überging. Und nun war es 1939, und der dritte Krieg ihres Lebens stand vor der Tür, der Zweite Weltkrieg, der, aus dem die Republik Jugoslawien hervorgehen würde. Spät in ihrem Leben erlebte sie, unerwartet, noch einen vierten Krieg, in dem, wenn man das so zusammenfassen darf, Jugoslawien würde zerstört werden.

»Wie fühlt sich Krieg an, bako?«, fragte ich sie einmal Ende der siebziger Jahre.

Sie sagte lange nichts, dann: »Wie ein Papierschnitt. Man kriegt nicht mit, dass es passiert ist, und weiß gar nicht, wie einem geschieht und wie sehr es wehtut, obwohl da nur ein kleiner Schnitt ist. Man rechnet nie damit, dass es passiert. Und trotzdem, wenn es das tut, kann man nur eins: weitermachen.«

***

Mara gehörte zur Generation jener Europäer, deren Dasein vom Verlauf großer Kriege bestimmt wurde. Auf ihrer To-do-Liste stand stets ganz oben: »Überleben.« Sie war die liebevollste, gütigste Person, die mir je begegnet ist, die mir so viel echte Liebe schenkte, dass ich nie daran zweifelte, dass es überall mehr als genug davon gab, von der ich lernte, dass Tränen Audruck von Traurigkeit und Glück sein können. Kriege können Menschen nicht nur böser und verbitterter und gestörter machen, sondern auch mutiger, wahrhaftiger, stärker, mit einem ausgeprägteren, geschärfteren Sinn für das wirklich Wichtige – je nachdem, wer man ist.

Kriege vergehen, und Menschen bleiben, trotz allem, trotz allen.

***

Im Serbischen, im Kroatischen und im Serbokroatischen, das ich am liebsten spreche, ist das Wort für Frieden und Ruhe identisch: *mir*. Mir war das lange nicht bewusst, mir soll das aber recht sein.

Mit Mara spielte ich am Trg Cara Lazara 4 ein Spiel namens »Mir«, frei nach dem Motto Ciceros *Dulce enim entiam nomen est pacis* – selbst das Wort für Frieden ist lieblich.

Natürlich meinte sie damit nicht Frieden, sondern Ruhe. Das hieß, ich musste leise sein, nicht singen und nicht trampeln und mich mit mir selbst beschäftigen, dafür durfte ich ihre Sachen anziehen, mir ihren Schmuck anhängen und ihre Lippenstifte ausprobieren. *Dušo*, meine Seele, *dušice*, mein Seelchen, *jabučice*, mein Äpfelchen, nannte sie mich und gab mir, seit ich denken kann, das Gefühl, dass ich denken kann.

Als ich keine Lust mehr auf *Mir*-spielen hatte, fragte ich sie Dinge wie:

Wie hängen Dinge zusammen? Was sind Zufälle?

Ach ja, sagte sie und küsste mich.

***

Als die Statue des Svetozar Miletić enthüllt wurde, kam Mara nur zufällig am Trg Slobode vorbei, auf dem Weg von der Arbeit nach Hause. Sie blieb stehen, denn wer kann schon einer Enthüllung widerstehen. Und als das schwere Tuch fast geräuschlos heruntterglitt, traf sie der Luftstoß wie eine Erkenntnis, und sie verstand, wie alles zusammenhing: diese Statue, ihre Kindheit und »Santa Maria della Salute«, das wunderbare Gedicht, das ihr die Augen jedes Mal mit einer Schicht Glanz überzog, wenn sie es las, und ihr eigenes Leben, das vielleicht anders verlaufen wäre, wenn die Menschen, die um den Dichter herum waren, andere gewesen wären. Es war nämlich so:

Der Dichter

Ungefähr fünfundzwanzig Kilometer östlich von Novi Sad – einst Neoplanta, dann auf Deutsch in uncharmanter Legomäßigkeit Neusatz genannt – liegt Čeb. In Čeb wurde Mara im Februar 1912 geboren.

Čeb, das heute Čelarevo heißt, war damals ein großes, prächtiges, reiches Dorf – flach, sanft, farbenfroh, auf fruchtbarer Erde der Pannonischen Tiefebene gelegen, wo vor Millionen von Jahren noch ein Meer war. Dort lebten Serben, Ungarn, Donauschwaben, Slowaken, die typische *mišung* für die Vojvodina. In Čeb residierte die reiche und einflussreiche Familie Dunđerski. Im Jahr 1882 hatte Lazar Dunđerski das Čeber Schloss von einer verarmten ungarischen Adelsfamilie gekauft, den von Bezerédys, im selben Jahr erbaute er in dem Dorf eine Dampfmühle und eine Spiritusfabrik, zwei Jahre später errichtete er unweit des Schlosses eine Brauerei und legte Hopfengärten an. Für diese Brauerei, die das Dunđerski-Bier herstellte, arbeitete mein Urgroßvater, Maras Vater, Jovan Radakov, bis zum Ende seines Lebens als Fahrer. Jovan war ein außerordentlich schöner Mann, redegewandt und charmant, ein wahrer Hedonist. Seine Frau Desanka, Maras Mutter, starb, als ihre Tochter erst zwei Jahre alt war, wahrscheinlich an Tuberkulose. Man erzählt sich, sie sei eine Schönheit gewesen und sehr zärtlich. Jovans Mutter kümmerte sich fortan um das Kind, eine »Gendarmenfrau«, wie man bei uns sagt, bestimmt und stark.

Čeb wurde indes zum Lieblingsort der Dunđerskis, die als Großgrundbesitzer einige Schlösser besaßen, zum Beispiel eines namens Fantast, ein paar Kilometer entfernt in Bečej. Das Schloss in Čeb hatte einen großen Park und eine Allee, die zur Donau führte, und Bälle wurden hier abgehalten und Empfänge, und es kamen reiche Leute aus Wien und Budapest mit dem Schiff zu Besuch. Lazar Dunđerski wurde zum Salonlöwen und versammelte die lokale *inteligencija* um sich. Das Schloss war ein Treffpunkt angesehener und bedeutender Personen aus dem politischen und kulturellen Leben jener Zeit, hier verkehrten der Erfinder Nikola Tesla, die Maler Paja Jovanović und Stevan Todorović und auch ein gewisser Laza Kostić.

Laza Kostić, geboren 1841 in Kovilj in der Vojvodina, gestorben 1910 in Wien, ist heute vor allem als Dichter bekannt; sein Epos »Santa Maria della Salute« ist vielleicht, wahrscheinlich, womöglich das schönste Gedicht, das je in serbischer Sprache entstand; dafür gilt es jedenfalls allgemein. Kostić war ein Romantiker, ein Exzentiker und ein Multitalent, er sprach und schrieb in alten und neuen Sprachen und übersetzte Shakespeare, Heine und Homer ins Serbische, und bevor er sich an seinen Schreibtisch setzte, zog er stets einen weißen Anzug an. Er war auch Bühnenautor, Essayist, Philosoph und Journalist. In seiner Jugend, bereits als Schüler, hatte er zu dichten begonnen – die Ergebnisse seines jungen Selbst kommentierte er im Alter mit: »*Svaka strofa katastrofa*«, (also: »Jede Strophe eine Katastrophe«) sowie mit »*E! Svako srpsko dete misli da je Gete*« (also: »E! Jedes serbische Kind denkt, es sei Goethe oder eben Gete[11]). Kostić experimentierte mit Dichtung, das Stück

11 Gete: Hier erkennt man, dass wir uns mit Umlauten schwertun, und schließlich reimt sich Goethe so ausgespochen – Gete – auf *dete*, Kind.

»Maksim Crnojević« schrieb er ganz in Jamben, und Homer versuchte er, nach dem epischen serbischen Dekameter zu übersetzen.

Laza Kostić hatte aber vor allem – und deshalb ist er heute noch ein Begriff – zwei Seelen in seiner Brust, und er versuchte sie zu vereinen. Von klein auf besaß er eine ebenso große Leidenschaft für Sprache wie für Gerechtigkeit, einen Hang zum Schönen wie zur Macht. Für seine Ideale, die sich schon in seiner Jugend herauskristallisierten und von denen er nie abwich – soziale Gerechtigkeit und die Unabhängigkeit Serbiens –, kämpfte er nicht nur auf als Journalist und Chefredakteur, sondern auch als Politiker. Sein Mentor war ebenjener Svetozar Miletić, dessen Denkmal vor den Augen meiner Großmutter enthüllt wurde. Wie Miletić studierte auch Kostić Jura und machte seinen Doktor darin an der Universität in Budpest, war dann: zweimal Bürgermeister von Novi Sad, Vorsitzender des Gerichtes von Novi Sad (bei dem Mara später arbeiten würde), und schließlich unter anderem mit Miletićs Hilfe serbischer Abgesandter im Parlament in Budapest. Auch in der Politik, nicht nur in der Dichtung und in seinen Übersetzungen, ging es ihm immer wieder um die Sprache: Nach dem Zusammenschluss Österreich-Ungarns 1867 lehnte er sich dagegen auf, dass die serbische (und andere slawische) Sprachen verboten werden. Ein Jahr später, 1868, wurde der regierende serbische Fürst, Mihailo Obrenović III., in Belgrad ermordet. Kostić, Miletić und einige andere serbische Intellektuelle, die den österreichisch-ungarischen Mächten unangenehm waren, wurden daraufhin fälschlich beschuldigt und eingesperrt. Ein zweites Mal kam Kostić für eine fulminante anti-österreichische Rede anlässlich der Volljährigkeitsfeierlichkeiten des jungen Fürsten Milan (Nachfolger des ermordeten Mihailo) ins Gefängnis.

Kostić wurde vertrieben, verehrt, verfolgt, verhaftet. Doch er war immer mittendrin in der Gesellschaft, sogar immer eher an ihrer Spitze und in ihrer Mitte, statt traurig-romantisch-leidend an ihrem Rande, und als solcher kam er nach Čeb ins Schloss der Dunđerskis, wo spät in seinem Leben die traurigste und innigste Begegnung seines Lebens stattfand, aus der heraus das schönste Gedicht seiner Sprache entstehen soll.

Laza war fünfzig Jahre alt, Lenka mit einundzwanzig Jahren das jüngste Kind der Dunđerskis, als sie sich im Schloss ihres Vaters in Čeb wiedersehen. Er ist inzwischen verarmt, seines politischen Kampfes müde und gerade von einem langjährigen, nicht ganz freiwilligem Aufenthalt in Montenegro zurückgekehrt. Seit ihrer Kindheit hat er Lenka nicht mehr gesehen. Zwischen ihm und dem schönen Mädchen entwickelt sich eine tiefe Liebe, die nie sein darf, das wissen beide. Lenka war aber nicht nur schön, sondern auch gebildet und den schönen Künsten zugetan, unter anderem spielte sie Klavier. Manchmal wurde ein Klavier bis zum Kastelleingang zwischen die zwei steinernen Löwen getragen, wo Lenka dem Dichter, um ihn willkommen zu heißen, spielte. Die Töne beruhigten zuerst die Löwen, und dann berührten sie tief und schmerzhaft die Seele des damals schon betagten Dichters. Der Unmöglichkeit seiner Liebe und des Altersunterschiedes wohl bewusst, fasste er den Entschluss, sich in ein Kloster zurückzuziehen. Dort träumte er, vereinsamt und schwach, von seiner größten Liebe, die auf Erden unerfüllt bleiben sollte.

Aber nicht genug der Tragik: Am Vorabend ihres fünfundzwanzigsten Geburtstags, während eines Aufenthalts in Wien im Jahr 1895, stirbt Lenka überraschend am Typhus-Fieber. Laza befindet sich gerade auf Hochzeitsreise in Venedig, als er von ihrem Tod erfährt. (Schlussendlich hatte er doch Juliana Palanački geheiratet, die vierzehn Jahre auf ihn gewartet hatte; Trauzeuge bei der Hochzeit war ausgerechnet sein guter Freund, Lenkas Vater.) Lenkas Tod erträgt er kaum, und obwohl frisch verheiratet, zieht er sich abermals in ein Kloster zurück. Das Gedicht trägt er vierzehn Jahre mit sich herum, eine klare, bleierne Last.

Reuig küsse ich deinen blitzsauberen Saum, Santa Maria della Salute.

Santa Maria della Salute, so lautet die letzte Zeile jeder Strophe, nach der Kirche in Venedig, in der er von Lenkas Tod erfahren hat, und die wegen eines katholischen Feiertags an diesem Tag brechend voll gewesen ist. Er veröffentlicht das Gedicht 1909, ein Jahr vor seinem eigenen Tod. Er stirbt in Wien so wie seine Lenka.

***

Kostićs Freundschaft mit den reichen Dunđerskis war sicherlich auch darauf begründet, dass es sich bei der Familie um soziale Wohltäter handelte. (Lenka war in ihrem kurzen Leben das, was die Boulevardpresse heute eine »Charity-Lady« nennen würde.) Dieser Umstand wiederum hatte einen entscheidenden Einfluss auf das Leben meiner Großmutter Mara.

Als ihr Vater Jovan starb, war er Ende vierzig und sie ein Mädchen von siebzehn Jahren. Sofort bekam sie eine Arbeit in der Brauerei, denn man kümmerte sich bei den Dunđerskis um die Angestellten und ihre Familien und ließ sie in schweren Zeiten nicht allein. Dieser erste Job machte Mara mit einem Schlag zur Chefin, weil Ernährerin, der Familie, und die Rolle der Chefin sollte sie für immer behalten. Außerdem würde sie von diesem Tag an ihr ganzes Leben lang berufstätig bleiben: Nach der Brauerei arbeitete sie am Gericht von Novi Sad, danach, bis zur Rente, als Chefsekretärin der dortigen Oper.

Immer wenn sie von der Arbeit nach Hause kam, so wie auch an diesem 1. Oktober 1939 nach der Enthüllung der Statue des Svetozar Miletić, zog sie sich um. Das Kostüm wurde gegen einen *šlafrok* getauscht, einen aus dunkelblauer Seide mit weißen Tupfen, nur die Perlenkette und »ihr Gesicht« wurden noch nicht abgelegt. Dann würde sie sich einen Kaffee machen, zwanzig Minuten hinlegen, so lange, wie das Koffein braucht, um zu wirken, und dann weitermachen. In den anderen Zimmern der Wohnung am Trg Cara Lazara 4 hielten sich ihr Mann Petar auf, der gerade an seinem Buch *»Précis de grammaire française – Kratak pregled francuske gramatike«* (also eine Kurzübersicht der französischen Grammatik) arbeitete, ihre Schwestern Zora und Smilja, die erste schwarzhaarig und klein, die zweite hellblond und hochgewachsen, mit denen sie vor uns immer dann auf Ungarisch sprechen würde, wenn es »um Erwachsenendinge«, »das braucht ihr nicht zu verstehen« ging, und schließlich ihr Sohn Dušan, ein Kind mit goldenen Locken. Zwei Jahre später würde ein kleines Mädchen dazukommen, Ende Juli 1941, mitten in einem großen Krieg, ein kleines Mädchen: meine Mutter.

***

In dieser geräumigen Wohnung am Trg Cara Lazara 4 – es gab sieben Zimmer in unterschiedlichen Einrichtungsstilen, das meiste K.-u.-k.-Erbe, aber auch psychedelische Blumentapetendeko – sollte ich als kleines Kind in den siebziger Jahren viel Zeit verbringen, nicht nur wenn ich mit meinen Eltern hier zu Besuch war, sondern auch wenn diese, was häufiger vorkam, transatlantisch oder sonst wie ohne mich reisten. Es war, aufgrund dieser allumfassenden, gigantischen großelterlichen Liebe, für mich als Kind die wunderbarste Zeit. Hier würde ich stundenlang Gedichte vorgelesen bekommen, am liebsten die vom Drachendichter, tagelang am Fenster stehen und hochwollen, und Petar würde mich auf die Fensterbank setzen und ein Kissen als Unterlage holen, und meine Hand würde sich ans Glas pressen und dortbleiben, konzentriert und fest, sodass der Abdruck noch lange zu sehen war, wenn ich die Hand wieder entfernt hatte. Ich würde mit Petar Wörter üben, denn das war sein Ding – Wörter und Sätze und Verse und der Rhythmus dazwischen.

»Wörter soll man nicht zählen, sondern messen«, sagte er zu mir und auch: »Wörter sind wie Bienen, sie sind Honig und Stachel zugleich.«

»Welcher Stachel denn? Was ist Stachel?«, fragte ich, während sich meine Augen weiteten. Honig mochte ich, der war gut, doch was war ein Stachel?

»Ein Stachel. Das ist so etwas wie ein scharfer böser Knopf an der Biene«, erklärte mein Großvater.

»An der Biene?«

»In der Biene.«

Stachel. Biene. Honig. Wörter. Wörter lernen.

»Lernen ist Licht«, sagte er auch, und das klang richtig. Ich mochte die Nacht, und in der Nacht die Lichter.

***

Wir sind Wörter. Je mehr Wörter ich lernte, umso mehr wuchs ich nicht nur nach oben, sondern auch nach innen. Wir Slawen stammen vom Wort ab, sprachwissenschaftliche Theorien behaupten das. Eine von ihnen besagt zwar, dass das Wort »Sklave« seinen Ursprung im Wort »Slawe« hat, in einer anderen geht man aber davon aus, dass »Slawe« von *slovo* abstammt, was »Buchstabe« und im erweiterten Sinne »Wort« bedeutet. Slawen wären danach die Sprecher von Buchstaben beziehungsweise Wörtern derselben Sprache. (Das waren sie auch, ab dem

11. Jahrhundert bildeten sich die einzelnen Gruppen der Südslawen, Westslawen und Ostslawen. Die westlichen Nachbarn der Slawen, die Germanen, aus denen dann die Deutschen wurden, hießen *Nemci*, die Stummen, weil man sich mit ihnen nicht verständigen konnte.

***

Der Mensch wird also durch das Wort, so empfand ich immer und verstärkt, wenn ich bei meinen serbischen Großeltern war: Wörter lernen, was könnte es Schöneres geben? Ganz am Anfang, eine meiner ersten Erinnerungen, stand das Lernen der Farben, und ich sagte sie auf, *Grün, Weiß, Orange, Grau,* indem ich mit der einen Hand flach das Fenster festhielt und mit dem Zeigefinger der anderen auf die unten auf der Straße vorbeifahrenden Autos zeigte: *Rot, Beige, Schwarz, Blau.* Am liebsten tat ich das an verregneten Tagen, weil die Fensterscheibe dann eine Konstellation von Tropfen aufwies, die doch sicherlich die Zukunft voraussagen konnte, vielleicht sogar noch besser als die Zigeunerin, die immer vor dem Haus der Goldmans saß.

Ruža Goldman, eine Freundin meiner baka Mara, lebte gleich um die Ecke in einer prächtigen Stadtvilla mit einem großen Garten. Wir waren da häufig zu Besuch. Vor dem eisernen Tor der Goldman-Villa hatte eine alte Zigeunerin ihren Platz, eine Roma wahrscheinlich, die ständig leise jammerte, gleichzeitig sehr lässig war und sehr bunt und eins mit sich. Sie wirkte weder arm noch unglücklich. Immer wenn wir die Goldmans besuchten, meine Oma, meine Cousine, meine Mutter und ich, winkte sie uns mit einem wohlwollenden Schnaufen vorbei, mit einer fast unmerklichen Handbewegung, wie ein Türsteher, der einen gnädig durchlässt, obwohl man nicht auf der Gästeliste steht.

Einmal, als wir den Goldmans spontan einen Besuch abstatteten, sprach sie zu uns, das einzige Mal. Sie sagte hochgestochen:

»Die Dame des Hauses ist nicht anwesend.«

Da mochte ich sie noch lieber als zuvor.

***

»Und welche Farbe hat der Wind?«, fragte ich meinen Großvater nach einer ausgiebigen Autoglotzfarblernsession.

»Welcher Wind?«

»Der Jugo!«

»Grau und Gold ist der«, sagte er.

»Und die Bura?«

»Grün und Blau.«

Und dann sagte er: »Und welche immer du willst, auch wenn du sie nicht sehen kannst, solange du sie zu benennen vermagst.«

Denn es gibt Wörter für Dinge, die es nicht gibt, doch es gibt kein einziges Ding, für das es kein Wort gibt.

Die Festung

Die einzige Situation, die Maras Mutter Jovanka jemals aus ihrem Leben in Bosnien erwähnte, war der simpelste und gleichzeitig strahlendste Augenblick des Glücks, das sie verspürte, als sie als Kind barfuß mit anderen Kindern zum Wasserfall ging. Das war die schönste Erinnerung ihres Lebens; es war auch das Einzige, das sie jemals aus ihrem früheren Leben erwähnte. Sonst hat sie nie über ihre Kindheit und ihren Geburtsort Jajce gesprochen. Sie hat überhaupt nie über sich selbst gesprochen, sondern immer nur versucht, das Leben der anderen zu erleichtern aus Dankbarkeit, dass sie ihr eigenes noch hatte.

***

Mitten in den hohen Bergen Bosniens liegt das Dorf Jajce. Die Altstadt von Jajce – was so viel wie »kleines Ei« bedeutet – ist auf einem von den Flüssen Pliva und Vrbas begrenzten Berg errichtet, über dem eine Festung thront; südwestlich von Jajce fällt die Pliva über einen zwanzig Meter hohen Wasserfall in die Schlucht der Vrbas. Hier hatten im 4. Jahrhundert nach Christus römische Legionäre dem Gott Mithras einen Tempel gebaut, die bosnischen Könige fanden hier ihre letzte Zuflucht, dann bauten die Türken ihre Moscheen. Hier schnitten, lange bevor Gavrilo Princip existierte, rebellische Bosniaken einem Bataillon österreichischer Besatzer die Köpfe ab und bewahrten diese in ihren Berghütten auf. Im Zweiten Weltkrieg richtete ein Partisan namens Tito in Jajce sein Hauptquartier ein, er nutzte eine in einen Fels gehauene Grabkatakombe als Luftschutzkeller.

Der Wasserfall von Jajce schoss laut und mächtig in die Tiefe, unbeeindruckt von all dem, was um ihn herum geschah.

In der Nacht vom 29. November 1943 wurde in Jajce der Grundstein für die Republik Jugoslawien gelegt. Es musste in der Nacht geschehen, denn tagsüber hatte man genug damit zu tun, sich vor deutschen Sturzkampfflugzeugen in Sicherheit zu bringen. Bei der Versammlung des Antifaschistischen Rats der Nationalen Befreiung Jugoslawiens wurden die Beschlüsse gefasst, die den Grundstein für die Verfassung Jugoslawiens bildeten. Daher gilt Jajce als Gründungsort der SFR Jugoslawien, und der 29. November wurde zum Nationalfeiertag.

Der Wasserfall erledigte seinen Job weiterhin unbeeindruckt wie seit Jahrhunderten, etwa vierzig Kubikliter Wasser pro Sekunde rauschten in die Tiefe. Als dann aber der andere Krieg begann, der am Ende des 20. Jahrhunderts, der, der die Idee und die Grenzen Jugoslawiens auflösen würde, wurde der Wasserfall leiser und immer schwächer, bis er fast versiegte. Am schlechtesten ging es ihm in den Jahren 1995 und 1996, nur drei Kubikliter pro Sekunde erlaubte er sich, als um ihn herum die schlimmsten Kämpfe tobten.

Der Wasserfall versiegte, als hätte selbst er keine Träne mehr übrig.

Dass er heute wieder in voller Pracht fließt und scheppert und fällt, schreiben manche speziellen Sanierungsmaßnahmen zu. Vielleicht würden die, die daran glauben, dass alles aus einem Grund geschieht, sagen, dass er zwar nicht vergessen, aber doch verziehen hat.

Auch Rebecca West verbrachte einige Zeit dort und widmete »Yaitse«, dieser »extravagant schönen Kleinstadt«, die wie ein Ei am ovalen Berg steht, drei Kapitel ihres Buches. Da für die

Südslawen Wasser heilig ist, bemerkt sie, sei dieser Wasserfall nur einen Schritt von Gott entfernt. Sie beschreibt eine Szene: Drei einheimische junge Mädchen tauchen am Wasserfall auf, in bunten Kleidern, die »eine Spur türkischer Eleganz« aufweise, und sie kichern und sind vergnügt, und so stelle ich mir Jovanka vor im glücklichsten Moment ihres ersten Lebens.

***

Jovanka wird 1900 in Jajce als Tochter eines serbisch-orthodoxen Popen geboren, als eines von sechs Geschwistern. Sie wächst fromm und einfach auf. Ob ihre sanftmütige Güte ein angeborener Charakterzug war oder eine Folge der Dankbarkeit darüber, dass sie überlebt hatte? Man weiß es nicht.

Man weiß aber, was passierte, als sie vierzehn Jahre alt war.

Man weiß, dass es als unklug und nicht gerade sicher angesehen wurde, dass Erzherzog Franz Ferdinand und seine Gattin Sophie ausgerechnet am Vidovdan, dem 28. Juni 1914, Sarajevo einen Besuch abstatten sollten.

Der Vidovdan, der Sankt-Veitstag, ist nicht nur der Tag, an dem die Serben der Schlacht gegen die Osmanen auf dem Amselfeld 1389 gedenken, sondern auch der Tag, an dem 1878 die Österreicher die bis dahin osmanischen Provinzen Bosnien und Herzegowina militärisch besetzten. 1908 gliederte Wien die Gebiete völkerrechtswidrig ins Reich ein. Bosnien ist zu dieser Zeit eine mehrheitlich von Serben bewohnte Provinz, sowohl die Geheimorganisationen Crna Ruka (»Schwarze Hand«) als auch die Gruppierung Mlada Bosna (»Junges Bosnien«) stellen eine Gefahr für den Thronfolger dar, der als Symbol der Okkupation gilt.

Der österreichische Gouverneur Bosniens, Oskar Potiorek, lehnt am Vorabend des Besuchs aus Sorge um sein Prestige die aus den entstandenen Sicherheitsbedenken geplante vorzeitige

Abreise des Habsburgers ab. Als am nächsten Tag der Automobilkonvoi durch Sarajevo fährt, wird zunächst eine Handgranate in Richtung des Wagens geworfen, in dem der Thronfolger sitzt. Geistesgegenwärtig wischt sie Franz Ferdinand vom Dach. Sie explodiert und verletzt die Insassen des Autos hinter ihnen schwer. Franz Ferdinand besteht darauf, auf der geplanten Strecke zurückzufahren, und Potiorek greift wieder nicht ein. Als der Konvoi um 10.45 Uhr an der Lateinerbrücke vorbeifährt, schießt Gavrilo Princip zweimal: Er trifft Franz Ferdinand und mit der für Potiorek gedachten Kugel auch Sophie.

Man weiß, dass Franz Ferdinand sagt, als er getroffen wird: »Es ist nichts.«

Man weiß, dass nach den Schüssen von Sarajevo Österreich-Ungarn Serbien und dann Deutschland Russland den Krieg erklärt und dass darauf ein großer Krieg folgt, der die Welt für immer verändern und prägen wird.

Man weiß auch, dass im Jahr 2014, einhundert Jahre nach dem Beginn des Ersten Weltkriegs, der Versuch des Geschichtsrevisionismus unternommen wird, dass zahlreiche Bücher und Artikel veröffentlicht werden, die die Schuld der Habsburgermonarchie und auch Deutschlands am Krieg zu relativieren versuchen, als hätte man vergessen, dass Österreich keinen Anspruch und kein Recht auf die Besetzung eines fremden Territoriums hatte.

Man weiß auch Folgendes: Nach dem Attentat von Sarajevo ließen die österreichischen Mächte aus Vergeltung noch vor Kriegsbeginn die serbische Bevölkerung Bosniens zu Hunderttausenden töten. Intellektuelle, Bauern, Geistliche, Männer, Frauen und Kinder wurden erschossen, verbrannt, gehängt und geköpft.

Jovankas gesamte Familie wurde zum Tod verurteilt und nach Petrovaradin deportiert.

***

Die Burg von Petrovaradin thront hoch auf einem riesigen Felsen über Novi Sad. Auf dem Felsen wurden Spuren aus der Steinzeit gefunden, und später haben hier die Kelten, Römer, Hunnen, Awaren, Byzantiner, Ungarn und Serben geherrscht und natürlich auch die Türken, bis die Österreicher sie 1687 verjagten und fünf Jahre später mit dem Bau der Burg begannen. Im 17. Jahrhundert war Petrovaradin die größte Festung Europas und die wichtigste Österreich-Ungarns. Der Bau endete erst 1780, kein Wunder, die Festung besaß ein sechzehn Kilometer langes System von unterirdischen Gängen.

Jovanka kam mit der gesamten Familie in eines der Burgverliese.

Ihre gesamte Familie wurde dort getötet. Alle: ihr Vater, ihre Mutter und ihre Geschwister.

Nur Jovanka entkam.

Sie sprach nie darüber, wie. Einmal erwähnte sie eine Wache und die unterirdischen Gänge, die sie nie mehr besuchte, nachdem sie diesem Ort entkommen war. Meiner Mutter fiel erst lange nach ihrem Tod auf, dass ihre Großmutter jeden Tag, den sie wachte, und jede Nacht, die sie schlief, die Burg auf der anderen Seite der Donau wusste, so fest verwurzelt in dem Felsen, für den Rest ihres Lebens.

Jovanka fand sich in der Fremde wieder, vierzehn Jahre alt und nun ganz allein auf der Welt. Nach dem Motto »Überleben ganz oben auf der To-do-Liste« fand sie sofort eine Anstellung bei einer reichen katholischen Familie in Novi Sad, Kaufleute, die sie aufnahmen. Sie war dort sicher und hatte genug zu essen. Ein paar Jahre blieb sie bei ihnen, und die Familie war sehr zufrieden mit ihr. Eines Tages besuchte der Pfarrer die Familie, und nach einigen Plänkeleien kam er zur Sache.

»Warum zwingt ihr Jovanka zu konvertieren?«, fragte er den Familienvater.

»Das haben wir nie verlangt«, sagte dieser überrascht. »Wie kommen Sie denn darauf?«

»Sie kam zu mir mit *koljivo* und bat mich darum, dass sie konvertieren dürfe«, sagte der Pfarrer. (*Koljivo* ist ein sehr schmackhaftes traditionelles Totengericht der orthodoxen Kirche, das aus gekochtem Weizen, manchmal auch Grieß, besteht und mit Zucker, Vanille, Rosinen, Nüssen oder Mandeln verfeinert wird. Es wird auch bei der *slava*, dem Familienfest zugunsten des jeweiligen Schutzheiligen der Familie, als Gabe aufgetischt.)

Jovanka hatte keine Erfahrung in Konversionsfragen, also hatte sie *koljivo* zubereitet und in die Kirche mitgenommen, um den Pfarrer zu fragen, ob sie konvertieren darf. Sie war der Familie so dankbar, dass ihr das als die einzig angemessene Maßnahme erschien.

»Wir würden das nie verlangen! Das war also ihr Wunsch. Eine erstaunliche Seele«, sagte der Familienvater. »Es kommt natürlich nicht in Frage, dass sie konvertiert.«

Und so blieb Jovanka orthodox. Doch von diesem Tag an bis ans Ende ihres Lebens beging sie alle wichtigen Feiertage zweimal, einmal nach dem gregorianischen und dann, ungefähr zwei Wochen später, nach dem julianischen, dem orthodoxen Kalender.

»Warum feierst du immer zweimal?«, fragte sie meine Mutter, die nicht unglücklich darüber war, denn zweimal Weihnachten bedeutete zweimal *koljivo*.

»Woher soll ich wissen, welches das richtige ist?«, war ihre Antwort.

***

Als Jovanka achtzehn Jahre alt war, lernte sie Jovan Radakov kennen, soeben aus dem Ersten Weltkrieg zurückgekehrt, überglücklich, am Leben zu sein, schön, redegewandt, ein junger

Witwer mit einem kleinen Mädchen namens Mara. Sie zieht bei ihnen ein, doch schon bald stellt sich heraus, dass das Mädchen sie nicht akzeptiert.

»Meine Mutter fiel ständig dramatisch in Ohnmacht«, sagte meine Mutter, und auch ich erinnere mich, dass Mara dem Pathos zugetan war. Das fand ich großartig. Eine gut manikürte Hand in einem eleganten Winkel an die Stirn gelehnt, das hat Klasse und verlangt Aufmerksamkeit ab.

Sie versuchen es einige Zeit, Jovan und Jovanka, doch wegen des bockigen Kindes funktioniert die Sache nicht. Mara akzeptiert sie nicht, also muss Jovanka ihre Koffer packen, was sie ohne großen Kampf erledigt. Wo ist Jovan in diesem Moment? Warum setzt er seinen Willen nicht durch? Man weiß es nicht.

Man weiß aber Folgendes:

»Wo ist meine Mama? Ich will meine Mama! *Maaaama*«, schluchzt Mara tagelang, als Jovanka fort ist, und zwischendrin fällt sie in Ohnmacht. Jovan und seine Mutter, die Gendarmenfrau, benötigen einige Zeit, um zu begreifen, dass Mara mit »meine Mama« das sanftmütige junge Mädchen aus Jajce meint, das sie soeben weggeschickt haben. Man weiß auch, dass sie, obwohl nur zwölf Jahre älter, Maras Mutter werden und bleiben wird und dass Mara, wie es da schon vorauszusehen war, bald das Kommando übernehmen würde und dass das für beide in Ordnung sein wird.

Jovanka kommt also zurück, Jovan und sie heiraten, und sie bringt einen Sohn zur Welt, der kurz nach der Geburt stirbt, danach zwei Mädchen, Maras Schwestern, 1920 Zora, 1922 Smilja. (Obwohl, Gott habe sie selig, Zora ihr ganzes erwachsenes Leben erzählen würde, sie sei die jüngste Schwester. Das ging so weit, dass ihr eigener Sohn ihr richtiges Geburtsjahr erst nach ihrem Tod erfuhr.)

Jovanka verbringt den Rest ihres Lebens in Novi Sad, die letzten Jahrzehnte am Trg Cara Lazara 4, unweit der Statue des Svetozar Miletić, und immer noch, immer seltener, und dann zum Schluss hin wieder häufiger, den Wasserfall von Jajce im Ohr, mit dem täglichen Blick auf die Festung von Petrovaradin, aus der sie entkommen war, an der rechten Seite der Donau, hoch oben auf dem Felsen.

***

Dabei hätte die Festung nach dem Ende des Ersten Weltkriegs zerstört werden sollen, und was wäre dann Jovankas Aussicht gewesen? 1919 fällt Petrovaradin dem neu gegründeten Königreich der Serben, Kroaten und Slowenen zu, und weil Burgen aus dem 17. und 18. Jahrhundert ihre strategische Bedeutung verlieren, werden sie massenhaft zerstört. Der ausführende *pukovnik* (Oberst), ein Mann namens Dragoš Đelošević, aber befand in letzter Minute: »Zu schön, um sie abreißen zu lassen!«

Und so bleibt sie stehen, bis heute.

Der Name Petrovaradin setzt sich aus dem lateinischen *petra* für »Stein«, dem ungarischen *var* für »Stadt« und dem türkischen *din* für »Glaube« zusammen. Petrovaradin: Es könnte vojvodinischer nicht klingen, die Stadt auf dem Stein so fest wie der Glaube.

***

Im Winter 1914, kurz nachdem Jovanka es gelungen war, aus der Festung zu entkommen, wird ein junger kroatischer Unteroffizier der österreichisch-ungarischen Armee ins Gefängnis nach Petrovaradin gebracht. Im Jahr zuvor war er in diese Armee, die nicht seine war, eingezogen worden, und nun soll er, nach den Ereignissen des 28. Juni 1914, für die falsche Seite in den Krieg ziehen. »Antikriegs-Sentiments breiten sich in unserem Regiment ungewöhnlich schnell aus. Weil ich die Soldaten gegen den Krieg aufhetzte, wurde ich in der Petrovaradinfestung inhaftiert«, wird er später notieren.

Er wird entlassen, an die Front geschickt und wie so viele gezwungen, an der Front gegen Serbien zu kämpfen. 1915 gerät er an der Ostfront in russische Kriegsgefangenschaft, der erste seiner zahlreichen Aufenthalte in Russland. Zwei Jahre später kommt er frei, erlebt in Sankt Petersburg die Oktoberrevolution und kehrt 1920 mit einer russischen Ehefrau, seiner ersten von vieren, ins neue Königreich Jugoslawien zurück.

Sein Name war Josip Broz, ein junger Kroate, den die Welt später als Tito kennenlernen wird.

***

Tito fasste seine *job description* einmal so zusammen: »Ich regiere ein Land mit zwei Alphabeten, drei Sprachen, vier Religionen und fünf Nationalitäten, die in sechs Republiken leben, von sieben Nachbarn umgeben sind und mit acht Minderheiten auskommen müssen.«

***

In Petrovaradin steht ein großer barocker Turm, auf allen vier Seiten prangt eine schwarze Uhr mit weißen römischen Ziffern. Diese Uhren ticken anders: Der große Zeiger zeigt die Stunden an, der kleine die Minuten. Das ist so, damit die Zeit aus der Ferne, vor allem vom Fluss aus, besser gesehen werden kann.

Noch eine Besonderheit: Wenn es kalt ist, geht die Uhr in Petrovaradin nach, bei warmen Wetter geht sie vor. Es ist wahrscheinlich der deutsche Teil in mir, dem bei dieser Besonderheit Folgendes auffällt: Also geht sie nie ganz richtig, denn es ist fast immer entweder warm oder kalt.

***

Auch eine Uhr, die falsch geht, zeigt zweimal am Tag die richtige Zeit an. So sagt man bei uns. Vielleicht reicht das auch, meint der Jugo-Teil in mir. Öfter als zweimal muss ich am Tag nicht pünktlich sein, das habe ich mir in meinem einsamen Schreibkerker so eingerichtet.

Im Serbokroatischen ist das Wort für »Zeit« und »Wetter« identisch. *Vreme* oder *vrijeme*. Und auch das Wort für »Reise« und »Weg« – es lautet *put*.

Zeit gleich Wetter, Reise gleich Weg.

***

Heute besteht Petrovaradin aus Museen, Galerien, Künstlerkolonien, Restaurants und Bars, einem Planetarium und einem Observatorium. Seit 2000 findet hier ein Musikfestival mit internationalem Aufgebot statt, das jeden Sommer Hunderttausende Besucher aus aller Welt nach Novi Sad bringt, denn die feinen Herren Burgbauer haben den Ort so gestaltet, dass hier Topakustik herrscht und mehrere Konzerte gleichzeitig stattfinden können. Das Festival heißt EXIT und fing als *»EXIT out of the 10 years of madness«* an, was sich auf die spezifische *madness* namens Miloševic bezog.

Exit bedeutet natürlich Ausgang, das weiß jeder Flugreisende, der sich *the nearest exit* merken soll, zu dem auch die Leuchtstreifen führen. Das Musikfestival dieses Namens gibt auf bizarre Weise wieder, was Jovanka 1914 in Petrovaradin erlebte, was sie suchte und als Einzige in ihrer Familie fand: den exit, sprich Ausgang aus der Festung. Dass sie darüber nie sprach, hatte weniger etwas damit zu tun, dass sie den Horror vergessen wollte, sondern mit der Einstellung, dass man das, was war, hinter sich lassen und nicht immer wieder darin herumwühlen sollte. Das hatte vielleicht auch mit der Zeit zu tun, in der sie lebte. Man verarbeitete nicht, sondern machte weiter. Nach dem

Ersten Weltkrieg war ein Drittel der Bevölkerung Jugoslawiens tot; die Überlebenden machten weiter, den Blick nach vorne gerichtet statt zurück.

***

Es lohnt nicht, vom schrecklichen Morden zu erzählen, von der menschlichen Angst, von den Bestialitäten der einen und der anderen, man soll sich nicht erinnern, nicht trauern und auch nicht feiern. Am besten ist es zu vergessen, auf dass die menschliche Erinnerung an alles Hässliche stirbt und die Kinder keine Lieder der Rache singen.

Als Jovanka im Sterben liegt, im Jahr 1967, beginnt der Schriftsteller Meša Selimović die Arbeit an seinem Roman *Die Festung*. Er erscheint 1970 nach seinem 1966 erschienenen Welterfolg *Der Derwisch und der Tod*, der im Sarajevo des frühen 17. Jahrhunderts spielt. *Die Festung*, aus der die Zeilen oben stammen, erzählt die Geschichte von Ahmet Sabo, der in den ersten Russisch-Türkischen Krieg 1770 ziehen muss, in dem Tausende seiner Landsleute sinnlos den Interessen des Osmanischen Reichs geopfert werden. Er erzählt von der Polizeigewalt, die in den Provinzen für »Ruhe und Ordnung« sorgt und jeden brutal verfolgt, den man staatsfeindlicher Gesinnung verdächtigt. Ahmet ist kein Held, er ist furchtsam und unheroisch und traumatisiert, doch inmitten von Terror, Korruption, Gewalt und Intrigen, frisch aus einem unsinnigen Krieg zurückgekehrt, übt er sich in Güte und Menschlichkeit.

So wie Jovanka. Jovankas Leben ist durch zwei Festungen eingerahmt, am Anfang ihres Lebens die in Jajce und dann die in Petrovaradin. Die erste sieht sie in ihren Träumen und Erinnerungen, die zweite auch in Träumen, Erinnerungen – und aus dem Fenster, doch nie aus der Nähe, denn sie vermeidet es, an das andere Ufer der Donau zu gehen.

Als Jovanka Anfang dreißig ist, stirbt ihr Mann plötzlich am Herztod. Sie ist nun Witwe mit drei Töchtern, von denen die älteste, Mara, dieses Kind, das sie am Anfang nicht ausstehen konnte, sofort die Chefinnenrolle übernimmt. Was sie sagt, das gilt. Wohin sie geht, dahin kommen alle mit.

Jovanka wird nie wieder heiraten. Sie wird bis ans Ende ihres Lebens bei Mara bleiben.

***

Mit Anfang zwanzig lernt Mara einen jungen Mann kennen, sechs Jahre älter als sie, introvertiert, muskulös, arabisch aussehend, ein fast schmerzhaft ehrlicher und gebildeter Mann, ein Selfmade-Akademiker. Petar Adamović stammt aus Beočin, das Čeb sehr ähnlich ist, ein großes Dorf mit einer Zementfabrik, die für Wohlstand sorgt. Seine Eltern sind reiche Bauern, doch wie damals üblich suchen sie unter den zwei Brüdern und zwei Schwestern nur ein Kind aus, das eine Ausbildung bekommen soll, und das ist er. Mehr kann man sich nicht leisten. Man weiß nicht, ob die anderen Adamović-Kinder ebenso oder noch begabter oder gar nicht begabt sind, aber mit ihm scheinen sie auf das richtige Pferd gesetzt zu haben. Er liebt es zu lernen und ist ein vorbildlicher Schüler. Nach vier Jahren Grundschule geht Petar nach Novi Sad aufs Gymnasium.

Als er zwölf Jahre alt ist, sterben seine Eltern kurz hintereinander an der Spanischen Grippe. Petar wird aus dem Klassenzimmer gerufen, in der einen Sekunde lernt er den Subjonctif, in der nächsten ist er Vollwaise. Diese Erfahrung prägt ihn für den Rest seines Lebens: Seine Introvertiertheit wird ausgeprägter, sein Fleiß auch. Nach dem Gymnasium geht er nach Belgrad an die Universität und studiert jugoslawische Literatur und Französisch. Er bekommt zwei Stipendien aus Frankreich, zieht nach Clermont-Ferrand und dann nach Paris; es ist die endgültige Verfestigung seiner längst schwelenden Frankophilie. Sein Leben lang wird er Französisch unterrichten. Außerdem wird er *Gefährliche Liebschaften* von Pierre-Ambroise-François Choderlos de Laclos und viele Romane von Georges Simenon ins Serbische übersetzen – in dem Zimmer, in dem er mir Farben anhand vorbeifahrender Autos beibringen wird.

***

1930 packt er seine Koffer für Frankreich, nachdem er seinen Teil vom geerbten Land seinen Geschwistern überlassen hat. Er hat ja ein Stipendium, das ist eine gerechte Aufteilung, findet er – der Beginn seines kommunistischen Glaubens und Handelns.

Ebenso im Jahr 1930: Ivan Meštrović stellt ein Monument fertig, das bis heute in Belgrad am Kalemegdan steht. Es heißt *Merci à la France* und gedenkt der Allianz zwischen Frankreich und Serbien. Es zeigt eine nackte Frau mit Schwert, sie stellt Frankreich dar und kommt Serbien zu Hilfe. Darunter sind in kyrillischer Schrift die Worte gemeißelt:

> *Wir lieben Frankreich, wie sie*[12] *uns geliebt hat*
> *1914–1918*

Als 1999 NATO-Bomben auf Belgrad fielen, darunter auch französische, wurde über diese Inschrift ein Graffito gesprüht, als hätten die Zeilen *Sie haben uns ein Denkmal gebaut und jeder Vollidiot weiß, dass das die Liebe versaut ich werd' die schlechtesten Sprayer dieser Welt ongaschirn sie sollen nachts noch die Trümmer mit Paroln beschmian* damals schon existiert.

12 Frankreich ist in unserer Sprache weiblich.

Die ewige Ehre Frankreichs, die nicht mehr ist.

Nachdem auch das entfernt wurde, wurde 2008, in dem Jahr, in dem Frankreich die Unabhängigkeit Kosovos anerkannte, gesprüht:

Für das Frankreich, mit dem wir unser Blut geteilt und in dessen Namen wir gebetet haben, und das nicht mehr existiert.

Soll einer sagen, Sprüher können keinen Satzbau. Selbst mein Großvater hätte an der Grammatik nichts auszusetzen gehabt.

***

Als Petar aus Frankreich zurückkehrt, lernt er Mara kennen. Die beiden heiraten schnell, sie bekommt eine Anstellung am Gericht von Novi Sad, und sie ziehen in die Wohnung mit den sieben Zimmern hoch oben im fünften Stock, zu der eine massive graue Treppe führt.

Mara sieht immer aus, als würde man sie in der nächsten Minute gleich am englischen Hof empfangen, mit den simpelsten Mitteln schafft sie es, superschick zu sein, und auch die Wohnung wird exquisit eingerichtet.

Ihr Stilempfinden war ihr angeboren, wobei das für die Wohnungseinrichtung nicht gereicht hätte. Die kommt so zustande: Ihre Tante, die Schwester ihres Vaters Jovan, war mit einem reichen Mann verheiratet, der im Ersten Weltkrieg gefallen war. Der König gab damals den Veteranenwitwen gute Stellungen, die Tante bekam einen Job, der ihr viel Geld einbrachte – sie stellte Strümpfe für die Armee her, hatte also immer viel zu tun und wurde dadurch selbst reich. Einfluss hatte sie auch, wahrscheinlich half sie Mara dabei, nach Novi Sad zu ziehen, und als diese heiratete, schenkte sie ihr die feinsten Möbel als Mitgift.

Doch nicht nur die Mitgift der Tante nimmt sie in ihr neues Zuhause mit, sondern auch ihre Mutter und die beiden kleinen Schwestern. Und so wird es bleiben, bis die Schwestern alt genug sind und ausziehen. Die Mutter wird bis zum Ende ihres Lebens dableiben.

Als Jovanka zu ihrem neuen Schwiegersohn zieht, macht sie es wie bisher: nur keine unnötige Aufmerksamkeit erregen. Eine Frau wie ein Schatten. Sie hätte sich sicherlich nach Petars *slava* gerichtet, wenn er sie groß gefeiert hätte, doch als Kommunist hat er das nicht. Seine *slava*, also das christlich-orthodoxe Familienfest, das zu Ehren des Schutzheiligen der jeweiligen Familie gefeiert wird, war *Sveti Stefan*. Der Heilige Stefan wird am 9. Januar gefeiert, also zwei Tage nach den orthodoxen Weihnachten, und wird deshalb die *slava* der Geizigen genannt, weil so kurz nach Weihnachten die Gäste kaum noch übermäßig essen und trinken wollen. Traditionell wird die *slava* immer vom Vater übernommen, sobald Frauen heiraten, nehmen sie die *slava* ihres Mannes an. Am Tag vor dem Fest wird ein besonderer Kuchen zubereitet und mit Figuren von Vögeln, Weizenähren, Büchern, Trauben und Ähnlichem geschmückt. Anschließend wird er auf einen Tisch gelegt, auf dem man auch getrocknetes Obst, Nüsse, Äpfel, Orangen, eine Ikone des Heiligen und brennende Kerzen arrangiert. Der Hausherr bricht den Kuchen und sagt: »Den Kuchen bricht man, Gott bittet man, den Kuchen beschüttet man mit Wein, das Heim beschüttet man mit Frieden, Leben, Gesundheit und allem Glück, so Gott will.«

Da Petar nie viel Wert auf Religion legte und nach 1945 noch weniger, zündete Jovanka am Tag der *slava* einfach eine Kerze an. Sie buk auch einen Kuchen, den sie heimlich brach und dann entsorgte.

Nur nicht auffallen.

Eine Frau wie ein Schatten, doch einer, in dem ihre Töchter und deren Kinder den größtmöglichen Schutz fanden. Für meine Mutter war sie der sicherste Hafen ihrer Kindheit, so wie es für mich meine Großmutter sein würde.

* * *

Gute Menschen, um sie ging es ihr. »Wenn es mir schlecht geht, flüchte ich mich in die Einsamkeit. Wenn es mir noch schlechter geht, suche ich gute Menschen«, sagt Ahmet Sabo in *Die Festung*.

Teil II

Mit Tränen in den Augen kannst du nicht in die Zukunft blicken

Die Reise

Ich hörte meine Eltern flüstern und sich wichtige, wissende Blicke zuwerfen, Blicke, die gleichzeitig über den Kopf streichelten und ausschlossen. Das ging schon seit Wochen so. Irgendetwas war im Busch. Sie waren konspirativ wie Schatten. Ich weiß nicht, ob ich es war oder die Zeit, in der ich aufwuchs, aber mir kam es nicht in den Sinn, sie zu fragen, was da vor sich geht. Das fragten immer nur Eltern ihre Kinder, nicht umgekehrt. Deshalb beschloss ich, sie zu belauschen. Dazu nahm ich ein Glas und hielt es mit dem offenen Ende an mein Ohr. So ähnlich hatte ich es mal in einem Film gesehen.

»Baka Maro, warum macht der das? Hat sein Ohr Durst?«, fragte ich meine Oma, die neben mir saß.

»Ja ja, so ungefähr. Er lauscht. Und jetzt *schhhht.*«

»Was ist Lauschen?«

»Lauschen ist gut.«

»Warum ist Lauschen gut?«

»Weil es Spaß macht und man Dinge erfährt.«

Jetzt lauschte ich also endlich selbst. Ich hörte sie reden, meine Eltern, wie auf der anderen Seite eines Kissens, zwischen uns eine Wand und ein Glas und die Wahrheit.

»Wann wollen wir es ihnen denn sagen?«

»Ich weiß auch nicht. Aber wir können das nicht ewig aufschieben.«

»Ja, aber: Je früher, desto länger haben wir das Geheule.«

»Bist du sicher? Vielleicht nehmen sie es nicht so tragisch.«

»Ach komm. Ich empfinde es ja schon als tragisch. Also … in manchen Momenten.«

»Wir wollen das doch.«

»Natürlich. Doch das heißt nicht, dass es mich innerlich nicht zerreißt.«

»Komm, wir sind uns einig. Und wenn wir zeigen, dass es uns zerreißt, wie soll es sie dann nicht zerreißen?«

»Logisch. Nur keine Schwäche zeigen.«

»Hm.«

Was wollten sie mir und meinem Bruder – 'tschuldigung: meinem Bruder und mir – nicht sagen? Was würde uns zerreißen? Was sollten wir nicht tragisch nehmen?

Ich fragte nicht nach, doch am nächsten Tag, als ich meine Mutter um den Erwerb ein paar hochaktueller roter Lackstiefel bat und sie meinen Wunsch abschlug, sah ich sie an und sagte: »Ich nehme das sehr tragisch.«

Das hatte ich nicht geplant, das Wort war mir einfach so herausgerutscht, doch sie sah mich an, als wäre ich eine Erwachsene, als würde ich in ihrer Liga mitspielen. Sie setzte sich hin, in ihrem Kopf ratterte es fast hörbar: Wie hat das Kind das wohl gemeint? Hat sie das Wort vielleicht woanders aufgeschnappt? Jedenfalls hinterließ das Wörtchen »tragisch« einen Keim des Verdachts.

Dann sagte sie: »Schau mal, es ist noch nicht einmal Sommer. Stiefel kriegst du im Herbst.«

Immer diese Jahreszeiten und der unerklärliche Wert, den Erwachsene darauf legten! Jahreszeiten schienen ihnen sehr wichtig zu sein: Sie besangen sie in Liedern, widmeten ihnen Zeilen, spürten sie in den Gliedern, liebten sie bisweilen. Für mich begann das Jahr im September, die Sommerferien dauerten ein halbes Leben, und dazwischen gab es Sonne und Wind und manchmal Regen und Gedichte über Jahreszeiten.

Mein kleiner Bruder ahnte gar nichts. Ich nahm ihn beiseite und sagte zu ihm: »Niko, bald werden wir etwas Tragisches und Wichtiges erfahren. Wir werden es aber nicht tragisch nehmen.« Ich weiß nicht, ob er etwas darauf erwiderte, ich glaube, er schmiss einen Holzklotz nach mir.

***

Die Lösung des Rätsels kam im Flur.

Ich war auf dem Weg ins Bad und hörte, wie meine Mutter telefonierte. Ich weiß noch, dass sie die cognacfarbene Wildlederhose trug, die so gut roch. Da das mit dem Lauschen eine bisher hundertprozentige Erfolgsrate hatte, versuchte ich es wieder.

Slušaj: Selimo se …

Hör zu: Wir ziehen weg.

Ja, ganz sicher.

Schon bald.

Nach Deutschland.

Oh Gott, dachte ich. (Also im Original dachte ich: *Jebem ti boga*, das bedeutet »Fick deinen Gott«, hat aber dieselbe Nuance des erstaunten, eher unschuldigen »Oh Gott« im Deutschen. Dalmatinische Flüche waren sehr katholisch und christusbezogen, man konnte das Blut Jesu ficken oder die Muttergottes, wahlweise konnte auch Gott die Mutter des Beschimpften ficken.

Was das alles genau zu bedeuten hatte, wusste ich nicht. Ich wusste aber, dass man sich unter Erwachsenen auf drei Stufen begegnen konnte: *vi*, wenn man sich siezte, *ti*, wenn man sich duzte und *jebo ti mater,* »fick deine Mutter«, wenn man sich nahestand beziehungsweise mochte. Deshalb verfolge ich die momentan in Deutschland stattfindende Sprachentwicklung, die manche als Verrohung der Sitten bezeichnen, mit Erleichterung: Je häufiger jene ohne Migrationshintergrund »Verfickte Scheiße«, »Ich hab den verfickten Schlüssel verloren« oder – für die Anglophilen – »Das ist ganz schön abgefuckt« sagen, umso seltener werde ich des Tourette-Syndroms bezichtigt. (Einmal kam mir während der Schulzeit eine türkische Mitschülerin zu Hilfe und sagte: »Sie hat kein Tourette. Sie ist halt Jugo, Mann.«) Ich vermute, dass man sowohl Quentin Tarantino für die erhöhte Frequenz des *fucking fucks* im Deutschen danken kann als auch denen, von denen man Ajvar und Ćevapčići schätzen gelernt hat. So ist das in einem *fucking melting pot* wie Deutschland, und deshalb sagt ein deutscher Jugendlicher, der viel mit Türken abhängt, auch irgendwann: »Isch geh jetzt Dammtor.« Allerdings muss ich sagen, dass das bloße Benutzen des Wortes auch verfickt stumpf und fantasielos daherkommen kann. »Fick dich« oder »verfickte Scheiße« hat nicht so einen Klang wie: »Ich ficke das Kolo[13], zu dem die Hure Muttergottes ihrem toten Sohn Jesus Essensreste bringt.« (Das könnte ein Jugo der ersten Generation auch gar nicht auf Deutsch wiedergeben, weshalb man von denen eher ein sanftes »Du Flaaaume« hören wird.)

Oder: »Soll dich deine Mutter als verficktes Puzzle finden und nicht zusammenzusetzen wissen.«

Oder aber: »Fick mich nicht in mein gesundes Hirn.«

Oder: »Soll deine Nase Scheiße ficken.«

Mir war nach all diesen Flüchen zumute, wenn ich sie da nur schon gekannt hätte, als ich lauschend erfuhr:

Selimo se. Wir ziehen weg.

Mmh. *Minhen.*

***

13 Reigentanz. Heute, für die jungen Leute, sagt man auch: »Fuck YOLO – only KOLO!«

Selimo se.

Selimo…

Se…

Selimović.

Selimović?

Ich kannte seinen Namen! Unter dem Namen stand immer, nur durch eine Zeile getrennt:

Derviš i smrt

Das war eines der Erwachsenenbücher, die ihren Platz im Regal hatten, aber oft bei uns auf dem Wohnzimmertisch lagen, zwei Exemplare gab es davon auf Lateinisch, eins auf Kyrillisch, das ich just zu jener Zeit in der Schule lesen und schreiben lernte. Ein Buch war dunkelgrün und blau mit ein bisschen fliederfarben, darauf war ein Pfau zu sehen, eins war schwarz mit dem weißen Konterfei eines Mannes, der wie ein Schreiber aussah, mit Brille und ohne Haar, und eins hatte keinen Umschlag mehr, und ich strich gern über sein raues blassgrünes Leinen. (Da wusste ich noch nicht, dass meine Mutter in der Bühnenadaptation von *Der Derwisch und der Tod* gespielt hatte, eine Rolle, die, wie später in Schuhkartons vorgefundene großformatige Schwarz-Weiß-Fotografien zeigten, viel Kajal, offenes Haar, Kopfbedeckungen und eine türkisch anmutende Kostümierung verlangte.)

Das kyrillische Exemplar nahm ich mir zu dieser Zeit zu Übungszwecken manchmal vor. (Die bewundernde Liebe, die ich als Kleinkind Wörtern gegenüber verspürt hatte, hatte sich auf eine authentisch streberhafte Weise weiterentwickelt und galt nun der Schrift. Insofern fand ich es nicht weiter verwunderlich, dass man zwei Jahre nach einem gemeisterten Alphabet, dem lateinischen, ein anderes, das kyrillische, lernte. Weil ich in Kroatien zur Schule ging, lernte ich in der ersten Klasse die lateinische Schrift und in der dritten die kyrillische, in Serbien war das umgekehrt der Fall. Die Azbuka (das kyrillische Alphabet) hat dreißig Buchstaben und eine irre Reihenfolge, wenn man gerade zwei Jahre zuvor das lateinische Alphabet gemeistert hatte wie ich damals. Die Azbuka ging so:

А Б В Г Д Ђ Е Ж З И Ј К Л Љ М Н Њ О П Р С Т Ћ У Ф Х Ц Ч Џ Ш
а б в г д ђ е ж з и ј к л љ м н њ о п р с т ћ у ф х ц ч џ ш

Also:

A B C Č Ć D Dž Đ E F G H I J K L Lj M N Nj O P R S Š T U V Z Ž
a b c č ć d dž đ e f g h i j k l lj m n nj o p r s š t u v z ž

(Die Doppelbuchstaben *dž*, *lj* und *nj* heißen übrigens Digraphen und gelten als ein Buchstabe; das *nj* ist vergleichbar mit dem spanischen *ñ* in *mañana*.)

Wir waren in der Schule gerade beim F, Buchstabe Nummer 25. Das F liebte ich, vor allem das große Ф, denn es sah aus wie ein Apfel, durch den man senkrecht einen Pfeil geschossen hatte. Aber das bedeutete auch, dass ich *ш*, den letzten Buchstaben des Wortes »Derviš«, nicht lesen konnte.

Dervi?

Hm.

Ich legte das Buch weg und nahm die lateinische Version in meine Hände, und in dieser entdeckte ich eine mit blauer Tinte zittrig unterstrichene Passage mit einem großen Ausrufezeichen am Rand:

Der Mensch ist kein Baum, und seine Verbundenheit ist sein Unglück, sie nimmt ihm den Mut und verringert die Sicherheit … Solange er bleibt, leidet der Mensch, oder aber er greift an. Sobald er geht, bewahrt er sich Freiheit, er ist bereit, den Ort zu wechseln und die Bedingungen dafür zu nennen. Wohin und wann soll er gehen?

***

Meine Eltern, die Verschwörer und Befürworter des Tragischen, entschieden sich hierfür: nach *Minhen*, im Sommer 1981.

***

Das sollte ich aber erst kurz zuvor erfahren. Das Schuljahr nahte sich dem Ende, wir waren bei Buchstabe 28, und es war ein sehr kalter Abend für diese Jahreszeit. Den ganzen Tag hatte eine heftige Bura geblasen. Jetzt hätte ich die hochaktuellen roten Stiefel gut gebrauchen können. Warum hatten sie gerade diesen Abend gewählt, um es uns zu erzählen? Hatte die Bura etwas damit zu tun? Warum erinnert man sich bei wichtigen Augenblicken immer daran, wie das Wetter war? Ich weiß auch noch genau, dass wir auf der asphaltgrauen Nachtspeicherheizung saßen, mein Bruder und ich, dort hatten uns meine Eltern nebeneinander hingesetzt, aus welchem Grund auch immer. Es war klar: Das ist einer der wichtigen Augenblicke im Leben.

Also, wir müssen euch etwas sagen.

Selimo se.

Wir ziehen weg, sagten sie.

Mein Bruder und ich fingen sofort an zu weinen, dabei war noch gar nicht das Wort gefallen, das uns endgültig in Hysterie versetzen würde:

Deutschland.

***

Ich will nicht, dass wir wegziehen. Das ist furchtbar, schrecklich, wäääh, heulte ich.

Wir … wollen das nicht, schniefte mein Bruder.

Warum denn überhaupt? Warum, warum ziehen wir weg?

Meine Eltern erklärten uns, dass wir nur zwei Jahre fortbleiben würden. Dann würden wir wieder nach Split kommen, versprochen! (Das war, wie sich Jahre später herausstellen sollte, »einfach nur gelogen. Was hätten wir denn sonst sagen sollen?«, erwiderten meine Eltern, als ich sie einmal nach den zwei Jahren fragte und was daraus geworden ist. Überhaupt waren sie erstaunt, dass ich mich daran erinnern konnte, doch ich weiß das noch genau. Ich glaubte es ihnen, dabei sagte mir dieser Zeitabschnitt nicht viel und meinem kleinen Bruder gar nichts, denn zwei Jahre waren ein Drittel seines Lebens. Er war damals sechs, ich neun Jahre alt.) Es ging auch nicht darum, wann wir zurückkehren würden, eher, warum wir überhaupt weggehen mussten, und dann ausgerechnet nach Deutschland! Wir weinten weiter und weiter, und schließlich fragten wir:

»Aber warum müssen wir zu den Nazis ziehen?«

* * *

Das war ein Einwand, mit dem meine Eltern nicht gerechnet hatten. Wie kämen wir nur darauf, dass wir zu den Nazis ziehen würden, fragten sie mit gebrochenen Stimmen. Ich weiß noch, dass sie ehrlich erschüttert schienen. Die Armen, so lange hatten sie sich auf das Gespräch vorbereitet, doch kindliche Verwechselung des Jahrzehnts, in dem man lebt, stand wohl nicht auf der Liste der Dinge, die schiefgehen konnten.

Wie kommt ihr denn auf Nazis? Um Himmels willen, wie kommt ihr auf Nazis?

Na, weil wir nach Deutschland gehen. Und in Deutschland gibt es Nazis.

Die Nazis gibt es nicht mehr.

Aber im Fernsehen …

Ja, aber das sind Filme.

Aber die Filme sind wahr!

Schon, aber sie spielen in der Vergangenheit.

Wir sahen sie an mit furchtsamen, feuchten, unverständnisvollen Augen.

Vergangenheit. Das war einmal. Es ist passiert, aber vor vielen Jahren. Jetzt ist es vorbei, erklärten sie uns das Konzept der Vergangenheit.

Aber wir haben gewonnen!, schrie mein Bruder. Wir dachten in diesem Augenblick wirklich nicht an das Deutschland, in dem wir schon einige Male waren, aus dem das tollste Spielzeug der Klassenkameraden, von der Verwandtschaft in den Sommerferien mitgebracht, kam, an das Deutschland der großen, schönen, kalten Flüsse und Berge – das brachten wir in unseren Köpfen nicht zusammen.

Also, die Nazis sind alle tot?, fragte ich.

Meine Eltern sahen sich an, eine Weile zu lang, doch kurz bevor ich wieder losheulen konnte, sagten sie:

Ja. Alle tot.

Und Konzentrationslager?

Oh Gott. Was ist damit?

Die gibt es nicht mehr?

Nein, die gibt es nicht mehr.

In dieser Nacht schnieften wir uns in den Schlaf, mein kleiner Bruder und ich. Ich hörte ihn im Nebenzimmer wimmern, und als er endlich einschlief, tat ich es auch.

Am nächsten Morgen kam meine Mutter in mein Zimmer und hielt mir sofort ein Taschentuch vor die Nase, und ich blies hinein.

Selimo se, sagte ich zusammenfassend. Wir ziehen weg.

Ja, sagte sie, und streichelte über meinen Kopf und küsste mich auf die Augen.

Selimo se, sagte ich noch einmal und dann etwas, was mir schon seit gestern Abend auf der Seele brannte:

Ist das wie Selimović?

Erstaunen mütterlicherseits:

Woher kennst du Selimović?

Selimović, sagte ich. *Der Derwisch und der Tod.*

Woher weißt du das?

Der liegt im Wohnzimmer, sagte ich, doch ich wollte hier auf etwas hinaus, und zwar:

Ist es, weil der Mensch kein Baum ist?

Ist was, weil der Mensch ... was?

Dass wir wegziehen.

Darauf fiel ihr nur eine Antwort ein, doch eine, die ich bis dahin immer glaubte:

Es wird alles gut.

* * *

Das jugoslawische Fernsehen der siebziger Jahre war fabelhaft. Es gab schwedische und französische und tschechische und englische und amerikanische Sendungen, die im Originalton – *It's time to put on make-up/It's time to dress up right/It's time to get things started/Papapa-Pa-Pa-Pa!*« – mit Untertiteln gesendet wurden, wie eben die großartige *Muppet Show*. Es gab einheimische Zeichentrickserien wie *Professor Balthazar* oder *Die Maus auf dem Mars*, es gab Kultursendungen, die meine Großtante Zora oben in Belgrad plante, es gab einen Wettermann namens Kamenko, der fast immer falschlag, und es gab Kindersendungen so wie *Mića i Aćim* oder *Kocka Kocka Kockica* (*Würfel, Würfel, Würfelchen*) mit dem fantastischen Branko Kockica, der Würfelchen für Würfelchen Kindern singend die Welt erklärte: wie man zählt, wie man sich die Zähne putzt, wie man ein guter Freund ist und wie man *sich selbst entdeckt, wenn man mag, Stück für Stück, la la la, lerne dich kennen, der Kopf ist nicht nur für die Frisur da, sondern bewahrt die Träume auf und speichert die Gedanken.* An eine Folge von *Kocka Kocka Kockica* kann ich mich besonders gut erinnern, und heute liebe ich sie ob ihrer politischen Unkorrektheit umso mehr. Branko Kockica kommt mit ein paar Kindern zu einem Flugplatz, und dort will er etwas über Segelflugzeuge und Fallschirmspringen lernen. Er fragt den Fachmann:

Wie lange dauert es, bis man ausgebildet ist?

So drei bis vier Monate, lautet die Antwort.

Und geht das auch in einer halben Stunde? Ich will gleich springen.

Nema problema.[14]

Am meisten im Gedächtnis jedoch sind mir aus dem YU-TV die Partisanenfilme geblieben, das wohl einzige jugoslawische Filmgenre, das international bekannt ist. Der berühmteste *Die Schlacht an der Neretva*, wurde 1970 als bester fremdsprachiger Film für den Oscar nominiert, Pablo Picasso malte auf Bitten Titos das Filmplakat dazu – ein krasses schwarzrot verschwurbeltes Meisterwerk, dunkel und mysteriös und faszinierend, dicke Füße und Pferde, Lanzen und Brüste, Schreie und halbe Gesichter. Heute bin ich überzeugt davon, dass das »Wir-wollen-nicht-zu-den-Nazis«-Missverständnis darauf beruhte, dass wir die Deutschen als die Bösen in den Partisanenfilmen sahen und sie nicht von den reell existierenden Deutschen der Gegenwart unterscheiden konnten, die wir bereits so zahlreich bei unseren vielen Besuchen in Deutschland als nette Menschen kennenge-

14 Kein Problem. *Nema problema* ist auch heute noch der häufigste Ausspruch in der Jugosphäre.

lernt hatten, die allerdings gern das Fenster gekippt ließen. Das ist Kinderlogik, vielleicht darf man da nicht zu viel hineininterpretieren; ich verstand auch jahrelang nicht, wie mein kleiner Bruder jünger als ich sein konnte, obwohl er im Januar geboren wurde und ich im Dezember. Die Deutschen jedenfalls waren die Bösen in den Partisanenfilmen, und irgendwie hängte sich das Kinderhirn bei der Verkündung des neuen Wohnorts daran auf.

Die Partisanenfilme beruhten auf tatsächlichen Gegebenheiten. *Die Schlacht an der Neretva*, einem herrlich grünen Fluss in Bosnien, war ein Angriff des Deutschen Reichs auf die jugoslawischen Partisanen mit dem Ziel, diese zu vernichten. Die Achsenmächte mit sechs deutschen, drei italienischen und zwei kroatischen Divisionen plus Ustaschas und Tschetniks, machten insgesamt 150 000 Mann aus, auf der anderen Seite standen etwa 20 000 Partisanen aus allen Regionen Jugoslawiens, was in dem Film durch Dialekte verdeutlicht wird. Ende Januar 1943 begann der Angriff, Ende März waren 8000 Partisanen tot und 2000 gefangen genommen. Im Verlauf der Schlacht aber zog Marschall Tito ein raffiniertes Täuschungsmanöver durch, um die Gegenseite auf eine falsche Spur zu locken. Dazu ließ er fünf Brücken, die über die Neretva führten, sprengen. Die Gegner dachten, den Partisanen bliebe nun nur ein Weg, und dort warteten sie. Tito ließ aber innerhalb von neunzehn Stunden eine Holzbrücke bauen, über die man in acht Tagen 4000 Verwundete trug. (Die Schlacht an der Neretva wird deshalb auch die »Schlacht der Verwundeten« genannt.) Die feindlichen Divisionen warteten immer noch auf dem Berg im Norden, die Partisanen aber waren längst verschwunden.

Wenn man heute diesen Ort besucht, findet man einen Stein mit der Inschrift:

Die Verwundeten dürfen wir nicht zurücklassen. Tito.

Gleich daneben, in der Neretva, findet man im grünen Wasser eine gesprengte Brücke, die Besucher und Touristen sicherlich entweder für das Original oder aber für ein neueres Relikt aus dem Bosnienkrieg halten müssen. Dabei handelt es sich hier um die Kulisse, ein Überbleibsel, wenn auch ein recht großes, der Dreharbeiten aus dem Jahr 1969.

»Preko vode do slobode!« heißt es in *Die Schlacht an der Neretva*, in der Yul Brynner, Hardy Krüger und Franco Nero mitspielten: »Über das Wasser zur Freiheit!« Und zur Freiheit, so die Aussage, führt manchmal der weniger offensichtliche Weg, der, der Mut und List und Tatkraft und Risikobereitschaft und auf jeden Fall das Herz am rechten Fleck erfordert.

Auf die Schlacht an der Neretva folgte die an der Sutjeska, und auf den *Neretva*-Film folgte *Sutjeska* aus dem Jahr 1973. Richard Burton spielt in dem (schlechteren der beiden) Filme Tito und verleiht dem Mythos des Volksbefreiungskampfs walisisch-schroffen Hollywood-Glanz. In beiden Schlachten verschonten die Achsenmächte ausdrücklich »auch Frauen und Kinder nicht«, sie kämpften wahlweise für den Führer, den Duce, den König oder den Poglavnik, während die Partisanen für das Volk, die Kranken, die Verwundeten und die Zivilisten, die sich ihnen anschlossen, kämpften und viele dabei ihr Leben opferten.

Das alles war Teil unseres Selbstbildes, der Ideologie, auf der das Land basierte, und wir, die Jugos, auch die Kleinen, identifizierten uns mit den Partisanen. Der Diskurs über staatliche Propaganda wird eben schnell müßig, wenn der Zusatz »nach einer wahren Geschichte« stimmt. Es war vor allem die skrupellose Grausamkeit der Nazis in den Filmen, die auf der Realität beruhten, die es uns als Kindern sehr einfach machte, zwischen Gut und Böse zu unterscheiden.

Für eine tief sitzende Ablehnung den Deutschen gegenüber hätte es allerdings keinen einzigen Partisanenfilm gebraucht. Im

Zweiten Weltkrieg kamen über eine Million Jugoslawen ums Leben, die Mehrzahl davon Zivilisten, und mindestens 350 000 Partisanen. Das, was sich in der kollektiven Psyche der Generationen, die den Krieg erlebten, am meisten eingebrannt hat, waren die Massaker, die die deutschen Soldaten mit unvorstellbarer Brutalität verrichteten. Hitler forderte für jeden verwundeten deutschen Soldaten fünfzig jugoslawische Leben, für jeden toten deutschen Soldaten hundert. (Die Rechnung ging in seinem Kopf auch deshalb auf, weil er Slawen als minderwertige Rasse definierte.) Die Vergeltungsschläge in Kragujevac und Kraljevo etwa, bei denen unter anderem ganze Schulklassen und ihre Lehrer erschossen wurden, forderten innerhalb von Stunden 4000 zivile Opfer. »Die Erschießungen in Kragujevac sind erfolgt, obwohl in dieser Stadt kein Angriff gegen deutsche Wehrmachtsangehörige stattgefunden hatte, weil anderwärts nicht genug Geiseln aufgetrieben werden konnten«, wurde daraufhin nach Berlin telegrafiert. Die Vergeltungsmaßnahmen wurden öffentlich inszeniert und fotografiert. Allein im Herbst 1941 wurden zwischen 20 000 und 30 000 Zivilisten erschossen und erhängt, darunter viele Juden, ganze Dörfer angezündet und geplündert.

Es war also wenig überraschend, dass ich mit einem latent antideutschen Sentiment aufgewachsen bin. Der Zweite Weltkrieg war schon lange vorbei, doch nicht vergessen. Ich würde bald feststellen, dass dies nicht nur in Jugoslawien, sondern ebenso in Deutschland der Fall war.

* * *

Ein anderes Filmgenre, das meinem Bruder und mir gefiel, waren Indianer- und Cowboyfilme. Das karge Land, durch das sie dabei ritten, kam mir seltsam bekannt und natürlich vor: Die meisten wurden genau um die Ecke von uns gedreht, im dalmatinischen Hinterland, dort, wo mein Großvater geboren wurde.

Mit meinem Bruder spielte ich gern Cowboy und Indianer. Ich war lieber der Indianer, vielleicht wegen des besseren Kopfschmucks, vielleicht wegen der Sympathie für den Underdog. Mein Bruder wollte meist auch Indianer sein, deshalb gab es schon vor dem Spiel Haue, wer denn nun was sein durfte.

Er hasste es, wenn ich Indianer war, weil ich einen zusätzlichen Vorteil hatte: Ich konnte schon lesen und er noch nicht. Wenn ich also der Indianer war, zitierte ich Sprüche, die ich in einem Buch namens *Völker und ihre Glauben* gelesen und auswendig gelernt hatte: »Nicht um meinen Bruder zu besiegen suche ich Kraft, sondern meinen größten Feind, mich selbst.« Ein Spruch der Navajo-Indianer, der sich besonders gut anhörte, wenn ich ihn in der Mangel hatte.

Wenn er weinte, weil ich ihm gegen das Schienbein getreten hatte oder einfach so, sagte ich mit zum Himmel erhobenen Händen: »Mit Tränen in den Augen kannst du nicht in die Zukunft blicken.« Auch Navajo, auch in dem Augenblick nützlich, als mir selbst die Tränen kamen, weil alles verpackt wurde und es jetzt gleich losgehen würde, die große Reise, die alles verändern würde, und ich weinte gar nicht mehr so sehr aus Angst vor Deutschland, denn Deutschland stand nicht mehr für die Nazis, sondern für das Unbekannte.

»Mit Tränen in den Augen kannst du nicht in die Zukunft blicken, kleiner Bruder.« Die letzten beiden Wörter hatte ich hinzugefügt und erklärte weiter: »Das sagen die Navajo.« Und er hörte auf zu weinen, denn die Indianer waren mutig und weise.

»Was ist Zukunft?«, fragte er.

»Morgen und übermorgen und dein nächster Geburtstag und September, das ist die Zukunft«, sagte ich.

»Und kann ich mit Tränen ins Meer blicken?«, fragte er.

Und obwohl ich nicht verstand worauf er hinauswollte, sagte ich: »Ja klar.«

Um Gottes willen, fiel mir ein. Das Meer!

»Manchmal gehe ich voller Selbstmitleid durch das Leben, und währenddessen trägt mich ein großer Wind durch den Himmel.« Ein Spruch der Ojibwe-Indianer. Ein großer Wind trägt mich durch den Himmel, die ganze Zeit, natürlich! Wovor hatte ich eigentlich Angst?

Keine Zeit für Angst.

Die Kindheit in Split, Jugoslawien, würde ich jetzt hinter mir lassen – und zwar nicht nur, so schwante mir, die Kindheit in Split, einem im großen Puzzle wahrscheinlich zufällig bestimmten Ort, der bisher mein Zuhause war, sondern ein großes Stück Kindheit im Allgemeinen. Diese frühe Kindheit in Split war sehr glücklich gewesen, scheint mir heute. Das Meer vor der Nase, in der Nase, ich ging gern in die Schule, Lernen war Licht, und ich spielte mit den Kindern auf der Straße, bis es dunkel wurde und alle Mütter zum Fenster rausschrien, in einer seltsamen Synchronizität: »Naaach Haaaaausee Abeeeeeendessen Jeeeeeetztsofoooooort.« Außerdem lebte ich in einer Stadt, und nachts schienen die Lichter, und es gab sehr hohe Gebäude, was sehr gut war von meiner Warte aus. Das Land war mir immer schon suspekt, viel Asphalt war gut, das war ganz nach meiner Fasson. Die einzigen drei außerordentlichen Begebenheiten der Kindheit, an die ich mich erinnern kann, waren allesamt Naturgewalten, und alle drei verursachten große Aufregung: Schnee, Erdbeben, Wind.

***

»Split ist paralysiert.«

So hieß es am Abend im Radio.

An einem Morgen dieses Winters 1979 waren wir erwacht, und alles war von einer weißen Schicht bedeckt, sehr präzise und gewissenhaft, nichts hatte der Schnee ausgelassen, die Kronen der Palmen, die Dächer, die schwarze Sphinx, selbst die kleinen Spiegel an den Seiten der Autos nicht. Seit ich auf der Welt war, war dies das erste Mal, dass es in Split geschneit hatte, und dann gleich 21 Zentimeter! Es traf die Bewohner der Stadt schlimmer als ein Orkan, denn mit dem hatten sie Erfahrung. Ich hatte es nicht weit zur Schule, doch als ich dort ankam, hieß es: »Fällt heute aus!« Alle so: »Juhu!«

So konnten wir Kinder einen Tag im Schnee verbringen, uns damit bewerfen, Schneemänner bauen, Schlitten fahren, obwohl niemand einen Schlitten hatte, also alte Reifen, all das, was wir aus Büchern, Erzählungen und Kinderfilmen aus der nördlichen Hemisphäre kannten und uns nie selbst wirklich vorstellen konnten. Ja, wir wussten, Schnee ist kalt, doch wir wussten nicht, dass er nass war! Auf verwackelten Videoaufnahmen sieht man aber, dass die Erwachsenen genauso herumtollten und Schneebälle schmissen wie die Kinder; ich hatte in der ganzen Zeit in Split noch nie so viele lachende Gesichter gesehen.

Auf den vielen Fotos, die an diesem Tag selbstverständlich auch geschossen wurden, sehen wir alle übergewichtig aus, irgendwie aufgeblasen, nicht etwa weil die Kamera zehn Kilo dazuaddiert, sondern weil wir mangels geeigneter Kleidung in mehrere Lagen gehüllt wurden. Das war natürlich übertrieben, es kann nicht viel kälter als null Grad Celsius gewesen sein, doch das war für uns so ungewöhnlich wie überall Schneeweiß und gleich dahinter Meerblau.

Am nächsten Tag erfuhren wir, dass der Unterricht ausgefallen ist, weil fast die gesamte Lehrerschaft in Auffahrunfälle verwickelt gewesen war, aber: »Kinder, nicht schlimm, außer einem gebrochenen Arm alles nur Blechschäden.«

»So, und jetzt Hefte raus, wir schreiben einen Aufsatz, Überschrift: ›Mein Tag im Schnee‹«, sagte Genossin Kostelnik, meine erste sehr gute Lehrerin und folglich die beste Lehrerin, die ich je hatte. Am 8. März, dem Internationalen Tag der Frauen, brachten wir ihr alle Blumen, und wir taten es gern und meinten es auch so.

Das mit dem Aufsatz war typisch fürs Leben, man konnte es nicht einfach mal gut sein lassen, man musste es wiederholen, in eine Form zwängen, daran schnitzen, es wiederkäuen, polieren, subtrahieren. Mir lag ja so etwas, da Streber- und Labergene im Überfluss vorhanden, aber diesen Tag, den Tag nach dem großen Schnee, hätte ich lieber schweigend und genießend Revue passieren lassen und mir höchstens die Unfallgeschichten der Lehrer angehört. Ich stellte sie mir alle schlitternd vor, hinter dem Lenkrad ihrer Zastavas, fluchend, die Zigarette im Mundwinkel hängend und sich überlegend: Hoffentlich ist das da vor mir nicht der Herr Genosse Direktor.

***

Im Jahr davor, am 15. April 1978, es war ein Sonntag und sehr früh am Morgen, ein paar Tage hatte man schon keine Schwalben mehr gesehen: Mein Vater riss meinen Bruder und mich plötzlich aus unseren Betten, nahm einen von uns unter jeden Arm und schleppte uns auf den Balkon. Drinnen fingen die Gläser an zu singen, ganz leise zunächst, dann immer hysterischer und heftiger klirrend, als ob sie versuchten, eine immer dringlichere Nachricht loszuwerden.

Das Beben der Erde dauerte vielleicht fünfzehn Sekunden. Meine Mutter kam erst danach aus dem Bad und fragte:

»Was war denn das?«

Es war ein Erdbeben der Stärke 7,3 auf der Richterskala, das Epizentrum in Montenegro, 300 Kilometer weiter südlich an der Küste entlang. 300 Menschen starben dabei, 100 000 blieben ohne Heim, 450 Dörfer und die historische Altstadt von Kotor wurden zerstört.

Wir waren am äußersten Ausläufer, und dennoch war die Heftigkeit erstaunlich, auch die Tatsache, wie viele Gedanken in fünfzehn Sekunden passen.

Danach gab es eine riesige Welle der Solidarität mit Montenegro, von allen Republiken und Altersklassen. Auch wir sammelten in der Schule.

»Wenn es Schwalben können, können es Menschen auch«, schrieb die montenegrinische Tageszeitung *Pobjeda* (»Der Sieg«) daraufhin, und Häuser, Schulen und Hotels wurden dann, gottlob, wieder von Menschen aufgebaut.

***

Der Schnee, das Erdbeben und die Winde: Nichts hatte mich bisher mehr mit Leben und Kraft erfüllt. Es gab nur ein Gefühl, das dem nahekam und durch keine Naturgewalt ausgelöst wurde, und das war jenes am Vorabend einer Reise, so wie wenn einem die Füße eingeschlafen sind und kurz danach, so etwas zwischen pieksendem Schmerz und wiedererweckter Freude.

Und so war's beschlossen, großes Indianerehrenwort an mich selbst:

Ich würde weder mit Tränen in den Augen in die Zukunft blicken noch mit Selbstmitleid durchs Leben gehen. Schließlich trägt mich die ganze Zeit ein großer Wind durch den Himmel.

Die Ankunft

Im Elend erkennt man einen Helden, sagte mir baka Mara kurz vor der Abreise am Telefon, denn: So sagt man bei uns. Zweifellos hatte sie das ermutigend gemeint. Ich hatte aber weder Elend noch Heldentum im Sinn, dieser stand mir vielmehr danach, wie bei Kindern so üblich, den Status quo zu erhalten. Doch: große Worte, kleiner Kopf, großes Herz, große Angst, kleine Freude, gute Reise. Elend und Heldentum, ich komme.

München. Es schien so fern wie ein anderer Planet und so willkürlich wie Island oder der Kongo. Warum ausgerechnet München? Es hatte sich so ergeben: Mein Vater, der seine aktive Tenniskarriere kurz zuvor beendet hatte, mit damals unglaublichen Anfang vierzig – das heißt volle zehn Jahre später, als er in seiner Autobiografie angenommen hatte –, hatte einen Job in München angeboten bekommen, für ein paar Monate. Er sollte einen jungen Spieler, der einen Mäzen hatte, unter seine Fittiche nehmen und ein paar Monate trainieren, dann würde man weitersehen.

Wir hatten noch keine Wohnung, als wir in München ankamen, dafür sehr viel Glück, weil uns, kurz bevor wir ins Hotel zogen, wie es geplant war, ein nicht einmal sehr naher, dafür sehr reicher Bekannter meiner Eltern sein schickes Penthouse anbot. Er verbrachte die meiste Zeit in der Karibik oder in Gstaad. Bei ihm sah es aus wie in einem Bond-Film: ein für die frühen achtziger Jahre typisches Schwarzes-Leder-und-Stahl-Interieur, millionenschwere Kunst an den Wänden, darunter ein

Picasso, dem Filmplakat von *Schlacht an der Neretva* nicht unähnlich, und ein paar Namen seines Kalibers, weshalb es auch mitten auf der Wendeltreppe einen Alarmknopf gab, der so herrlich rot leuchtete, dass mein Bruder und ich den ganzen Tag geifernd davor standen und unsere Zeigefinger in die perfekt geformte kleine Kuhle legten, die bei Betätigung einen Alarm direkt bei der Polizei ausgelöst hätte. Außerdem hatte der nette Mann – er roch immer nach Wein und schien so zerstreut wie großzügig zu sein – eine Waffe in seinem Schlafzimmer, also dem Zimmer, in dem jetzt meine Eltern schliefen. So kam es, dass dieses großzügige Angebot aus meinen dankbaren Eltern nervöse, übermüdete, gereizte Penthouse-Immigranten machte. Nach zwei Wochen wurde es ihnen zu viel, und wir zogen in die Einzimmerwohnung im Souterrain, die für den Koch und das Dienstmädchen gedacht war.

Meine Eltern, damals Anfang vierzig, plötzlich in der Fremde, wagemutig bis zum Irrsinn: *Lieber ein bisschen verrückt als ein bisschen klug.* So sagt man bei uns.

Wie muss es ihnen ergangen sein? Dass auch sie Angst gehabt haben könnten, kam mir erst lange nachdem ich selbst erwachsen war.

Doch:

Kinder bekommen die Schläge, die ihre Eltern verdient haben.

So sagt man bei uns.

***

Bei der Ankunft in München erwartete uns formvollendetes Altweibersommerwetter, es herrschte Föhn. Das Blau des Münchner Himmels gefiel mir auf Anhieb gut, es war mediterran-knallig, fast aufdringlich beschwingt. (Es gibt übrigens nur eine Stadt in Deutschland, die mit diesem Himmelton mithalten kann, und das ist Berlin.) Ansonsten war München überwiegend orange und braun, wie das Dekor einer Folge *Monaco Franze*. Ich wusste natürlich noch nicht, wie bleiernbleich der weißgraue Himmel über München sein kann, so trostlos und fad und ausgebleicht, als wäre man in einer Folge der *Lindenstraße* gefangen. Das mit dem Föhn war schon mal ein Plus, nicht so sehr der Wind an sich – man merkte kaum etwas davon, fand ich –, sondern dass man über ihn sprach beziehungsweise jammerte. (Das nannte man hier »granteln«. Nicht zu verwechseln, wie viele Preußen es tun, mit »Gratler«, alternative Schreibweisen: Grattler, Gradler, Graddler, Gradla, Kratler, Krattler oder Kraddler. Der Gratler ist so etwas wie ein Asozialer, ein Penner, und stellt keineswegs den Zustand des Motzens dar.)

Das mit dem Föhn entnahm ich den Gesprächen meiner Eltern mit ihrer Umwelt, die natürlich auf Englisch stattfanden, denn was Deutsch anging, waren meine Eltern, mein Bruder und ich alle auf dem gleichen Level: *Zero*.

Ich mache es nicht spannend: Meine Eltern würden niemals fehler- und akzentfrei Deutsch sprechen und »aufgedünstet« statt aufgedunsen und »Sonderböck« statt Sündenbock und »inge-wo« statt irgendwo und »Raucherdackel« statt Rauhaardackel und »da-schwitzen« statt dazwischen und »auchpassen« statt aufpassen, »die große Wahn« statt Größenwahn und »schwul« statt schwül sagen. Das war immer eine Belustigung für uns und nie ein echtes Hindernis für sie. Später würden sie so Deutsch sprechen, dass sie sich einwandfrei verständigen konnten, und in der Anfangszeit sprachen sie einfach Englisch. Anfang der achtziger Jahre schien das in München *en vogue* zu sein, vielleicht nicht in der breiten Masse, doch darin, das würde ich erst später bemerken, bewegten wir uns ja auch nicht.

Das einzige wirkliche Sprachproblem für meine Eltern würde

Bayerisch darstellen, und später würden mein Bruder und ich, wenn meine Eltern uns nicht verstehen sollten, miteinander Bayerisch reden, so wie baka Mara es mit ihren Schwestern auf Ungarisch getan hatte.

Wos host gsogt?

Du, i geh heit fei no furt aber d'Oiden sollens ned mitkriagn.

Wie mochstn des?

I schlei mi durch die Garaschn …

Was ist mit der Garage?, würde meine Mutter fragen, als hätte sie die ganze Zeit hinter der Tür gestanden.

Welche Garage? Was soll damit sein?

Ich dachte, ihr habt Garage gesagt.

Nein, Mama, das war Bayerisch für …

Aber da war sie meist schon weg.

Wurden meine Eltern auf Bayerisch angegrantelt, wussten sie meist, dass dies als freundliches Geplänkel zu werten war, und sagten alle zehn Sekunden »Ja« oder »Ja mei« und gut war's. Wenn sie aber mit negativen Vibes angegrantelt wurden, sagten sie nichts. Manchmal sagte meine Mutter:

Äch. Sie *rrreden* zu viel.

Und mein Vater:

Klappe zu, du Scheißemonkey. Wahlweise auch:

Volltepp.

Sie kamen also gut zurecht. Doch interessant aus heutiger Sicht scheint diese Wendung: Sie wollten hierher, wir nicht, ihr Akzent würde sie immer abstempeln, uns schon sehr bald nicht mehr. Die Einkalkulation dieser Tatsache gibt dem Umzug fast eine selbstlose Note.

Natürlich würden sie für ein korrektes Schriftdeutsch, zum Beispiel beim Formulieren von Briefen, bald mich einsetzen müssen. Deshalb durfte und musste ich später auch meine Entschuldigungen für die Schule schreiben, was ich ab der Pubertät selbstverständlich rigoros ausnutzte.

***

Eines der ersten deutschen Wörter, das meine Mutter lernte, war »Tatsachen«. Weil es beim Erlernen einer Sprache tatsächlich hilft, sich simpler Medien zu bedienen – Seifenopern, Boulevardpresse, bis an die Idiotiegrenze hysterische Radiosender –, las sie jeden Tag eine Zeitung mit großen Buchstaben und vielen Bildern, die womöglich für ihren verkorksten Satzbau im Deutschen mitverantwortlich ist. Auf der Titelseite war eine Frau mit nacktem Oberkörper abgedruckt, darunter die Überschrift: »Nackte Tatsachen«.

Sie dachte: Na also, wieder was gelernt – das »nackt« übersetzte sie, vom Englischen *naked* ausgehend, richtig. Das Wort »Tatsachen« hielt sie aber für Brüste. (Komplizierend kommt hinzu, dass sie eine Bürste als »Brüste« bezeichnete.) Als sie zum ersten Mal in Deutschland einen BH kaufen wollte, fragte sie:

»Dschuldigensie, wo haben Sie Korb, na, wie sagt man, bra, nein – Doppelkorb für Tatsachen?«

***

Ich hatte keine Zeit für solche Experimente. Schnell war klar: Ich musste die Sprache perfekt lernen, um zu überleben.

In München gab es zu dieser Zeit eine jugoslawische Grundschule, was für meine Eltern den Entschluss, hierherzuziehen, erleichtert hatte. Ich kam in die vierte, mein Bruder in die erste Klasse. Unsere Mitschüler waren Kinder, die uns verstanden, wenn wir sprachen, Kinder aus Serbien, Kroatien, Bosnien und Herzegowina, aber auch Mazedonien, Slowenien und Montenegro, Kinder sogenannter *gastarbajter*. (Wenn ich sogenannt sage, meine ich auch bei uns so genannt; im Plural nennen wir sie *gastarbajteri.*)

1968 schloss Deutschland mit Jugoslawien, wie schon zuvor mit der Türkei, Italien, Griechenland, Portugal und Spanien, ein Anwerbeabkommen. So kamen erstmals Ende der sechziger Jahre Hunderttausende Jugoslawen nach Deutschland. Ab 1971, meinem Geburtsjahr, wurde ein organisierter Transport ins Leben gerufen, die »Speziellen Züge«, die von Zagreb nach München fuhren – ausgerechnet München, eine Stadt mit einem Umlaut, einem Buchstaben, den sie weder kannten noch jemals richtig würden aussprechen können, und der Wind dort hatte auch noch ein »ö«, das sie in ein lang gedehntes »e« umwandeln würden: *Feeen.*

Vielleicht sind wegen der Züge so viele in München gelandet: weil es die Endstation war. Oder aber weil es als südlichste Stadt Deutschlands den kürzesten Weg nach Hause bedeutete. Möglicherweise war es eine Kombination dieser Umstände. Jedenfalls war München immer eine Jugo-Hochburg und ist es heute noch.

***

Ein Dokumentarfilm von Regisseur Krsto Papić aus dem Jahr 1972 heißt *Specijalni Vlakovi* (»Spezielle Züge«). Am Anfang sieht man jugoslawische Anwerber, die einen Sehtest machen, deren Brustkorb abgeklopft wird, deren Ohren untersucht werden, während der leitende Arzt der deutschen Delegation und »Vertreter des Direktors der deutschen Delegation mit Sitz in Belgrad« erklärt, dass hier die Anwerbegruppe in Zagreb überprüft wird:

»Im Allgemeinen sagt man, dass die jugoslawischen Arbeiter sich sehr schnell anpassen, und man ist im Allgemeinen mit den Jugoslawen zufrieden. Das geht auch daraus hervor, dass innerhalb der drei Jahre Jugoslawien an die Spitze der Anwerberländer gegangen ist, und eben weil man mit ihrer Qualität sehr zufrieden ist, liegt der Schwerpunkt der Anwerbung gerade jetzt in Jugoslawien.«

Jeden Dienstag fahre ein Zug von Zagreb nach München, erzählt ein sonnenbebrillter kroatischer Abgesandter rauchend in einem Bahnabteil, und jeder einzelne sei voll. Davor seien es »Chaos und Anarchie« gewesen, jetzt sei der Transport organisiert, und die Menschen fühlen sich sicherer und aufgehoben.

Anschließend sieht man eine Gruppe Menschen mit starren Gesichtern und großen Augen kurz vor der Abfahrt, an die das Wort von Offiziellen gerichtet wird:

»Genossinnen und Genossen[15], ihr bekommt einen Schnellkurs darin, wie man sich schneller anpasst. Jeder von euch ist sich wohl bewusst, dass er in ein fremdes Land geht, dass er dort, auch als Einzelner, Vertreter unseres Landes ist und dass nach dem Verhalten eines jeden eine ganze Nation beurteilt wird, ein ganzes Land.«

Und dann, im Zug, werden Menschen gezeigt, meine Landsleute, die zum Fenster hinausstarren, wissend, spürend, dass dies wohl die signifikantesten vorbeifahrenden Landschaften ihres Lebens sind, die folgenschwerste Zugfahrt ihres Lebens. Sie erzählen in die Kamera, erzählen, warum sie weggehen, dabei rauchen alle, und neben jeder Wasserflasche steht eine Schnapsflasche. Die meisten sind Arbeiter oder Bauern oder Handwerker, einfache Leute. Dass sie nun etwas vor der Kamera

15 Im Serbokroatischen ist das Wort für Genosse »*drug*«. Doch *drug* bedeutet auch und vor allem »Freund« oder »Kamerad«, weshalb Drug Tito eher »Freund Tito« oder »Kamerad Tito« als »Genosse Tito« bedeutet. »Genosse« ist immer so streng DDRig, und diese Nuance hat *drug* nicht.

sagen sollen, scheint ihnen gutzutun, als würden sie sich selbst noch einmal die Argumentation ihrer Entscheidung darlegen, sich selbst laut berichten, warum sie in diesem Zug sitzen, diesem speziellen:

»Der Arbeiter sucht, solange er lebt, sein Recht wird er niemals finden«, sagt ein junger Mann.

»Ich gehe nach Deutschland, um zu arbeiten, ich verlasse Jugoslawien nicht!«

»Ich habe nicht genug zum Leben, ich suche mein Glück, auf dass meine Kinder einmal mehr haben als ich.«

»Meine Frau hat geweint, mein Vater hat geweint, mein Kind hat geweint, als ich fuhr«, sagt ein Mann unter Tränen. »Wenn ich gewusst hätte, wie schwer das wird, wäre ich nie gefahren.«

»Ich kann nicht sprechen, wie ein Kalb komme ich in ein fremdes Land, sprechen kann ich nicht. Sprechen kann ich nicht!«, sagt ein Mann, der sich zumindest in seiner Muttersprache gut in Rage reden kann.

»Ich küsse unsere Berge, unsere Erde, unser alles, ich gehe, weil sich die Gelegenheit ergeben hat. Danke der Freiheit«, sagt ein anderer.

Eine junge Frau mit vollem Haar weint so sehr, dass man nicht verstehen kann, was sie sagt.

Bei der Ankunft in München ist der Bahnsteig voller Koffer und verwirrter Gesichter, und dann hört man auf diesem Bahnsteig eine Durchsage auf Serbokroatisch: »Alle nach vorn zur Lokomotive.« Dann geht es durch einen Gang, in dem ein dicker Bayer »Weider, weidergehen« in ein Megafon schreit, obwohl die Menschen eine Handbreit an ihm vorbeiziehen. Sie gelangen in einen großen Raum und setzen sich an Tische, erwartungsvoll wie Erstklässler an ihrem ersten Schultag. Dann erfolgt die Durchsage auf Serbokroatisch durch den Lautsprecher, die eine, die alles verändert, die ansagt, dass ab jetzt Ernst ist und ein anderer Wind weht:

»Wir rufen euch jetzt nicht mehr nach eurem Namen auf, sondern nach der Nummer des Arbeitsvertrags, die steht am oberen rechten Rand … Achthundertdreiundsiebzig, achthundertsechsundsiebzig, sechshundertfünfundvierzig, sechshundertachtundzwanzig …«

Menschen auf ihre Gesundheit zu untersuchen, sie in spezielle Züge zu verfrachten und sie bei der Ankunft nach Nummern aufzurufen scheint mir persönlich etwas unsensibel, das mag an meiner Herkunft liegen. Ich wurde so erzogen, dass man einen Gast willkommen heißt bei seiner Ankunft.

***

Das Verb »ugostiti« wird auf Deutsch mit »jmd. zu Gast haben« übersetzt, doch es ist viel aktiver als das, man hat nicht nur jemanden da, sondern gastet ihn ein und zu und voll, bis der nicht mehr dazu kommt, darüber nachzudenken, was er daheim vermissen könnte.

***

Im Sommer 1967 reiste ein junger Amerikaner per Anhalter nach Jugoslawien. In der Stadt Niš traf er auf einen Bauern namens Radovan Djolić aus dem nahen Dorf Čokot. Jemand hatte Radovan erzählt, ein junger Tourist suche einen Platz zum Schlafen. Der Bauer nahm ihn bei sich auf, es wurde natürlich ohne Ende aufgetischt, und am nächsten Morgen gab er dem jungen Amerikaner Fladen und Käse mit auf den Weg, Gott bewahre, dass er hungrig weiterreisen müsste.

Genau ein Jahr später kam in Čokot ein Fiat mit deutschem Kennzeichen an, aus ihm stieg just jener junge Amerikaner. Diesmal blieb er drei Tage, half Radovan bei der Tomatenernte, fuhr in seinem Wagen Gemüse und Obst auf den Markt von Niš und half beim Verkauf mit. Als er sich verabschiedete, um nach Griechenland weiterzureisen, wusste er nicht, dass er recht schnell wiederkommen musste. Ausgerechnet ein Anhalter, den der junge Amerikaner mitnahm, hatte sein Portemonnaie gestohlen, und nun war er ohne Geld. Radovan gab dem Amerikaner das bisschen Geld, das er zu Hause hatte. Als ihm dieser seine Kamera dalassen wollte, lehnte Radovan fast beleidigt ab, das käme nicht in Frage, und nun: Gute Reise!

Einige Jahre später ging Radovan ins Kino. Überlebensgroß sah er den jungen Amerikaner und sein charismatisches Grinsen auf der Leinwand.

Sein Name: Robert de Niro.

***

Mit meiner Ankunft – in einem dicken Mercedes, gleich Mittagessen im Restaurant Käfer, das ich seitdem liebe, um dort den Schlüssel zum Penthouse abzuholen – scheinen diese Zugfahrten nicht viel gemeinsam zu haben. Doch in den Gesichtern der Menschen in den speziellen Zügen, irgendwo zwischen Spannung und Anspannung, Furcht vor dem Neuen und Trauer um das Alte, in dem nur scheinbar ruhigen Starren auf die Landschaft, die vorbeifährt und zurückbleibt, und auch in dem Glauben, dass einen ein großer Wind durch den Himmel tragen wird, erkenne ich mich genau wieder.

***

Der erste jugoslawische *gastarbajter*, der nach Deutschland kam und von dem man weiß, kam 1911 nach Mannheim, um für die Benz & Cie. Rheinische Gasmotoren-Fabrik zu arbeiten. Sein Name war Josip Broz.

***

Heute leben in Deutschland über 900 000 Menschen mit einem Pass aus einem der Nachfolgestaaten des »ehemaligen« oder früheren Jugoslawien – und genauso lästig und kompliziert und umständlich, wie man das formulieren muss, ist es auch. Vermutlich noch einmal so viele sind eingebürgert. Es sind also an die zwei Millionen, doch sie fallen, so ist der Konsens, nicht weiter unangenehm auf. (Wenn doch, handelt es sich wahrscheinlich um Kriegsflüchtlinge, und die fallen nicht aus eigener Schuld auf, sondern als Konsequenz einer universellen Flüchtlingsproblematik.) Viele von denen, die am Anfang kamen und nur kurz bleiben wollten, bis sie das Auto/die Wohnung/das Haus verdient haben würden, blieben länger, holten die Kinder nach oder bekamen in Deutschland Kinder und fingen an, Restaurants mit »jugosl. Küche« namens Opatija und Dalmatiner-Grill und Adria und Sarajevo zu eröffnen. Sie fanden Arbeit am Bau (hier kommt die fabelhafte Wortschöpfung »bauštelac« ins Spiel), als Ingenieure und Hausmeister, Bankangestellte und Elektriker, sie praktizierten als Ärzte. Währenddessen fingen sie an, in der Heimat zu bauen – die Fahrt nach Split beispielsweise war immer begleitet vom Anblick halbfertiger Häuser im Rohbau, 90 Prozent davon mit in Deutschland verdientem Geld – und über die Jahre vergaßen viele, dass sie vorhatten, irgendwann zurückzugehen.

Einer der Gründe, warum die YU-Integration in D so gut verlief, war, dass sie, anders als andere ausländische Arbeitnehmer, auch in Deutschland von ihrem Staat unterstützt wurden – die meisten Klubs und Vereine wurden von der jugoslawischen Botschaft und den Konsulaten mitbegründet und betreut. Ein anderer Grund ist, dass der Jugo an sich flexibel und mit großzügiger Streetweisheit ausgestattet ist und seine Talente erst dann richtig zu entfalten weiß, wenn er Widerstand und einen angemessen hohen Schwierigkeitsgrad verspürt, sich anzustrengen. Ähnlich wie Supermodels nicht unter 10 000 Dollar am Tag aufstehen, bemüht sich der Jugo nicht, wenn ihm etwas leicht erscheint.

***

Mein erstes Jahr in München war harmlos, zumindest im Vergleich zu dem, was folgen würde, und das lag zu einem großen Teil an der Tatsache, dass ich mich an der jugoslawischen Schule verständlich machen konnte: Ich knüpfte nahtlos an den Lernstoff an und schrieb gute Noten. Alle trugen blaue Kittel (wie in Split), und eine der Lehrerinnen war so stark nikotinabhängig, dass sie regelmäßig im Klassenzimmer rauchte. Fünf Minuten bevor es klingelte, riss sie das Fenster auf und zündete sich eine an mit den Worten: »Wenn ihr das irgendjemandem erzählt, mache ich euch fertig.« Wir kicherten nur. Natürlich erzählte ich das meinen Eltern, und die kicherten auch, soweit ich mich erinnern kann, jedenfalls fanden sie es nicht weiter schlimm. Einmal, während die Lehrerin rauchte, klopfte es an der Tür. Sie rannte zum Waschbecken, das gleich neben »der Ecke« war – in die wurde man noch geschickt, allen voran Fadil, der freche kleine Bosnier –, und löschte unter dem Wasserstrahl die brennende Zigarette. In der Tür stand eine Mutter, die ihr Kind außerplanmäßig abholen musste, aber auch die sagte ob der Rauchschwaden nichts.

Das Schuljahr verging viel zu schnell, und es gab nur zwei Dinge, die mir als ungut in Erinnerung blieben. In einem Anfall von Strebertum meldete ich mich freiwillig als Kassenwart, wir sammelten Geld für eine Schulaufführung und einen Ausflug, glaube ich. Ich weiß nicht mehr, warum ich mich freiwillig für diese Aufgabe gemeldet hatte, denn Geld hat mich immer schon so unfassbar gelangweilt, dass ich es schon deshalb sofort ausgab, um seine Präsenz nicht ertragen zu müssen. Einmal schlug ich meinem Vater ernsthaft vor, das Taschengeld meines Bruders doch lieber gleich mir zu geben.

Wie kommst du denn darauf?

Na ja, er gibt es nicht aus.

Als könnte es schlecht werden, wenn man es zu lange herumliegen lässt, ähnlich wie Milch sauer wird, wenn sie zu lange herumsteht. Wie gesagt: Keine Ahnung, warum ich mich als Kassenwart meldete, jedenfalls tat ich es und bekam eine kleine grüne abschließbare Kasse, in die ich alle Deutsch-Mark (so sagten es meine Eltern) hineintat, die man mir für die Schulaktionen übergab.

Nach einer Woche kam ich aus der Pause zurück, und die Kasse war leer. Ich fühlte meine Beine nicht mehr. Wo war das Geld hin? Ich sammelte weiter ein und versuchte, mich zu erinnern, wie viel drin gewesen war, doch natürlich hatte ich nicht Buch geführt. Ich überlegte, wie ich es ersetzen könnte, doch natürlich war ich pleite wie eigentlich immer. Die nächsten Nächte verbrachte ich abwechselnd schlaflos oder hatte Albträume, und ich aß kaum etwas.

Kind, was ist los mit dir?, fragte mich meine Mutter immer wieder. Ist es die Schule?

Nein.

Was ist es denn?

Nichts.

Nach der dritten Nacht voller Albträume fragte sie mich erneut, und ich gestand unter Tränen, dass das Geld aus der Kasse weg war. Meine Mutter beteuerte, das sei nicht schlimm, sie würde mir das fehlende Geld geben, alles kein Problem. Den Stein, der mir vom Herzen fiel, konnte man bis nach Split hören. Meine Mutter fuhr mich in die Schule und muss mit der Lehrerin (der rauchenden) geredet haben, denn sobald wir alle saßen und die Hefte aufgeschlagen hatten, packte diese Fadil am Ohr, zerrte ihn nach vorn ans Pult und schrie:

Wo ist das Geld aus der Kasse, du Halunke?

Ich hab's geklaut, au, au!

In die Ecke mit dir!

Da stand er dann den ganzen Tag. Nach dem Unterricht entschuldigte er sich bei mir.

»Du hast die Kasse offen gelassen, und ich habe das Geld gesehen und einfach genommen«, sagte er, und vielleicht zuckten seine Schultern dabei.

Das war eher eine Erklärung als eine Entschuldigung, doch das war egal, denn ich mochte ihn nicht weniger als früher, er war sehr lustig und unterhaltsam. Die Aufführung und der Ausflug waren ein voller Erfolg, und ich lernte, nie wieder irgendetwas mit Kassen zu tun zu haben – man bekommt nur Ärger.

Die zweite Sache, die mir viel unangenehmer in Erinnerung blieb, bildete einerseits die Basis für eine lebenslange Formularphobie und war andererseits ein Vorbote der Dinge, die kommen würden. (Man sollte denken, beklaut und für immer als kassenwartunfähig abgestempelt zu werden, sollte wesentlich traumatischer sein als ein Formular, aber nein.)

Eines Tages teilte ein Lehrer Formulare aus. Man sollte ankreuzen, was man war. Zur Verfügung standen, in keiner besonderen Reihenfolge:

Serbe
Kroate
Bosnier/Herzegowiner
Montenegriner
Slowene
Mazedonier
Andere Nationalitäten: Albaner, Ungar, Türke, Rumäne
Gemischt
Jugoslawe

Darüber hatte ich mir noch nie Gedanken gemacht. Natürlich wusste ich, dass meine Mutter aus Novi Sad stammte und in Belgrad gelebt hatte und Serbin war, aus der Vojvodina, ebenso war mir bekannt, dass mein Vater aus Split kam und Kroate war, aus Dalmatien. Doch ich wusste nicht, nicht aktiv, dass sie Serbin ist, und auch nicht, dass mein Vater Kroate war. Ich hätte es gewusst, hätte ich jemals darüber nachgedacht, doch das habe ich nicht. Es wurde nie ausgesprochen, nie festgehalten, weil es nicht wichtig war. Ich kam aus Jugoslawien. Aber war ich auch Jugoslawin? Warum stand das als letzter Punkt auf dem Formular?

Eine kurze Umfrage unter meinen Klassenkameraden ergab, dass nur wenige »Jugoslawe« oder »Jugoslawin« angekreuzt hatten.

Was habt ihr denn angekreuzt?

Serbin.

Kroate.

Slowenin.

Ich weiß nicht, was ich ankreuzen soll, sagte ich.

Wo warst du denn vorher?, fragten die Kinder.

Split, sagte ich.

Oh schön, sagten sie. (Diese Reaktion würde übrigens immer gleich bleiben. Split? Oh schön.)

Vielleicht war es, weil ich mich so gern anpassen wollte, aber ich wollte auf keinen Fall etwas ankreuzen, das fast niemand sonst hatte, selbst wenn es richtig war. Auch »Gemischt« wäre richtig gewesen, aber das kam mir zu exotisch vor und wie ein Kompromiss.

»Was soll ich denn jetzt ankreuzen?«, fragte ich meine Mutter.

»Ach, dieses blöde Formular. Ich hasse Formulare«, sagte sie nicht ahnend, was ihr in den Jahren in Deutschland noch bevorstehen würde.

»Was soll ich machen?«

»Zeig mal her ... Na, da wird mir ganz schwummrig, ich sehe nichts!«

»Sag du es mir. Was soll ich ...?«

»Mein Gott, kreuz halt Kroatin an, ist doch egal«, sagte meine serbische Mutter.

Ich schmiss das Formular weg und gab es nie ab. Scheißstatistiken.

***

Darauf, dass ich eine Jugoslawin war, kam ich also eigentlich erst im Winter 1981 in München. Meine genaue Herkunft würde fortan von stets größerem Interesse werden. Erst wenn man die Heimat verlässt, macht man sich frische Gedanken über sie.

Etwa fünfzehn Jahre später, es war in den späten Neunzigern, saß ich mit meinem Vater (Kroate) und meiner Cousine Vana (Serbin) in einem chinesischen Restaurant in London. Mein Vater war zu Besuch, ich lebte dort mit meiner Cousine, die ein vergleichsweise glamouröser Kriegsflüchtling war. Sie besaß gar nichts und musste alle drei Monate zum Home Office[16], ständig in Ungewissheit lebend, ob und wie lange sie bleiben durfte, doch man sah es ihr nicht an. Wie auch immer: Mein Vater liebt chinesisches Essen, und er lud uns ein, doch er kann und will nicht mit Stäbchen essen, wahrscheinlich eher Letzteres. Außerdem fragt er in chinesischen Restaurants immer nach Brot, jedes Mal. Meine Cousine und ich verdrehten vor Fremdscham auch jetzt wieder die Augen, doch ihm war das egal. Und dann fragte er auch noch: *»Could I have something normal to eat with,*

16 Das, was sich auf Neudeutsch wie ein Arbeitsplatz zu Hause anhört, ist in Großbritannien die zuständige Stelle für Immigration, Visa, Aufenthaltsgenehmigungen etc.

please?« Meine Cousine und ich wollten in den Boden versinken. Auf dem Zettel in meinem Glückskeks konnte ich später lesen: »Heute wirst du über deine Familie denken und machen viel interessant Erfahrung.«

Der freundliche chinesische Kellner brachte meinem Vater aber sofort Messer, Gabel und Löffel und fragte interessiert »*Where are you from?*« Das ist keine Frage, die wir lieben. Vor allem meine Cousine wollte nicht sagen, dass sie Serbin ist. Hätten wir alle nacheinander erklären sollen, dass hier ein Kroate, eine Serbin und eine Mischung aus beidem sitzen? Doch die Geradlinigkeit und das Nicht-lange-Herumgequatsche meines Vaters haben auch ihre Vorteile. Er sagte einfach:

»*We are from Yugoslavia.*«

»*Aaaah. Which part?*«

Diese Frage lieben wir auch nicht, und sie folgt unweigerlich. (Der einzige Mann, der mich nach der Erwähnung von Jugoslawien nicht fragte »Woher genau?«, sondern einfach mit mir anstieß, wurde sofort mein Liebhaber.) Seit den Kriegen ist es nämlich so: Den Leuten ist es im Grunde schnurz, ob wir vom Meer oder aus Belgrad sind. Es geht um Folgendes: Seid ihr die Guten oder die Bösen? Die Aggressoren oder die Opfer? Seid ihr schuld? Seid ihr Flüchtlinge? Seid ihr kriegsgeschädigt? Oder profitiert ihr gar vom Krieg?

Und vor allem: Was stimmt denn mit euch allen nicht?

»*We're everything*«, sagte mein Vater schließlich auf die Woher-genau-Frage. »*We're the good, the bad and the ugly.*«

Der Chinese fand das so großartig, dass er sogleich eine Art Brotersatz auftrieb.

* * *

Die am häufigsten geführte Konversation meines Lebens:

»Woher kommst du?«

»Aus Jugoslawien«, sagte ich dann, vielleicht weil es mir so leidtat, dass ich damals nicht »Jugoslawin« angekreuzt habe.

»Du meinst wohl aus dem *ehemaligen* Jugoslawien.«

Nun: Nein. Das meine ich nicht. Länder als »ehemalig« zu bezeichnen ist dämlich. Wenn man heute »die ehemalige DDR« hört, darf man sich als linguistisch feinfühliger oder auch nur logisch denkender Mensch fragen, was das soll. Muss man es hinzufügen, weil der Gesprächspartner nicht mitbekommen haben könnte, dass die DDR nicht mehr existiert? Außerdem wäre in dieser Parallele die Antwort »Ich komme aus der DDR« richtig, denn die Frage war nicht: »Wo lebst du?«, sondern: »Woher kommst du?« Es gibt keine heutige oder gegenwärtige DDR, weshalb die Distinktion »ehemalig« nicht nur unelegant, sondern schlicht falsch und unlogisch ist. Man spricht auch nicht von der »ehemaligen Weimarer Republik« oder vom »ehemaligen Dritten Reich«.

Also, der Schlauberger, der von mir wissen will, woher ich komme, belehrt mich:

»Du meinst wohl aus dem *ehemaligen* Jugoslawien.«

Andere Variante:

»Jugoslawien gibt es nicht mehr.«

(Hört, hört. Gut, dass mir das jemand mitteilt, ich hätte es sonst nie erfahren.)

Also: »Woher kommst du?« beantworte ich deshalb stur immer mit: »Ich komme aus Jugoslawien«, auch wenn ich weiß, was folgt, denn es stimmt und ist sprachlich korrekt. Das war das Land, in dem ich geboren wurde und aufwuchs, und was daraus wurde, war ja nicht das, woher ich kam. Gut, weiter im Small Talk:

»Aha. Und woher genau? Was bist du?«

»Halbe Serbin, halbe Kroatin.«

Manchmal sage ich auch:

»Halbe Kroatin, halbe Serbin.«

Oder auch:

»Mutter Serbin, Vater Kroate.«

Oder umgekehrt.

»Hohoho, das ist aber momentan sicher kein Spaß.«

Oder:

»Hö hö. Und was denkst du so über den Krieg?«

Oder auch:

»Kannst du mir das kurz erklären, was da vor sich geht?«

Oder, sehr häufig:

»Na, deine Eltern haben sicher Spaß miteinander.«

Als wäre der Zerfall meiner Heimat eine nettes belangloses Partyplauderthema.

Diese Menschen kamen mir so vor wie der britische Schauspieler Sacha Baron Cohen alias Borat als er in den »U, S and A« versuchte, bei einer Dinnerparty Konversation zu lernen und sagte: »Meine Frau von Bär getötet. Egal haha! Haben neue Frau gekauft.« Wie konnte man nur erwarten, kurz nachdem man mich korrigiert hat, von mir eine knappe, präzise, nicht zu emotional aufgeladene Zusammenfassung in zwei Sätzen eines offensichtlich nicht wirklich cocktailtauglichen Themas zu verlangen? Ich habe auch ein paarmal folgende Argumentation dazu gehört:

»Ich hab da mal einen Artikel angelesen, aber der war mir zu lang, kannste mal kurz erklären, was da bei euch los ist?«

Dann lieber Frau von Bär getötet.

***

Doch das kam erst später, jetzt war ich damit beschäftigt zu beobachten, was es in Deutschland alles gab.

Dinge, die mir im ersten Jahr in Deutschland auffielen:

- Hundefutter
- Katzenfutter
- Schilder: »Spielen verboten«, »Betreten des Rasens verboten, Eltern haften für ihre Kinder«
- Diese Angaben sind wie immer ohne Gewehr.[17]
- Umlaute: ä ö ü Ä Ö Ü
- Schnee
- Alpen
- Winterreifen
- Kaffeemaschinen
- Filterkaffee
- Kaffeefilter
- Fahrräder
- Fahrradwege
- Fahrradhelme
- Fahrradfamilienausflüge
- Spaziergänge in schlechten Schuhen
- Nutella
- Gekippte Fenster
- Durchzug überall!

Dinge, die es nicht gab:

- Eurokrem
- Unfertige Mäuerchen, auf denen man einfach so herumsitzen konnte
- Kyrillisch
- Palmen
- Geldscheine mit vielen Nullen darauf
- »Rauchen gestattet«-Schilder

17 So verstand ich das jahrelang, wirklich, viel zu lange.

- Meer
- Filme im Original mit Untertitel
- Eine Familie = eine Vespa, ohne Helme, dafür mit Einkaufstüten
- Omaleinchens ganz in Schwarz
- Fischmärkte
- Gutes Fleisch
- Stangen, an den man Teppiche klopfen konnte
- Kaffeemahlstationen im Supermarkt

***

Nach ein paar Monaten im Bedienstetenquartier des Penthouse zogen wir in eine eigene Wohnung. Die Integration schien zu laufen. Dann erfuhren meine Eltern vom deutschen Schulsystem – vier Jahre Grundschule, danach wird entschieden, wie der Rest des Lebens aussehen wird. Wie konnte das sein? Aber wenn es so war, das war ihnen klar, würde ich eben auf ein Gymnasium gehen.

»Dafür hat sie nicht die Noten.«

»Sie hat sehr gute Noten!«

»Aber nicht von einer deutschen Schule.«

»Ach so.«

»Außerdem spricht sie kein Deutsch.«

»Das wird sie sehr schnell lernen, wenn sie ein Talent hat, sind es Sprachen. Außerdem lernt und liest sie am liebsten«, sagte mein Vater, dem es nie verständlich war, wie ungern ich mich körperlich betätigte. (In einem Interview antwortete er auf die häufig gestellte Frage, warum seine Kinder nicht in seine Fußstapfen getreten seien, mit einer ausführlichen Beschreibung meiner überaus schlechten Koordination, gefolgt von dem Zusatz: »Dafür hat sie andere Talente. Vor allem Sprachen.«)

Auf die Einsicht in das deutsche Schulsystem folgte ein Akt unbeirrbarer und waghalsiger Entschlussfreudigkeit seitens meiner Eltern, die nur ein paar Brocken Deutsch konnten und sich Unterstützung in Form von Münchner Freunden holten. Diese versprachen zu helfen, vielleicht aus Höflichkeit, obwohl sie höchswahrscheinlich am Erfolg des Unternehmens zweifelten, denn Ausländerkinder ohne Deutschkenntnisse am Gymnasium aufzunehmen ist verboten. Mich akzeptierte kein Gymnasium in München, denn es war gegen die Vorschriften. Mein Vater ging mit einer Freundin der Familie von Schule zu Schule und stellte mich den Direktoren vor und fragte, ob man nicht eine Ausnahme machen könne, als wäre er ein Handelsreisender, ja, er wisse, man kaufe sonst nichts an der Tür, aber dieser Staubsauger wäre der reinste Wahnsinn. Wir müssen ungefähr fünfzehn solcher Besuche unternommen haben, und jedes Mal hieß es:

»Nein. Tut uns leid. Gegen die Regeln.«

Und wie immer, wenn es wichtig ist im Leben, tauchte eine Ausnahme auf, die alles verändert, auch den Blick auf den typischen Deutschen, der Dienst nach Vorschrift macht.

Ich wurde am Lion-Feuchtwanger-Gymnasium aufgenommen, dank des großzügigen Geistes eines Schuldirektors mit dem Namen Winfried Scharfenberg im Rahmen einer besonderen Klasse, die in dieser noch neuen Schule zum ersten Mal gebildet werden sollte.

Und damit fing der Horror an – ein Jahr nachdem ich nach München gezogen war.

Die Sprache

Die Bura, der große Störenfried dieses Meeres, erhebt sich stets ohne das kleinste Warnzeichen; mit der Gewalt eines Tornados überfällt sie die Seeleute und gestattet nur dem Kühnsten, auf Deck zu bleiben … Der Dalmatiner aber ist von Kindheit an gewöhnt, ihr zu trotzen, er wird hart unter ihrem Atem und verachtet die armseligen Winde anderer Meere.

Das schrieb Karl Marx 1856[18] über die Bura, und recht hatte er damit, dieser Wind kam mir nicht nur so vor, er erreicht tatsächlich bombastische Geschwindigkeiten, bei denen einem schwindelig vor Glück werden kann. Mir ging es jetzt wie einem Seemann an Deck, im Auge des Tornados, kurz bevor die Bura loslegt. (Auch wenn Marx sagt, sie erhebe sich ohne das kleinste Warnzeichen, muss man dem nicht wörtlich Glauben schenken; die Leute jammerten ja nicht umsonst und fassten sich seufzend an Hüfte, Kopf oder Mund, wenn sie die Vorboten der Bura spürten. Marx war übrigens auch ein ganz großer Rassist, für den Südslawen »nichts weiter sind als der Völkerabfall einer höchst verworrenen tausendjährigen Entwicklung«[19], und das ist nur eine von vielen solchen Einschätzungen seinerseits; sein Werk ist voll mit antislawischen Parolen.

18 »Der österreichische Seehandel«, erschienen im englischen Original am 9. Januar 1857 in der *New York Daily Tribune*.

19 »Der magyarische Kampf«, erschienen in *Neue Rheinische Zeitung*, Nr. 194 vom 13. Januar 1849.

Doch jetzt: Ich spürte so etwas wie die Bura, und ich als Dalmatinerin wurde hart unter ihrem Atem.

Jeden Moment würde es losgehen, es wurde ernst.

Ich musste den ersten Schultag noch einmal erleben, unter erschwerten Bedingungen, denn diesmal war ich älter, kannte niemanden und konnte mich mit keinem Wort verständigen.

»Die Kinder werden nett sein, sie werden dir helfen, du wirst schnell neue Freunde finden«, sagten meine Eltern, und ich glaubte ihnen. Ich hatte keinen Grund, ihnen nicht zu glauben. Bisher kannte ich nur nette Kinder, und ich selbst war schließlich ein nettes Kind, das anderen half, wenn es ihnen nicht so gut ging, darauf hatte ich einen Eid geschworen. Nicht dass ich den Eid gebraucht hätte, um diese Maxime zu verstehen, doch frei nach Buddha und kindlichem Simplizismus ist es so: Du bist, was du denkst. Ich wäre nicht darauf gekommen, jemanden, der mir nicht antworten kann, zu veräppeln.

Doch die Kinder waren nicht nett zu mir, zumindest ein großer Teil der deutschen Kinder war es nicht, vor allem die Mädchen. Es war stattdessen eher so, dass sie mich auslachten und verspotteten, über mich tuschelten und lachten, mit dem Finger auf mich zeigten oder aber ignorierten, wenn ich versuchte, mit ihnen zu kommunizieren. Zehn Jahre hatte ich in Glückseligkeit gelebt, und hier, in Deutschland, wo ich überhaupt nicht sein wollte, lernte ich, dass es überall Arschlöcher gibt, dass auch Kinder Arschlöcher sein können und dass man Arschlöcher auch dann erkennen kann, wenn man sie nicht versteht. Ich hatte ihnen nur noch nicht begegnen müssen.

Nicht dass wir uns falsch verstehen: Ich war unglücklich und verzweifelt und weinte auch mal (auf der Toilette, das sollten sie aber keinesfalls sehen, eine gute Vorbereitung auf das Arbeitsleben als Frau). In keinem Moment dachte ich aber, die Misere sei meine Schuld, oder ich hätte etwas falsch gemacht. Den Arschlochkindern würde ich noch die Meinung geigen, und die Meinung kann man nur richtig geigen, wenn man die Noten kennt, also war, sich tadellos ausdrücken zu können, das erklärte Ziel, mit einem Mal das einzige Ziel meines Lebens. Keine Zeit für Angst.

Nach ein paar Tagen Unglück stellte ich meine Eltern folgende Bedingung: vier Stunden Nachhilfeunterricht täglich, in Deutsch, Montag bis Freitag nach der Schule. Sie zögerten nicht, und das war auch gut so, schließlich hatte ihre tolle Idee mit dem Umzug mich in diese Scheiße geritten. Ich meine, wir hätten auch am Meer sitzen können, umgeben von lachenden Menschen, die mich verstanden, wenn ich den Mund aufmachte.

Durch eine Empfehlung von Bekannten meiner Eltern fanden wir auf Anhieb die perfekte Nachhilfelehrerin: mittleren Alters, streng und das, was man heute einen »Hardcore-Grammatik-Nazi« nennen würde. Und ich wollte Hardcore-Grammatik, und sie verstand das und forderte mich aufs Äußerste. Meine Mutter erzählte mir Jahre später, dass die Nachhilfelehrerin ihr mal nach einer Stunde gesagt hätte: »Ich bin gespannt, wie weit ich Ihre Tochter noch pushen kann.« Sie war genau das, was ich brauchte.

Die deutsche Sprache zu erlernen erschien mir auch schon vor dem, was man heute wohl als Mobbing bezeichnen würde, als der einzige richtige Weg, doch das musste jetzt schneller gehen als geplant. Ich hatte neun Monate Zeit. Die Bedingung für die Aufnahme auf das Gymnasium war, dass ich am Ende des Schuljahrs Prüfungen in allen Fächern würde ablegen müssen. Wären die Noten nicht zumindest ausreichend, müsste ich das Jahr wiederholen.

Eigentlich war es nicht wirklich eine Bedingung, vielmehr ein

Plan. »Sie wird vielleicht nicht in einem Jahr, doch ganz sicher in zwei Jahren Deutsch lernen, insofern ist das überhaupt nicht schlimm, wenn sie wiederholt«, sagte der Direktor zu meinem Vater. Sie planten also ein, dass ich die fünfte Klasse wiederholen würde, damit ich zwei Jahre Zeit hatte, Deutsch so gut zu lernen, um mit dem Lehrstoff mithalten zu können.

Was für ein Plan war denn das? Das wollte ich nicht, wiederholen fand ich allgemein öde, geschweige denn ein ganzes Jahr. Außerdem hatte ich dringend ein paar Meinungen zu geigen, und dafür sollte man in derselben Klasse sein. Leute aus höheren Klassen waren immer etwas unantastbar, da war die bayerische Gymnasialrangordnung dem indischen Kastensystem nicht unähnlich.

Diese Möglichkeit, die ich erhalten hatte – und das wurde mir erst viel später bewusst –, war ein schier unglaublicher Glücksfall, vom Timing her müssen alle Planeten sehr günstig in meinem akademischen Laufbahnhaus ausgerichtet gewesen sein. Am 15. September 1981, also ein paar Tage nachdem ich ankam, eröffnete das nördlichste Gymnasium Münchens seine Türen. Ab dem Schuljahr 1982/1983 gab es dann die b. E., die besondere Eingangsklasse, die jene Kinder mit Extrastunden Deutsch förderte, die die Sprache nicht ganz beherrschten. Es war Direktor Scharfenberg, der mich förderte und von dem ich wusste, dass er auf meiner Seite war, dass er mir eine Chance gab, und auch deshalb wollte ich es nicht verbocken.

***

Unerschrocken, spontan und mit großem persönlichem Einsatz baute er die Schule auf und prägte sie über viele Jahre. Ein Schulleiter mit Rückgrat, Mut und Visionen, dem die Schule viel zu verdanken hat.

Das las ich in seiner Todesanzeige in der *Süddeutschen Zeitung* im Jahr 2012. Wie selten kommt es vor, dass man jedes Wort unterschreiben kann?

***

Wer nie Deutsch gelernt hat, macht sich keinen Begriff, wie verwirrend diese Sprache ist. Es gibt ganz gewiss keine andere Sprache, die so unordentlich und systemlos daherkommt und dermaßen jedem Zugriff entschlüpft. Aufs Hilfloseste wird man in ihr hin und her geschwemmt, und wenn man glaubt, man habe endlich eine Regel zu fassen bekommen, die im tosenden Aufruhr der zehn Wortarten festen Boden zum Verschnaufen verspricht, blättert man um und liest: »Der Lernende merke sich die folgenden Ausnahmen.« Man überfliegt die Liste und stellt fest, dass es mehr Ausnahmen als Beispiele für diese Regel gibt.

Das schrieb einer der Helden meiner Kindheit, Mark Twain, in seinem humoristischen Essay »Die schreckliche deutsche Sprache«, erschienen im Anhang des 1880 veröffentlichten halb fiktiven Reiseberichts *Bummel durch Europa*. Das mit den Ausnahmen stimmte, aber ich hatte ja keine Freunde, also wurde Auswendiglernen sozusagen zu meinem Hobby. Ansonsten aber fand ich persönlich sofort Gefallen an der deutschen Sprache – übersichtlich wie Äcker, die man aus dem Flugzeug sieht, und dabei wunderbar leicht wie eine Brise mit nur vier Fällen. Twain beschwerte sich über die Fälle, dass es sogar vier gibt, doch er war Amerikaner. Das Serbokroatische besitzt nicht vier, sondern sieben Fälle, neben Nominativ, Genitiv, Dativ und Akkusativ (meinem Lieblingsfall, es hört sich so schön anklagend an) auch noch:

Vokativ
Lokativ
Instrumental

Der Vokativ ist ein Ausruf. Wenn man Maria im Deutschen Maria nennt, wenn man sie anspricht, ist das bei uns anders: Wenn wir Marija ansprechen, tun wir dies mit »Marijo!« Deshalb nennt man baka, wenn man sie ruft, bako.

Der Lokativ sagt uns, wo, und mit dem Instrumental drücken wir wodurch und womit aus. Ich fahre mit dem Auto – *vozim autom*.

Schwieriger war die Sache mit den Artikeln. Das Serbokroatische besitzt keine, obwohl es männliche, weibliche und sächliche Substantive gibt, doch bei uns wird alles durch die Endung bestimmt, und mit der Endung wird auch dekliniert. Deshalb tun sich alle Jugos mit Artikeln schwer, in allen Fremdsprachen. Wenn es unbestimmte Artikel sind, werden sie oft weggelassen (»Ich brauche heute Auto, wir haben Fußballspiel gewonnen, ich habe Zug verpasst«), und wenn es sich um bestimmte Artikel handelt, wird es noch schwieriger. Als würde ich unter Alkohol immer mehr Sehnsucht verspüren, Jugo-Fehler zu machen, sage ich In-vino-Artikel-veritas-Stil nach drei Glas Wein:

»Au, ich habe mir den Knie angehauen.«

(*Glas hinter Glas und hinterm Glas die Wahrheit.* So sagt man bei uns.)

Bei uns sind zudem viele Geschlechter anders: das Sonne, die Buch, die Bild. Als mein Vater einen Bekannten ständig »die Michael« nannte und ich ihn korrigierte, das könne er jetzt unmöglich wirklich im Ernst falsch machen, denn wenn man einen Artikel checken muss, dann müsse das doch sicher der sein, der vor einem männlichen Vornamen stehe, antwortete er:

»Die Michael, ja und? Und was ist mit *das* Mädchen?«

Für meine Eltern war der Ortsname *Ober-pfaffen-hofen* symbolisch für die deutsche Sprache: lang, kompliziert, in einer Baden-Baden-Telefunkenmäßigkeit schrill, kompliziert und umständlich und gar nicht lieblich. *Oberpfaffenhofen* ist für undeutsche Ohren schon ein sehr langes Wort, für deutsche eher so medium-sized. Twain beklagte die Parenthesekrankheit und die daraus entstandenen Längen, die sich Wörter nennen und bei deren Anblick einem das Herz in die Hose rutscht oder der Wagen gegen die Wand knallt, wie meiner Mutter in einer Parkgarage beim Erblicken des Wortes *Schrittgeschwindigkeit*.

Die letzten Worte vor dem Aufprall waren: »*Was* soll ich fahren?«

Twain nennt es die Parenthesekrankheit, das unelegante Donaudampfschifffahrtsaneinandergereihe. Ich habe tatsächlich einmal ein Geschäft gesehen, das ein Schild mit der Kategorisierung »Fußbodenschleifmaschinenverleih« trug. Es macht einem Angst, denn es ist so überwältigend, dass man sich sicher ist, das niemals aufdröseln zu können: Wo hört das eine Wort auf, und wo fängt das nächste an?

»Manche deutschen Wörter sind so lang, dass man sie nur aus der Ferne ganz sehen kann. Man betrachte die folgenden Beispiele: ›Freundschaftsbezeigungen‹, ›Dilettantenaufdringlichkeiten‹ oder ›Stadtverordnetenversammlungen‹. Dies sind keine Wörter, es sind Umzüge sämtlicher Buchstaben des Alphabets«, schrieb Mark Twain.

Am schwierigsten und unlogischsten war die Rechtschreibung. Sprich, wie du schreibst, und lese, wie es geschrieben steht, so hatte Vuk Stefanović Karadžić, der wichtigste serbische Sprachreformer, es zusammengefasst. Im Deutschen war es anders, und man schrieb *eu* wenn man *oj* meinte. (Übrigens war Karadžić mit den Gebrüdern Grimm befreundet, und während er serbische Volksmärchen zusammenschrieb, übersetzte sein Freund Jacob Grimm 1824 *Die kleine serbische Grammatik*.) Doch auch die Rechtschreibung war nichts, das man nicht auswendig lernen konnte.

Und dann kam der Satzbau.

Twain schrieb darüber: *In deutschen Zeitungen bringt man das Verb erst auf der nächsten Seite, und ich habe gehört, dass die Leute manchmal, nachdem sie sich ein, zwei Spalten lang in aufregenden Präliminarien und Parenthesen ergangen haben, in Eile geraten und schließlich drucken müssen, ohne überhaupt bis zum Verb vorgestoßen zu sein, was natürlich dazu führt, dass der Leser in einem Zustand größter Erschöpfung und Unkenntnis zurückgelassen wird.*

Wenn ein Jugo also sagt: »Kann ich dir jetzt geben Rabatt, aber musst du dann nächste Mal mich lassen durch Tiff«[20], dann stellt er keine Frage, sondern macht eine Aussage. Er übersetzt Wort für Wort aus dem Serbokroatischen. Wieder: Nichts, was sich nicht begreifen ließe, und immer schön Personalpronomen benutzen. *Ich* arbeite. *Ich* lerne. *Ich* schaffe das. Ich bin wie eine Maschine, und ich gehe an die Sache mit deutscher Logik heran: Grammatik zuerst, als Fundament, dann folgt das Vokabular.

***

Irgendwann kam mir der Gedanke, dass mich die deutschen Kinder vielleicht deshalb nicht mochten, weil ich aus einem anderen Land kam und Ausländerin war. Ich selbst hatte an dem Tag, an dem ich Titos Pionierin wurde, Folgendes geschworen und bis heute nicht vergessen:

An dem heutigen Tag, an dem ich zum Pionier werde
Gebe ich mein heiliges Pionierehrenwort
Dass ich fleißig lernen und arbeiten werde
Dass ich meine Eltern und ältere Menschen achten werde
Und ein treuer und ehrlicher Freund sein werde
Dass ich unsere Heimat lieben werde, die selbstbestimmte

20 TÜV.

Sozialistische Föderative Republik Jugoslawien
Dass ich die Brüderlichkeit und Einheit bewahren werde
All ihrer Nationen und Nationalitäten
Und dass ich alle Menschen der Welt schätzen werde,
die Freiheit und Frieden wollen.

Man muss nichts mehr hinzufügen, um das heute lustig zu finden, vor allem die dritt- und viertletzte Zeile, dennoch lebe ich nach diesem Motto auch heute noch.

Dachten die etwa, ich gehöre nicht zu den Menschen dieser Welt, die Frieden und Freiheit wollen? Oder warum schätzten sie mich sonst nicht?

Bald. Bald würde ich verstehen, was sie tuschelten, und dann würde ich ihnen selbstbestimmt eine verbal mitgeben.

Die b. E.-Klasse, in die ich kam, war als helfendes Sprungbrett für Gastarbeiterkinder gedacht: Türken, Italiener, Griechen, eine Inderin und auch kleine Jugos wie mich. Wir alle hatten nach dem normalen Unterricht jeden Tag noch eine Stunde Deutsch, die in meinem Fall nicht viel brachte, weil ich ganz am Anfang stand und die anderen die Sprache schon sprechen konnten. Natürlich besuchte ich sie trotzdem, und in dieser Stunde fühlte ich mich wohl, denn hier machte sich niemand über mich lustig, und außerdem fand ich in der kleinen Inderin mit dem unfassbar schwarzblau glänzenden Haar, in dessen rechter Ecke neben dem Scheitel ich mich in einem Dreieck spiegeln konnte, sogar eine Freundin.

***

Mara kam zu Besuch. Sie konnte ja geschichtsbedingt Deutsch der wienerisch-leiernden K.-u.-.k.-Art, die sich ein Drittel Tschechisch und zwei Drittel Ungarisch anhörte. Sie fragte mich fröhlich:

»Kennen[21] Sie schon Deitsch sprrechn, kleines Freilein?«

Ich nickte.

»Dann sag was.«

»Nein.«

»Warum denn nicht?«

»Ich kann es noch nicht so gut.«

»Das macht doch nichts.«

»Doch. Das macht *alles.*«

Das mit dem Nichtkönnen war nicht die Wahrheit, ich konnte es schon, doch ich würde den Teufel tun und das Blut Jesu Christi ficken, fehlerhaft zu reden oder zu stammeln. Einmal in meinem Leben – das erste Mal eigentlich, aber »einmal im Leben« hatte so eine gewisse erwachsene Grandeur an sich – würde ich warten können. Außerdem schämte ich mich für mein abgehacktes Deutsch und für diese neue Stimme, denn: Jede neue Sprache gibt einem eine neue Stimme, nicht nur im übertragenen Sinn, sondern wortwörtlich, der Hauch, der den Mund verlässt, wird anders, weicher oder härter oder wärmer. Jedenfalls war mein unsicheres, stotterndes Deutsch nur meiner Hardcore-Grammatik-Nazi-Lehrerin vorbehalten.

»Ich übe – du übst – üüüüübst«, sagte sie überdeutlich, und aus *i* wurde *ui* und dann *ü*! Ich fand die zwei Punkte über dem *u* oberschick, wie den Anfang eines Marienkäfers. »Er/sie/es üüübt – wir üben – ihr üüübt – sie üben.«

»Üben« war ein super Wort.

Dann sing halt etwas auf Deutsch, sagte Mara.

Ich war so glücklich, dass sie da war, mit ihrer silberlila Frisur, ihren Perlen, ihrer Innigkeit und milden Wärme, fast so als hätte ich mein altes Leben wieder.

21 Können.

Okay, aber du darfst mich nicht sehen.

Und so würde ich mich ein Jahr lang hinter das Sofa setzen und deutsche Kinderlieder singen, gerade erst erlernt: »Froh zu sein bedarf es wenig, und wer froh ist ist ein König …« Oder auch, noch lieber: »Lustig lustig tralalala bald ist Nikolausabend da, bald ist Nikolausabend da.« (Ich brachte das, glaube ich, authentisch rüber, die Freude über den Nikolaustag war echt, es war nämlich mein Geburtstag.)

Das sang ich laut hinterm Sofa und hörte mir auch den Applaus hinter demselbigen an, denn wenn ich hervorgekrochen wäre, um mich mit Knicks dankend zu präsentieren, hätten sie mich gezwungen, noch eins zu singen, aber diesmal vor dem Sofa: »Komm schon, bleib hier.« Ich kannte doch meine Pappenheimer.

In meinem Kopf hatte ich in diesem ersten Jahr auf dem Gymnasium aber noch ein Lied, das ich aus meiner Kinderzeit in Jugoslawien mitgenommen hatte, für das ich eigentlich viel zu alt war, das aus irgendeinem Grund die ganze Zeit wie ein Mantra durch meinen Kopf waberte, ob ich wollte oder nicht: eine Art Durchhaltemusik.

Es hatte eine martialische Melodie, als befände man sich 1389 auf dem Amselfeld oder so etwas. Übersetzt besagten die Zeilen:

Es gibt eine schreckliche Höhle,
in der die Baba Roga lebt,
aber ich bin, wir verstehen uns doch,
ein sehr mutiges Kind,
und gerade deshalb habe ich entschieden,
ihr ihren Gott zu zeigen.
Ob sie nun existiert oder nicht,
eins ist klar: Sie fürchtet sich vor mir.

Die Baba Roga (auf Tschechisch, Slowakisch und Russisch Baba Yaga) ist eine bekannte Figur der slawischen Mythologie und eine Top-A-List-Märchengestalt. Sie ähnelt der Hexe, obwohl sie auch etwas von der lieblichen Waldfrau hat, doch sie ist böse und will einem Angst machen; man sollte sich vor ihr in Acht nehmen.

Aber ich bin – wir verstehen uns doch – ein sehr mutiges Kind.

Und gerade deshalb habe ich entschieden, der deutschen Sprache zu zeigen, wo der Hammer hängt.

Auf jeden Fall, selbst wenn sie nicht existiert, hat sie Angst vor mir.

Denn ich bin ein sehr mutiges Kind.

Im Elend, wie Mara sagte, erkennt man den Helden.

***

Zum ersten Mal in meinem Leben ließen mich meine Eltern einfach machen. Davor ließen sie mich nicht machen, nicht etwa weil sie Kontrollfreaks waren, sondern weil ich ein Kind war. Ich hatte jedenfalls immer das Gefühl, ein Kind zu sein. Jugo-Kinder werden nicht verwöhnt, eher übermuttert und übervatert und ganz und gar Kind sein gelassen, ohne den geringsten Sinn für Zeit, Geld, Verantwortung, Zukunft etc. Mädchen bekamen Seidenschleifen ins Haar gebunden. Doch jetzt war alles in meiner Hand. Ich war so selbstbestimmt wie die Sozialistische Föderative Republik Jugoslawien.

Ich genoss das volle Vertrauen meiner Eltern, dass ich es schaffen würde, und ich genoss ihre ganze Liebe. Doch was war mit ihnen? Wie hart war es für sie?

Bereuten sie den Entschluss? Vielleicht gehört es zum Kindsein, dass man sich solche Fragen besser nicht stellt.

***

Ich trat die Prüfungen am Ende des Schuljahrs an und bestand alle mit fliegenden Farben, wie der Engländer sagen würde. Meine Eltern waren stolz, ich war stolz (und voller Rachepläne), der Direktor war begeistert, die Lehrerschaft auch. Ich war so etwas wie das Wunderkind der Schule.

Nächstes Jahr schon, in der sechsten Klasse, würde ich anfangen zu reden und nie wieder aufhören, als ob das eine Jahr Schweigen zu einem so sensiblen Zeitpunkt in einem so komplexen Zusammenhang unter so besonderen Umständen stattgefunden hatte, dass es siebzig Jahre an Laberei verlangen würde, damit nicht alles in sich zusammenfällt.

Jedenfalls: geschafft. Und von da an war ich eine andere Person.

Ich sollte mir bald nichts mehr sagen lassen und alles diskutieren wollen und, als die Pubertät eintrat, nicht verstehen, warum ausgerechnet ich so strenge Südosteuropäer als Eltern hatte.

***

Kleine Pioniere, wir sind eine echte Armee,
wir wachsen jeden Tag wie das grüne Gras
Tod dem Faschismus und Freiheit fürs Volk
Auch mich wird meine Mutter Pionier nennen

Ziemlich Hardcore, oder? Obwohl: *Tod dem Faschismus* kann man nie früh genug brüllen.

***

Trotz voller Auslastung seitens mega-effektiver Spracherlernung zwecks superschneller Turbo-Integration hatte ich Zeit, einige Dinge zu beobachten, die mir fremd waren, die ich von meiner jugoslawischen Schule nicht kannte und deshalb bemerkenswert fand.

Da waren zunächst die farbigen Plastikumschläge für unsere Hefte: Braun für Erdkunde, Grün für Biologie, Gelb für Englisch, Rot für Deutsch. Das mit den farbigen Plastikumschlägen beeindruckte mich aus zwei Gründen: Alles hier war von Grund auf organisierter und strukturierter, und außerdem roch ich gern an Plastik. (Beruhigend war auch, dass die deutschen Marker und Kleber sehr gut rochen.) Hier gab es keine blauen Kittel und keine Schuluniform, was einerseits gut war, denn so konnte ich meine Garderobe vorführen, andererseits hätte durch Uniformen das modische Grauen der frühen achtziger Jahre effektiv unterbunden werden können. Dann benahmen sich die Kinder anders: erstens erwachsener und zweitens ob der antiautoritären Erziehung unverschämter. Sie kamen mir respektlos vor, in Jugoslawien mussten wir stets alle strammstehen wie die Pionierarmee, die wir waren. Locker-lässig war nicht.

Und selbstständig waren die deutschen Kinder, manche kamen allein mit der U-Bahn oder dem Fahrrad zur Schule! Klar, in Split war ich auch ohne Begleitung zur Schule gegangen, doch da handelte es sich um einen zehnminütigen Fußweg innerhalb eines Wohnkomplexes. Ab sofort wurden wir mit dem Auto zur Schule gefahren und wieder abgeholt, kein sehr cooler Umstand. Ach ja, und alle wollten immer das Fenster gekippt lassen, wo doch jeder weiß, dass der Durchzug eine nicht zu unterschätzende Gefahr darstellt.

***

Man kann meine Persönlichkeit in »davor« und »danach« einteilen. Vor der deutschen Schule/nach der deutschen Schule. Es machte mich zu dem, was ich bin. Vielleicht veränderte es mich auch nicht, womöglich zwang es mich nur, das zu erkennen, was schon in mir vorhanden war, um es im Eilverfahren zu verfestigen, wie etwas, das schnell geschmiedet werden muss.

Dinge, die mir in diesem Jahr klar wurden:

- Es ist egal was Menschen, die einem egal sind, von einem halten.
- Auch Kinder können Arschlöcher sein.
- Alle wachsen, doch nicht alle gewinnen dabei an Größe.
- Mit Arbeit und Fleiß kann man nicht alles erreichen, doch ziemlich viel.
- Man muss sein Talent fördern und dafür arbeiten.
- Das, was man nicht gerne macht, wie verficktes Häkeln, ist im Leben egal und wird auch immer egal bleiben. Man wird es nie brauchen, auch wenn Eltern/Lehrer/Mitschüler es behaupten. Einzige Ausnahme: Sprachen. Sprachen braucht man immer, und deshalb muss man sie richtig erlernen.
- Es gibt keine Ausrede für Feigheit.
- Trotz (ebenso Eitelkeit) kann ein Top-Motivator sein.
- Manche Rennen werden im Sprint gewonnen, aus vollem Herzen, mit stechender Lunge, mit schmerzenden Beinen, ohne lange nachzudenken: einfach machen und losrennen.
- Wohin auch immer es einen verschlägt – man kann es nicht nur zu seinem Zuhause machen, sondern sollte das auch wollen.
- Sein altes Zuhause nimmt man mit, es ist in einem drin und bewohnt die Seele und richtet sie so ein, wie es ihm passt.
- Doch: Neue Zuhause sind großartig.

Der Marschall

Als wir noch in Jugoslawien lebten, war mir bewusst, dass wir real im Kommunismus existierten, was auch immer das hieß. Der Kommunismus war einfach da, wie das Meer vor der Nase und der Geruch von Kaffee am Morgen und der von Benzin im Hafen und der rote fünfzackige Stern auf Titos Mütze, auf Fotos von Tito, überall. Man hörte jeden Tag *Kommunismus* hier, *Selbstbestimmung* da, und auch immer wieder den offiziellen Satzanfang: »Wie das Zentralkomitee der Kommunistischen Partei der Sozialistischen Föderativen Republik Jugoslawien bekanntgab …« Was das hieß, wusste ich nicht genau, aber ich hätte es mitten in der Nacht so auswendig wiedergeben können wie heute »Zu Risiken und Nebenwirkungen fragen Sie Ihren Arzt oder Apotheker«.

Ich wusste ungefähr, was Kommunismus bedeutete: dass Freiheit und Einigkeit und Brüderlichkeit wichtig waren, dass alle Arbeit hatten, dass Arbeiter Rechte hatten, dass sie nicht ausgebeutet wurden, dass sehr viele Frauen berufstätig waren und genauso viel verdienten wie Männer, dass aber zum Beispiel Ärzte nicht unbedingt mehr verdienten als Metallarbeiter, weshalb man Ärzten bei wichtigen Besuchen gerne mal einen geräucherten Schinken oder eine schöne Flasche Cognac mitbrachte. Ich wusste auch, dass es bei uns nicht so tolle Sachen zu kaufen gab wie im Westen, dass sich Schlangen vor den Geschäften bildeten, aber ob das mit dem Kommunismus zusammenhing? Keine Ahnung.

Was ich nicht wusste, war, dass es auch eine andere, nicht so schöne Version des Kommunismus gab, und zwar in den Ländern des im Westen sogenannten Ostblocks. Dort diente der Kommunismus als Instrument der Unterdrückung und Unfreiheit.

Wann immer ich später »im Westen« erwähnen würde, meist beiläufig, dass ich im Kommunismus aufgewachsen und zur Schule gegangen bin, hörte ich stets ein scharfes Einatmen und dann so etwas wie Erleichterung oder Respekt, dass ich ja doch ganz normal geworden bin dafür, was mich wiederum wunderte, denn alles bei uns war ja normal gewesen. Den Kapitalismus hatte ich nie als Feind angesehen, so wurde es nicht propagiert; man klopfte sich bei uns lieber selbst auf die Schulter, statt andere anzufeinden. Bei meinen Freunden aus dem Westen verhielt es sich etwas anders: Das Wort »Kommunismus« war ein böses und stand für Unfähigkeit, Unterdrückung und womöglich Ungekämmtheit.

Drug Tito hatte dafür gesorgt, dass unser Kommunismus ein lebenswerter war, und wir schworen ihm singend, nicht von seinem Weg abzukommen: *»Druže Tito mi ti se kunemo …«* Genosse Tito, das schwören wir dir, nicht von deinem Weg abzukommen. Ha. Das haben wir mal ordentlich verbockt, nicht nur so ein bisschen, sondern so richtig und für die nächsten zwei Generationen gleich mit. Sein Weg: Tito hatte sich 1948 erfolgreich gegen Stalin aufgelehnt und fortan Jugoslawien als blockfreien Staat geführt, er ist den »dritten Weg« gefahren, wie ein Skifahrer im Slalom zwischen Ost und West, zwischen Kapitalismus und Kommunismus durchgesteuert, am Grund brodelnd heiß, doch an der Oberfläche stets angenehm lauwarm, auch im Kältesten Krieg.

Schon während des Zweiten Weltkriegs, in dem er mehrere Male nur knapp dem Tod entging – Hitler hatte auf seinen

Kopf 100 000 Reichsmark in Gold gesetzt –, sah Tito voraus, wie wichtig es sein würde, dass die Befreiung nicht von den Alliierten, sondern von der AVNOJ[22] selbst kam, also vom Volk. So blieb man niemandem etwas schuldig, auch keinem grimmigen schnauzbärtigen Genossen.

Außerdem ging es Tito auch um eine intakte Moral:

»Leute, unser Weg zur Freiheit muss sauber sein«, wiederholte er stets.

Gegen Stalin aufgelehnt – hört sich als Halbsatz so easy hingepfeffert an, war es aber nicht. Es war wahrscheinlich das eine entscheidende Ereignis, das den Kurs meines Landes und all seiner Leute bis zu den Kriegen in den neunziger Jahren, wo wir es dann ordentlich verbockten, positiv beeinflussen sollte. Es ist eine höchst unwahrscheinliche Erfolgsgeschichte, ein David-gegen-Goliath-Akt.

Das Verhältnis zwischen Stalin und Tito war kurzweilig und lange bestehend, es reichte bis in die dreißiger Jahre zurück. Tito wurde 1937 von der Komintern (Kommunistische Internationale, ein internationaler Zusammenschluss kommunistischer Parteien) zum Generalsekretär der 1919 gegründeten KPJ (Kommunistische Partei Jugoslawiens) ernannt und verbrachte danach einige Zeit in Moskau. Nach dem Zweiten Weltkrieg wollte er seinen eigenen Weg des Sozialismus realisieren, den mit der Selbstbestimmung. Josef Stalin wollte davon nichts wissen, 1948 kam es zum Streit und schließlich zum Bruch. Stalin versuchte daraufhin, die KPJ gegen Tito aufzuhetzen, was

22 Antifašističko v(ij)eće narodnog oslobođenja Jugoslavije, kurz AVNOJ, zu Deutsch: Antifaschistischer Rat der Nationalen Befreiung Jugoslawiens. Das waren die Jungs, die unter anderem in Jajce die SFRJ gegründet haben.

ihm nicht gelang. Er drohte ihm darauf in der *Prawda* öffentlich mit Mord, dann lud er ihn in bester Psychopathenmanier nach Moskau ein, um »die Differenzen freundschaftlich zu besprechen«, was Tito dankend und überlebenswillig ablehnte. Am 29. November 1949, dem jugoslawischen Nationalfeiertag, rief die Komintern offen zum Sturz von Tito auf, vergeblich. Nicht nur unterschrieb Tito den Warschauer Pakt nie und entschied unabhängig von der Sowjetunion, sondern gründete 1961 in Belgrad zusammen mit Ägyptens Staatschef Gamal Abdel Nasser und dem Inder Jawaharlal Nehru die Bewegung der Blockfreien Staaten.

Das ist die an der Selbstbestimmung aufgehängte, nicht unwahre, doch recht oberflächliche Variante des Zerwürfnisses zwischen Tito und Stalin. Die ganze Geschichte ist viel komplexer und zeigt, wie die Gemüter zweier Männer so viele Leben beeinflussen können.

Stalin, der Titos Guerillakampf an der Spitze der jugoslawischen Partisanen zuerst nicht ernst genommen und sogar behindert hatte, konnte den Partisanen nie verzeihen, dass sie ihr Land selbst befreit hatten. Er störte sich daran, dass die bockigen Genossen, die jetzt dort unten auf dem Balkan herrschten, nicht von ihm eingesetzt worden waren, obwohl sie aus tiefster innerer Überzeugung ideologisch linientreu waren wie keine zweiten. Sie waren aber nicht seine Schöpfung, da half es auch wenig, dass sie erst in den Krieg gezogen waren, als Russland überfallen wurde.

Hitler überfiel Jugoslawien am Karfreitag, dem 6. April 1941. Ohne Vorwarnung oder Ultimatum warf die Luftwaffe 382 Tonnen Sprengstoff auf Belgrad und 448 Brand- und Splitterbomben; Tausende starben, vielleicht 2 000, vielleicht 10 000, vielleicht 30 000 Menschen. Fast die Hälfte aller Häuser wurde zerstört, 9 000 von 20 000. Zerbombt wurden auch weite Teile der historischen Altstadt, das Regierungsviertel, mehrere Kirchen, darunter die Markuskirche am Tašmajadan, mehrere Synagogen und der Zoo im Garten der Guten Hoffnung. Am 12. April fiel Belgrad.

Als am 22. Juni Hitlers Heer in Russland einfiel, beschloss die KPJ unter Titos Führung noch am selben Tag, den Partisanenkrieg zu beginnen, denn *das Zentralkomitee hielt fest*: »Der Eintritt in den bewaffneten Kampf gegen die Okkupanten ist eine Verpflichtung gegenüber dem Ersten Land des Sozialismus.« Bereits am nächsten Tag wurde ein Anschlag auf die Eisenbahnstrecke Zagreb-Belgrad verübt. Dieser läutete den vierjährigen Partisanenkrieg ein, bei dem über eine Million Menschen aus Jugoslawien ihr Leben verloren.

Dabei kämpfte Tito nicht nur gegen die Deutschen, sondern auch gegen die königstreuen Nationalisten, die serbischen Tschetniks und die Ustaschas, ihre kroatischen Pendants. Doch Moskau unterstützte ausgerechnet die Tschetniks um General Draža Mihailović und verweigerte Tito nicht nur die Hilfe, sondern verbot der sowjetischen Propaganda sogar, die kommunistische Partisanenbewegung zu erwähnen.

»Wenn ihr mir schon keine Hilfe schicken könnt, dann behindert uns wenigstens nicht«, funkte Tito wütend nach Moskau. Am anderen Ende der Leitung interessierte das nicht.

»Das Seltsamste an diesem seltsamen Krieg der jugoslawischen Kommunisten war, daß er fast von Anfang an gegen den ausdrücklichen Wunsch Moskaus geführt wurde«, schrieb der Jugoslawien-Experte Ernst Halperin 1983 im *Spiegel*.

Stalins Interesse an Tito erwachte erst 1943, und das nur, weil die Briten ein Interesse an ihm zeigten. Winston Churchill schickte im Mai 1943 seinen Sohn Randolph und den Schotten Fitzroy Maclean, auf dessen Person zu großen Teilen James Bond basieren soll, per Fallschirm zu Tito und den Partisanen.

Die beiden blieben monatelang, freundeten sich mit ihnen an, kämpften an ihrer Seite und berichteten nur Gutes nach Hause, weshalb sich die Briten entschlossen, den Partisanen zu helfen, und weshalb sich die Amerikaner bald den Briten in dieser Sache anschlossen.

Nach dem Krieg wollte Stalin, weil er ein ein perverser Quälgeist war und außerdem unzufrieden damit, dass die SFRJ nicht seine Schöpfung, ihre Wirtschaft bestimmen. Ein erprobtes Instrument der Ausbeutung waren sogenannte gemischte Gesellschaften, die schon in anderen Ländern (Rumänien, Bulgarien, Ungarn) eingesetzt worden waren und einwandfrei funktionierten, denn hier war nichts mit gemischt, das Sagen hatten die Sowjets. Für alle diese gemischten Gesellschaften forderte Moskau Exterritorialität, das heißt, sie sollten außerhalb des Wirkungsbereichs jugoslawischer Gesetze stehen – Bedingungen, die typisch für die Beziehungen zwischen Imperatoren und ihren Kolonien waren. In Jugoslawien sollte auch eine Bank entstehen, die aber nicht als gemischte Gesellschaft, sondern als rein sowjetische fungieren und Jugoslawiens Währung und Wirtschaft kontrollieren sollte, indem sie sämtliche Geldgeschäfte sowie den gesamten Handel zwischen der Sowjetunion und Jugoslawien kontrollierte und abwickelte.

Tito lehnte all das dankend ab. Die Russen sahen dies als feindseligen Akt an. Vor dem endgültigen Bruch sollten nach langem Hin und Her noch zwei von ihnen initiierte Gesellschaften entstehen, die das volle Ausmaß der Konsequenzen aufzeigten: die Justa (Fluggesellschaft) und die Juspad (Flussschifffahrtgesellschaft, mit schönen Grüßen an Mark Twain). So hätten wir gelebt, hätte Tito nicht abgelehnt: Die Justa übernahm alle internationalen Verbindungen und die lukrativsten nationalen Flüge, so dass die JAT (steht für Jugoslovenski Aerotransport, also die nationale Fluggesellschaft) nicht mehr viel zu tun hatte. Der Gewinn ging zu 90 Prozent nach Moskau. Die Juspad gestaltete sich so: Die Sowjets übernahmen einfach die gesamte jugoslawische Donauflotte und setzten kein einziges eigenes Schiff ein. Diese beiden Gesellschaften hielten nicht lange, denn schon bald kam es zum Bruch.

Es war nur richtig und logisch, dass Tito aufmuckte. Und doch: Es war Stalin. Es waren 16 Millionen gegen 180 Millionen. Erstaunlich, dass Tito es trotzdem tat, und noch erstaunlicher, dass es ihm gelang.

Denn Stalin trachtete Tito tatsächlich aktiv nach dem Leben und versuchte mehrmals, ihn ermorden zu lassen. Als er 1953 starb, fand man in seinem Schreibtisch einen Brief, geschrieben von Tito:

> *Hör auf, Leute zu schicken, die mich töten sollen. Wir haben schon fünf von ihnen gefangen, einen davon mit einer Bombe und einen anderen mit einem Gewehr … wenn du nicht aufhörst, Killer zu schicken, werde ich einen nach Moskau schicken, und ich werde keinen zweiten schicken müssen.*

Im Jahr 2000 veröffentlichte das Woodrow Wilson International Center for Scholars (ein US-Think Tank) eine Sammlung bis dahin geheimer Archive des Kalten Kriegs, darunter ein Top-Secret-Dokument des sowjetischen Ministeriums für Staatssicherheit, das direkt an Stalin adressiert war und drei Szenarien festlegte, in denen ein Agent namens »Max« Tito töten soll. Im ersten Szenario sollte Max anlässlich einer Privataudienz in seiner Kleidung versteckte Lungenpestbakterien verbreiten, die nicht nur Tito, sondern auch alle Anwesenden beseitigt hätten (Max selbst hätte vorher ein Serum dagegen eingenommen). Im zweiten Szenario sollte er in der Jugoslawischen Botschaft in London Tito mit einer Pistole erschießen, mit dem

Schuss wäre auch Tränengas freigesetzt werden, mittels dessen er hätte fliehen können, und das dritte Szenario scheint ebenfalls einem Agententhriller entliehen zu sein: Max, der später übrigens Archivar wurde, sollte Tito bei einem offiziellen Empfang in Belgrad töten.

Der slowenische Historiker Jože Pirjevec spricht in seinem 2011 erschienenen Buch *Tito in tovariši* (»Tito und Kameraden«) sogar von zweiundzwanzig Mordversuchen. Und in Titos Brief sieht er nicht nur eine leere Drohung. Nach Pirjevec soll Tito Stalin vergiftet haben, weil er wusste, dass der mit den Mordversuchen nicht aufhören würde, bis er erfolgreich war. Pirjevec hatte Zugang zu bis dahin unbekannten jugoslawischen Archiven und beruft sich darauf, dass Stalin in der Zeit zwischen seinem Auffinden und seinem Tod mehrfach Titos Brief erwähnt haben soll.

Stalin hätte nach Titos Tod natürlich ganz Jugoslawien plattgemacht. Bei einem Belgrad-Besuch 1957 fragte Sowjetmarschall Georgi Schukow Tito: »Weißt du, Genosse, dass wir euch 1951 erledigen wollten?«

Darauf Tito: »Weißt du, Genosse, das hat Hitler auch gewollt.«

***

Der Bruch zwischen Tito und Stalin. Das Ende der Vierzigerjahre des letzten Jahrhunderts, als ich noch nicht einmal ein Gedanke war. Diese Ereignisse, die so weit in der Vergangenheit zu liegen scheinen und doch nur zwei Jahrzehnte vor meiner Geburt stattfanden, hatten Einfluss auf das Leben von Millionen Menschen, auf meine Großeltern, Eltern, meinen Bruder, meine Freunde, meine Lehrer, auf alle, die ich kannte. Hätten die Russen Jugoslawien befreit, hätte sich Tito nicht von Stalin losgesagt, wäre einer von Stalins Anschlägen erfolgreich gewesen[23] – ich weiß nicht, ob ich in den frühen Achtzigern in einem Klassenzimmer im Münchner Norden gesessen hätte. Und wenn doch, dann durch Umwege, auf jeden Fall wäre dazu eine Flucht nötig gewesen. Womöglich hätten sich meine Eltern während einer ihrer Reisen abgesetzt, wie so viele DDR-Bürger, die nie wieder nach Hause durften, nicht zu Taufen, nicht zu Hochzeiten, nicht in den Sommerferien, nicht »eine Woche im Herbst«, nicht zu Begräbnissen. Wenn wir früher Ungarn oder Ostdeutsche sahen, die bei uns am Meer urlaubten, spürte ich, dass ihnen von den Erwachsenen Mitleid entgegengebracht wurde. Und wollte ich wissen, warum, hieß es: »Pssscht, lass die armen Leute, die dürfen gar nichts.«

Das Lebens-Timing wollte, dass ich hier in München, da ganz rechts, ganz unten im Land das Kartenlese-Alter erreichte. In jedem Leben ist das ein wichtiges Ereignis, und eines, das sehr geschlechterspezifisch eintritt –, denn wenn Jungs etwas früher können als Mädchen, dann: Karten lesen. Im Unterricht wurden die zusammengerollten Landkarten mit so einem kräftigen *Wusch* heruntergezogen, wie ein Espresso für zwölfjährige Membrane zum Aufwachen, und danach wurde mit einer ausfahrbaren Antenne auf die Karte geklopft, und es wurden Gebiete umkreist, die man benennen sollte, und wenn keiner die Antwort wusste, wurde noch einmal gekreist, und etwas dynamischer geklopft. (All das, was die Erdkundelehrerschaft an Modegespür vermissen ließ, machten sie mit ihren Unterrichtsaccessoires wieder wett.) Und da sah ich, dass neben München,

23 Nikita Chruschtschow gratulierte Tito 1955 bei einem Staatsbesuch persönlich zu seinem Überleben und entschuldigte sich für Stalins Mordversuche. »Sie haben gut daran getan, sich zu schützen. Sie hatten guten Schutz und gute Informanten.« Tito erwiderte: »Stalin wusste, dass ich gut geschützt bin. Nach vielen Warnungen meinerseits hat er wohl ein bisschen Angst bekommen.«

ein, zwei Finger weiter rechts, die damals noch nicht ehemalige DDR lag. Da war sie also, direkt daneben rechts oben auf der BRD, Bonn links, Berlin rechts. Es waren zwei Deutschlands (Deutschländer?) nebeneinander. Interessant, die grenzten also aneinander.

Wir waren in dem besseren Deutschland. Das erfuhr ich so: Die DDR hatte ich bis zu unserer großen Reise nur als Ostdeutschland gekannt. Dass es einen Unterschied gab, war mir schon klar, jedoch überhaupt nicht, wofür was stand und vor allem nicht, ob München im Osten oder im Westen lag. Als ich während der Fahrt meinem Vater diese Frage stellte, bekam er einen Koller und fing an zu toben, Ostdeutschland wäre ja noch schlimmer als Jugoslawien, wieso sollte man dahin ziehen, da kann man gleich nach Rumänien oder sich erschießen, so was Idiotisches.

Nun gut, kein Grund, derart auszuflippen, dachte ich. Ich kannte die beiden Bezeichnungen nur von Sportübertragungen, von Leichtathletik-Wettbewerben oder der Olympiade. Zwischen den ostdeutschen und westdeutschen Sportlern konnte ich aber auf Anhieb keine großen Unterschiede erkennen, sie waren sich frisurentechnisch sogar recht ähnlich. Beim Sport war Ostdeutschland immer angezeigt als GDR (German Democratic Republic) und die BRD als FRG (Federal Republic of Germany). Bei uns hießen sie offiziell NDR (N(j)emačka Demokratska Republika) und SRN (Savezna Republika N(j)emačka), und weil das alles viel zu verwirrend war, nannte man sie östliches und westliches Deutschland.

Ich wusste nicht so recht, was in der DDR abging, aber hier im Westen gab's viel Neues: Nicole, ein bisschen Frieden, Pershing II, Reagan, FJS, Dallas, Grüne (oder »die Griene«, wie mein Vater immer etwas verächtlich sagte), Jojos, Kassetten, Walkmen, *Formel Eins* (die Musikvideosendung, nicht der Rennsport),

Stefanie Tücking und Ingolf Lück, Dadada und Ska, *Hitparade* auf Bayern 3 freitags um sechs, Karottenjeans, Plastikohrringe, Haarspray, Penatencreme auf den Lippen, Rubiks Zauberwürfel, Cherry Cola, Space Invaders, Atari, Donkee Kong, Pac-Man, Game Boy, Strähnen, die wie Rattenschwänze an Jungenköpfen herunterhingen, Flötenunterricht.

***

Die kleine Inderin und ich freundeten uns schnell an, auch weil sie genauso schlecht flötete wie ich. Das sahen wir einander gleich an. Im Musikzimmer gab es eine große Palme und genau dahinter zwei Stühle, in die wir uns nebeneinander quetschten.

»Wer flötet denn da so falsch?«, fragte die nette Musiklehrerin mit den Schnittlauchhaaren, wenn sie das Fiepen eines schwachen, kranken, jugo-indischen Spatzen hörte. Meist flöteten wir erst gar nicht mit, denn dank der Palme taten wir oft einfach nur so als ob. Doch wenn wir es taten, klang das deutlich anders als bei den deutschen Kindern – als würden sich unsere Akzente auch im rudimentären Musizieren fortsetzen.

Die Lehrerin für Handarbeiten war nicht so nett, und sie wollte über nichts hinwegsehen. Sie hasste mich, das sah ich in ihren zapfigen Blicken, als würde am Horizont die Bura aufziehen, wenn ich auftauchte. Ich konnte nichts – weder häkeln noch stricken noch basteln –, denn ich hatte immer schon zwei linke Hände gehabt und keine Lust, sie zu benutzen, außer um Seiten umzublättern.

Wenn sie auf den Rücken fällt, bricht sie sich die Nase. So sagt man bei uns.

Wir hatten in Jugoslawien keinen vergleichbaren Unterricht gehabt, also war ich nicht nur untalentiert, sondern hatte zudem noch vier Jahre weniger Übung im Handarbeiten. Doch darf ein

Lehrer einen Schüler hassen, weil er schlecht in seinem Fach ist? Mich hasste auch kein Mathematiklehrer, obwohl ich darin nicht gut war. Einmal, als ich ihr eine verhunzte Puppe präsentierte, zischte sie mich an:

»Habt ihr das bei euch im Kommunismus nicht gelernt?«

»Nein, wir haben in der Zeit ein weiteres Alphabet gelernt.« Das habe ich zwar nicht geantwortet, tue ich aber hiermit an dieser Stelle. Mir blieb das verachtungsvolle *bei euch im Kommunismus* im Ohr haften wie eine Zecke. Was konnte sie nur gegen uns im Kommunismus haben? Ihre Feindseligkeit interessierte mich, denn mit einem Mal war mir klar, wer sie war. Ganz erstaunlich fand ich das: Wie ein Blick, ein Satz eine Person recht genau skizziert, wenn man im richtigen Moment aufblickt, hinsieht und zuhört. Es reicht eine dünne Scheibe, um zu wissen, wie der ganze Schinken schmecken wird. (Der Kanadier Malcolm Gladwell hat daraus in den neunziger Jahren sogar eine erfolgreiche Theorie entwickelt, *Thin Slicing* nannte er das. Freilich: Mein kroatischer Großvater hat mir das schon in den Siebzigern vermittelt.)

Im Fall der Handarbeitslehrerin reichte diese eine Scheibe, um zu merken, dass sie das war, wofür ich noch kein Wort hatte, denn weder mein Gehirn noch mein Vokabular waren damals so weit: ausländerfeindlich. Und in dieser dünnen Scheibe schmeckte man auch, wie sehr sie es hasste, an dieser liberalen Schule den ganzen fremdartig aussehenden Kindern etwas beibringen zu müssen. Ich weinte jeden Mittwochabend, denn am Donnerstagmorgen hatten wir Handarbeiten. Für viele ihrer Stunden schrieben mir meine Eltern Entschuldigungen beziehungsweise ließen mich die Entschuldigungen schreiben. Einmal machte baka Mara den »Jugo-Betrugo« und strickte und häkelte was Feines, doch die Lehrerin zerriss die Ergebnisse vor der ganzen Klasse und schrie:

»Das hast du nicht selbst gemacht. Das ist zu gut. Das ist Betrug!«

Man sollte sich nicht bei ihr aufhalten, denn die Mehrzahl der Lehrer war toll, obwohl sie angezogen waren, als wären sie bei »den Grienen«.

***

Zu dieser Zeit las ich in einer deutschen Zeitung etwas über den »Diktator Tito«. War das so etwas wie »Genosse Tito«? Die genaue Bezeichnung war »Glamouröser Diktator«. Eins der beiden Wörter war schlecht – doch welches?

***

Am 3. Januar 1980 kam Der Glamouröse Diktator in ein Krankenhaus in Ljubljana. Das ganze Land war noch benommen von den Feierlichkeiten zum Jahreswechsel, sogar Kinder hatten einen Zuckerkater. Silvester war bei uns das wichtigste Fest, das, das alle feierten, und wir Kinder liebten es, weil es an Silvester Geschenke gab, die von D(j)eda Mraz (Opa Frost) kamen, so wie das Christkind an Weihnachten in Deutschland Geschenke bringt. (Diesen Brauch würden wir übrigens nie annehmen, das mit den Geschenken an Weihnachten, weshalb ich die Frage: »Und, bist du schon im Weihnachtsstress?«, immer wahrheitsgemäß mit »Nein« beantworten kann.)

Tito, der Silvester 1979 noch im serbischen Karađorđevo gefeiert und sein Glas »auf das Glück und die Prosperität unseres Landes, auf eure Gesundheit, lasst uns leben!« erhoben hatte, litt an einer chronischen Erkrankung der Blutgefäße, sein Bein wurde nicht mehr ausreichend mit Blut versorgt, von einer schweren Thrombose war die Rede. Das Bein wurde amputiert, die Operation gelang, doch nun war die Durchblutung der Nieren das Problem. Eine künstliche Niere wurde eingesetzt, er wurde dialysiert mit der Folge, dass die Gehirndurchblutung nur eingeschränkt erfolgte. (Er löste sich auf, wie das Land, das er regiert hatte, es nicht einmal ein Jahrzehnt später tun würde.) Er verlor immer wieder das Bewusstsein. Sein Arzt Pavle Lalević schrieb später in seinem Buch *Mit Tito durch die Welt* auf, Tito hätte im Wahn auf Deutsch und Russisch gefaselt, war er wach, soll er Whisky getrunken (Chivas Regal, mit Sodawasser verdünnt) und Zigarren geraucht haben, die ihm Fidel Castro geschickt hatte.

Die Ärzte gaben in diesen Wochen knappe, optimistische Kommuniqués heraus. Kinder schrieben Tito Briefe, denn auch wenn man gerade kein rotes Tuch und die blaue Kappe mit dem roten Stern trug (was meines Erachtens viel zu selten vorkam, nämlich fast nie), war man Titos Pionier, und als Titos Pionier liebte man Tito. Wahrscheinlich, ich weiß es nicht, hatte man Tito zu lieben, umso besser also, dass wir es taten, wahrhaftig und ehrlich und tief.

Sanja Mišović schrieb aus Belgrad: »Sie wissen nichts über mich. Aber ich weiß viel über Sie. Ich lerne es in der Schule, im Fernsehen. Schreiben Sie mir, falls Sie etwas zu essen oder Geld brauchen.«

Oder:

»Ohne Sie bin ich wie ohne Vater und Mutter.« Milica Đorđević, Batočina.

Dann, am 1. Mai, dem Tag der Arbeit, verlas man ein Kommuniqué, das sich nicht so gut anhörte.

Am 4. Mai 1980 stirbt Tito.

Die goldenen Jahre sind vorbei.

Es folgen graue Jahre und dann bitterschwarze und rote und schlammfarbene.

***

Nur ein Jahr nach Titos Tod verkünden meine Eltern, dass wir Jugoslawien verlassen. War sein Tod der Auslöser? Als sich mein Zeitempfinden weiterentwickelte und ich verstand, dass ein Jahr gar nicht so ewig lang ist, als ich die Jahreszahlen 1980 und 1981 nebeneinanderstehen sah, kam mir der Gedanke: Tito tot, wir weg. Wie klug und vorausschauend von meinen Eltern. Doch als ich sie einmal, sicher zwanzig Jahre nach der Ankunft in Deutschland, danach fragte, beiläufig, eher als Bestätigung, sagten sie beinahe entrüstet:

»Nein! Das eine hatte nichts mit dem anderen zu tun, reiner Zufall.«

Fakt ist: Hätten sie nicht das Jahr 1981 gewählt, wären wir später weggezogen, denn spätestens als die Kriege begannen, wären wir gegangen, dessen bin ich mir sicher, und dann hätten wir zum Umzugsschmerz auch noch den Flüchtlingsblues jaulen müssen.

***

Doch zunächst: Der 4. Mai 1980 ist ein Sonntag. Meine Mutter schreit vom Balkon, als mein Vater und ich aus dem Auto steigen, die Sonne steht hinter ihr, wir verstehen sie nicht, dabei plärrt sie, als würde sie eine Hochzeit verkünden. Als mein Vater endlich begreift, was sie da ruft, bleibt er stehen. Auch ich bleibe stehen, gucke zu ihm hoch, sehe, wie er das Meer ansieht und sagt: »Ich weiß auch nicht, wie das sein kann.« Wie kann jemand, der größer ist als das Leben selbst, sterben?

Er lässt seine Schläger fallen. Dann gehen wir langsam ins Haus, unser ganzes Leben umgestülpt.

Alle spielenden Kinder von Ljubljana bis Sarajevo, von Split bis Skopje, von Belgrad bis Zadar werden hineingerufen.

»Warum?«

»Sofort rein, frag nicht.«

Sirenen heulen.

Menschen auch, aber leiser.

Die Zeit wurde zähflüssig wie harter Honig. Alle weinten, Omas und Verkäufer und Kinder und Matrosen auf Schiffen, salutierend vor dem Radio: »Ein schwerer Schmerz und eine tiefe Trauer erschüttert die Arbeiterklasse, alle Bürger der SFRJ, jeden unserer Menschen, jeden Arbeiter, Intellektuellen, Pionier, Soldaten, jede Mutter und jedes Mädchen.«

Das war die offizielle Aussage des Zentralkomitees, und die verstand ich.

Heute behaupten manche, die darauf bedacht sind, nicht als Jugonostalgiker gesehen zu werden, dass sie nicht geweint haben und nicht traurig gewesen wären, nein, dass sie sogar gefeiert hätten. Das ist gelogen. In diesem Moment waren alle erschüttert, und man muss kein Tito-Freund sein, um zuzugeben, dass in seinem Tod das ganze Land vereint und still innegehalten hat.

***

Am 4. Mai 1980 wird wie jeden Sonntag Fußball gespielt, gleich um die Ecke von uns: Hajduk Split gegen Roter Stern Belgrad. In der einundvierzigsten Minute rennt ein Mann aufs Feld, die Nachricht verbreitet sich, und 50 000 Menschen fangen an, aus voller Kehle zu singen: »*Druže Tito mi ti se kunemo*, Kamerad Tito, wir schwören dir, dass wir von deinem Weg nicht abkommen werden …«

Und wir weinten, als würden wir um unsere Zukunft heulen.

Tags darauf, der 5. Mai, schrieben wir in der Schule nur mit schwarzer Tinte, während sich der Blaue Zug in Bewegung setzte, jener Zug, den Tito immer während seiner Reisen genutzt hatte, in dem er Staatsgäste unterhielt und der ihn nun durch sein Land fuhr nach Belgrad, und an jedem Bahnsteig standen stumme, weinende Menschen.

Ich glaube, so leise waren wir in unserer gesamten Geschichte noch nie gewesen.

Ein letztes Mal standen wir noch so da, Hand in Hand, vereint in Brüderlichkeit und Einheit, als würden wir ihm den Gefallen tun: Da, schau uns an, wie wir sind, bevor wir zu dem werden, was wir weder unseren Nachkommen noch uns selbst je erklären können werden.

Was wird jetzt sein? Geht die Welt unter? Ja, dieser Teil der Welt, in dieser Ecke der Erde. Unsere Welt. Das Leben, wie wir es kannten, war mit einem Mal nicht mehr, und das hatte das Zentralkomitee verdammt richtig festgehalten.

***

In den nächsten Tagen verabschieden sich die Menschen zu Tausenden von Tito, der im »Haus der Blumen« in Belgrad aufgebahrt liegt, von Kindern bis hin zu salutierenden Greisen in Uniformen aus dem Ersten Weltkrieg. Am 8. Mai, einen Tag nach Titos Geburtstag, findet die größte Beerdigung des 20. Jahrhunderts statt. Gekrönte Häupter, Indira Gandhi, Margaret Thatcher, Jimmy Carter, Helmut Schmidt, Jassir Arafat, Leonid Breschnew – alle besorgt, respektvoll, traurig, bedrückt, und nebenbei wurde eine Menge Business erledigt.

Dennoch: Zum ersten Mal in der Geschichte dieses Landes funktioniert alles einwandfrei.

Der Regisseur der Veranstaltung, erstaunt über den perfekten Ablauf, erzählt in einem Dokumentarfilm, dass es geplant war, nicht zu übertragen, wie der Sarg gesenkt wird: »Nicht auszudenken, wenn dabei etwas schiefgegangen wäre. Das hätte seltsam ausgesehen.«

Also war die letzte Aufnahme der Kamera ein Monument von Meštrović, das auf dem Kalemegdan in Belgrad steht: »Der Sieger«.

***

Die Beziehung zwischen Tito und Meštrović war eine komplizierte gewesen. Beide waren Kroaten, Bauernsöhne, beide verbrachten einige Zeit in Wien. Doch Meštrović unterhielt nach dem Zweiten Weltkrieg Beziehungen zu kroatischen Nationalisten und war zutiefst religiös. Er war aber auch genauso stur wie Tito, der immer verlangte, Meštrović solle nun endlich aus den USA zurückkehren, und letzterer dies immer wieder ablehnte und Tito sogar öffentlich in den amerikanischen Medien kritisierte.

Am 28. Juli 1959 treffen sie sich auf der Insel Brioni.

Beide tragen weiße Anzüge.

***

Weiße Anzüge waren Titos Ding. Als Kind wollte er Schneider werden, weil er feine Kleidung liebte, und seine erste Anstellung, die eines Kellners, nahm er an, weil er die Uniform so schick fand.

***

Weil nie gezeigt wurde, wie Titos Sarg hinabgesenkt wurde, gab das Anlass zu Spekulationen. Die existierten über Tito schon zu Lebzeiten, allen voran, dass er Russe oder Pole gewesen sein soll, wahrscheinlich polnischer Jude. (Die CIA veröffentlichte 2013 dazu sogar ein Dossier, in dem sie zu diesem Schluss kommt, also muss es ja stimmen.) Die Legenden, die sich um ihn rankten, sind fabelhaft: So soll er schon im Februar 1980 gestorben sein. Oder: Der echte Josip Broz soll als Kroate in Wien geboren und 1913 gestorben sein, und seine Identiät soll der Agent Josip Ambroz, alias Tito, angenommen haben, das heimliche Kind einer polnischen Gräfin und ihres Landsitzverwalters Franz Ambroz. Tito soll sogar der uneheliche Sohn von Kaiser Franz Joseph gewesen sein.

Tito sprach tatsächlich seltsam – darauf beruhen die meisten der von Russen oder Polen verbreiteten Theorien, und ein kleiner CIA-Angestellter könnte seine Redeweise mit einem polnischen oder russischen Akzent verwechselt haben. Doch er sprach so, weil er kurz nach seiner Geburt in Kroatien neun Jahre bei seinen Großeltern in Slowenien verbrachte; für mich hat er sich immer wie ein Slowene angehört, der Kroatisch spricht.

***

Tito war zweifellos ein Womanizer, er war viermal verheiratet und hatte zahlreiche Affären; er war ein Lebemann, er versammelte gern Stars wie Sophia Loren oder Elizabeth Taylor um sich. Er war schlagfertig und humorvoll.

Er war auch der letzte Habsburger, wie ein Historiker ihn nannte. Manieren, Auftreten, die alte Wiener Schule, all das war ihm wichtig. Als er in Wien war, nahm er sich von dem Geld, das er dort verdiente, Klavier- und Fechtunterricht. (Dass er Klavier spielen und fechten konnte, schürte natürlich die Legenden, denn: Woher soll ein Bauernsohn das beherrschen? Antwort: indem er Unterricht nimmt.)

Außerdem ist klar:

Er saß mindestens zweimal im Gefängnis und hatte siebzig Pseudonyme.

Er war Träger der Bundesverdienstkreuzes, Sonderstufe des Großkreuzes.

Er hatte einen außerehelichen deutschen Sohn, Hans Stauder, der im Zweiten Weltkrieg starb.

Doch:

War Tito ein Diktator?

Ich bin unter ihm aufgewachsen und glaube, ich hätte das gemerkt.

Und außerdem: Wenn Stalin ein Diktator war, wie konnte

dann Tito einer sein? Oder gibt es da eine Richterskala wie bei Erdbeben?

***

Und noch eine Rolle spielte Tito in meinem Leben: die des Mannes, der meinem Vater die Möglichkeit gab, meine Mutter Ende der sechziger Jahre unter dem Vorwand zu besuchen, sie zu einer superfetten Party einzuladen.

Teil III

Es war einmal ein Land. Dann war es nicht mehr.

Der Balkan

Der slawische Name für die Deutschen (*Nemci* oder *Njemci* bei uns, *nemce* im Polnischen, *Němci* im Tschechischen, *немцы* im Russischen) stand ursprünglich für »die Stummen«, jedoch nicht die, die nicht sprechen konnten, sondern die, deren Sprache man – als Slawe – nicht verstand. Zu der Zeit, als man sich unter den Slawen auf dieses Wort einigte – was für aufregende Zeiten müssen das gewesen sein, in denen man Wörter noch erfinden und definieren konnte! –, noch bevor die Slawen zu Christen wurden, waren slawische Gottheiten und Figuren der Mythologie voll der Hype. Ich empfand herkömmliche Religion immer als schwierig, kalt, angsteinflößend und unattraktiv, sie schien die Menschen faul, schwach, duckmäuserisch und streitlustig zu machen, eine schlimme Kombination, doch die ollen slawischen Götter betrachtete ich mit Wohlwollen und Schmunzeln, aus zwei Gründen: Erstens erfuhr ich von ihnen durch Geschichten, Märchen und Gedichte, da das meiste Wissen über sie nicht schriftlich festgehalten, sondern mündlich überliefert und von Generation an Generation weitergegeben wurde, zweitens waren die Götter und die anderen Sagengestalten (Feen, Waldfrauen, Hexen wie Baba Roga, gute und schlechte Geister) für sehr spezifische Dinge verantwortlich (der Rest wurde an die anderen Götter outgesourct, flexitime sozusagen). So existiert ein Gott der Gastfreundschaft: Radogost (*rado* bedeutet »gerne«, *gost* »Gast«), und seinetwegen gab der Slawe jedem Gast, der des Weges kam, egal ob bekannt oder unbekannt, Brot, Salz und den

Schlüssel zu seinem Haus, à la *mi casa es tu casa*. Der Hausherr empfing den Gast zudem mit einer Axt, doch keine Angst, sie sollte nur symbolisieren, dass er den Gast bis zum Äußersten beschützen würde. Radogost brachte Glück und Segen in das Haus, und jeder Gast, der des Weges kam, war seine Personifizierung, deshalb tischt man diesem seit jeher sehr gerne auf.

Triglav (»Dreikopf«) ist ein kriegerischer Gott, dem die Augen verbunden sind, damit er nicht sehen muss, welches Unheil die Menschen anrichten. Stribog ist der Gott des Windes, Perun so eine Art Zeus und Thor in einem, wahrscheinlich der Hauptgott, der Gott des Himmels, des Blitzes, des Donners und Gewitters. Pagod ist der Gott des guten Wetters und hat sonst nicht viel zu tun. Und da ist noch Zajeban, der slawische Gott des unglücklichen Timings, der schlechten Zufälle und der Ironie, die nur das Leben selbst schreiben kann. Zweifellos war er es, der dafür verantwortlich war, dass ich nun unter den Stummen stumm war. (Zajeban ist zwar nicht überliefert, doch ich bin mir sicher, dass es ihn gibt. Wahrscheinlich ist er durch Selbstsabotage irgendwie untergegangen.[24] Mein unfreiwilliges Schweigen bei den Stummen ging einher mit einer passiv-aggressiven Schüchternheit, die mir nicht gut zu Gesicht stand und mich gar hinter Sofas drängte.

Als die Schüchternheit wich, ließ sie sehr viel Platz, mehr als sie zuvor eingenommen hatte, und dieser füllte sich bis zum Anschlag mit dem frischen, starken Verlangen, gehört zu werden, und zwar gut und deutlich. Ich sprach und widersprach, in zwei neuen, festen Stimmen, einer deutschen in der Schule und einer serbokroatischen zu Hause, wo immer und für immer die Muttersprache würde gesprochen werden. Das war eine bewusste

24 Ich habe ihn natürlich erfunden, sein Name bedeutet so viel wie »abgefuckt«.

Entscheidung meiner Eltern, voller Entschlossenheit und Nostalgie: Wir sollten unsere Sprache nicht vergessen und nicht verlernen. Auch heute noch sprechen wir *na naši* (»in unserer Sprache«, so sagt man das bei uns), eine Tatsache, die häufig bestaunt wird, doch ich hätte es lächerlich und auch falsch gefunden, wenn wir zu Hause Deutsch gesprochen hätten, allein aus dem Grund, dass meine Eltern es nicht fehlerfrei beherrschen. (Vielleicht hatten sie sich auch gefragt, wie sie mit uns dann hätten schimpfen sollen? Stammelnd kann man sich keine Autorität aufbauen.) Serbokroatisch war unsere Muttersprache, und warum sollte man sie aufgeben, nur weil man jetzt woanders lebte? Das hielt viele *gastarbajter* nicht davon ab, mit ihren Kindern zwecks maximaler Integrationsgeilheit ausschließlich Deutsch zu sprechen was zur Folge hatte, dass die Kinder fehlerhaft Deutsch sprachen und ihre Muttersprache gar nicht. Integration aber funktioniert nur, wenn man sich nicht dessen entledigt, woraus man gemacht ist, sondern damit – so sagt man bei uns – *so sorgsam umgeht wie mit ein bisschen Wasser in der Handinnenfläche,* und wenn man gleichzeitig gewillt ist, das Neue willkommen zu heißen wie einen Gast, notfalls mit einer Axt.

***

Etwas weiter östlich: Einer der zahlreichen Gründe, warum ich Wien so heftig liebe, ist die hohe Jugo-Dichte dort. Worte wie Bienen: nicht nur Stachel und Honig zugleich, sondern auch überraschend in ihrem Fleiß. Man muss sich mal reinziehen, dass die letzten vier Buchstaben von Jugoslawien, ja bitte, »wien« sind.

JugoslaWIEN. Leiwand.

Geschätzte 250 000 Ex-Jugoslawen leben hier, das ist jeder siebte Einwohner Wiens, in der Stadt, wo sich alles tat. Wien ist heute weltweit die drittgrößte serbische Stadt der Welt. (So ist auch die zweitgrößte kroatische Stadt der Welt Chicago und St. Louis, Missouri, ist die zweitgrößte bosnische Stadt. Der letzte Krieg in den Neunzigern hat sehr viel für die Internationalisierung der Jugos getan.)

In Wien hörte ich auch zum ersten Mal den Ausdruck *Jugo Betrugo*. Was sich reimt, ist gut, dachte ich, und die Österreicher wohl auch. Sie verwenden »Jugo« hier nämlich nur, weil es sich so *import-eksport*-mäßig auf »Betrugo« reimt, denn eigentlich nennen sie uns *Tschuschn*. (Also mich nicht, denn in Wien hält man mich ja ob der Aussprache für einen Piefke und kichert, wenn ich eine Cola bestelle. In Wien heißt es nämlich *äähn* (zu Deutsch: ein) Cola.

Ich habe nicht einmal etwas gegen das Wort »Tschusch«: Irgendwie hört es sich munter und beseelt und stürmisch an, und ein bisschen nach Tusch, und immerhin recht slawisch. Natürlich ist es ein übles, abfälliges Schimpfwort für Südosteuropäer, vor allem die slawischen, denn Tschuschn sind faul, schmutzig, lügen und, nun ja, betrügen. Dennoch schießen Tschuschn auch fast alle Fußballtore für Österreich, außerdem prägen sie das Stadtbild und den Wiener Schmäh. Die jahrhundertelange Unterjochung der Österreicher verzeiht der Tschusch großherzig, oder wie ist sonst zu verstehen, dass er sich so gern in Wien ansiedelt?

»Der Balkan beginnt in Wien, am Rennweg«, soll Staatskanzler Fürst Metternich einmal gesagt haben. Der Rennweg ist eine Straße in Wien, die in den Südosten führt, doch auch das Schloss Belvedere und das Botschaftsviertel liegen am Rennweg. Wir Tschuschn sind halt so das feinere Gesindel, eh. Übrigens funktionieren die Tschuschn Wiens wie alle Diaspora-Jugos wenn man Schlechtes von ihnen behauptet: Sie regen sich nicht weiter auf, sondern machen das Beste daraus. Seit der Gründung der großartigen Band Wiener Tschuschenkapelle ist diese derart bekannt und beliebt, dass man das Tsch-Wort eher mit den Musikern als mit Betrugos in Verbindung bringt, was natürlich allen rechtspopulistischen Politikern Österreichs ziemlich den Wind aus den Segeln nimmt, wobei es auch hier spätestens seit dem Wahlkampf 2013 einen Twist gibt: Da appellierte die ausländerfeindliche FPÖ (Freiheitliche Partei Österreichs), allen voran ihr Chef Heinz-Christian Strache, an »Österreicher mit serbischen Wurzeln« und berief sich dabei auf die »gemeinsame Geschichte und Tradition«. Merke: Äähnen Wahlkampf konnst in Wien nur pushen/wennst du zugehst auf den Tschuschn.

***

Ein sonniger Tag im Februar Anfang der Nullerjahre in Wien, am Naschmarkt. Ich bin mit einem Freund unterwegs und bleibe an jedem Stand sehr, also urlang stehen, nicht um den Kram zu betrachten, wie mein Freund zunächst vermutete, sondern um den Feilschgesprächen zwischen Roma und Serben, Kroaten und Bosniern, Mazedoniern und Montenegrinern zuzuhören.

Eines davon ging so:
»Ej. Was kost Lampe?«
»Ist nix Lampe.«
Kurze Pause.
»Was ist?«
»Ist Mixer.«
Kurze Pause.
»Okay. Was kost Mixer?«

***

Es war um 1850, und es war in Wien: Am 28. März unterzeichneten ein slowenischer, zwei serbische und fünf kroatische Linguisten und Schriftsteller (unter ihnen Vuk Stefanović Karadžić) das sogenannte Wiener Abkommen. Dies war der erste förmliche Schritt zu einer gemeinsamen systematischen Zusammenfassung der Schriftsprache, und die Unterzeichner des Abkommens bekannten sich zu dem Ziel, »dass *ein* Volk *ein* Schrifttum haben muss« (»da *jedan* narod treba *jednu* književnost da ima«). Das Volk, dessen Land JugoslaWIEN heißen würde, für eine relativ kurze Zeit des Friedens, aber immerhin.

***

In der deutschen Jugo-Hochburg Minhen hörte ich an vielen Ecken der Stadt das geschmeidige, syntaxschüttelnde Jugo-Timbre, das aus dem Deutschen jenes barsche Element entfernte, das Amerikaner und Engländer immer als *angry* bezeichnen. Und immer wenn ich »du Flaaaume« oder »bauštelac« oder »Ewropa« hörte, zuckten meine Mundwinkel nach oben, manchmal drehte ich mich um und blickte in ein Gesicht, das unmissverständlich meine Ursprungskoordinaten teilte.

Für mich war Deutsch mein Triumph, mein Stolz, meine Liebe. Ich betrachtete es zärtlich wie ein verlottertes Kätzchen, das ich vor dem Tod gerettet und aufgepäppelt hatte, und nun war es stark, und sein Fell glänzte, es spielte flink mit Wolle und schnurrte. Fauchen konnte es auch. »Fauchen« – ein fabelhaftes, lautmalerisches deutsches Wort, wenngleich ein bisschen *angry*.

Wie ein dalmatinisches Steinhaus im Sommer war Deutsch kühl und hart, wenn man es so brauchte, es war schwer wie Schwarzbrot, und man hatte ständig daran zu kauen, es machte satt und war dicht, präzise und verwoben, und es konnte durch viel Zuneigung charmant und glänzend werden.

Nach dem Prinzip der bunt bemalten, ineinanderschachtelbaren russischen Matrjoschka-Puppen fand ich, dass jede neue Sprache einen näher an den Kern seiner selbst bringt. Die Puppe, die enthüllt wird, ist zwar kleiner, doch auch stabiler und fester und dem Kern näher. Ich fand mich, meine neue Person, die unter der vorherigen Puppe war, durch Deutsch, wie es Branko Kockica empfohlen hatte, Stück für Stück. Und dann kamen Englisch, das ich durch Reisen in meiner Kindheit und längere Aufenthalte in den USA schon beherrschte, und Französisch und später Spanisch hinzu. Ich weiß nicht genau, was der Grund ist, doch je mehr Sprachen man spricht, umso leichter wird es, neue zu lernen. Slawen haben ähnlich wie Skandinavier – eine der vielen erstaunlichen Parallelen – vielleicht kein angeborenes Sprachtalent, doch sie wachsen in dem Wissen auf, dass im Rest der Welt niemand ihre kleine Sprache verstehen wird, dass sie woanders als die Stummen gelten werden, wenn sie keine »großen« Sprachen sprechen. Also lernen sie diese und entdecken sich dabei Stück für Stück.

Oder *Stickfirstick*, wie mein Vater sagen würde. Er hatte die Sache mit den Umlauten und dem Satzbau recht schnell aufgegeben, er sprach neben Englisch noch Italienisch, und das genügte ihm. Meine Mutter hingegen besuchte eine deutsche Sprachschule, und dort fing sie an, Umlaute erfolgreich auszusprechen – und dann übertrieb sie es damit. Wenn sie sich nicht sicher war, setzte sie einen Umlaut. Sie sagte sogar *Ümlaut* und spitzte dabei stolz den Mund.

»Ich wurde wütend« wurde zu: »Ich *würde* wütend.«

»Ich hatte Glück gehabt« wurde zu: »Ich *hätte* Glück gehabt.«

»Ich musste an Sie denken« wurde zu: »Ich *müsste* an Sie denken.«

Doch »Ich könnte den Balkan nie vergessen« hieß genau das: Ich könnte ihn nie vergessen, meinen Balkan.

* * *

Der Balkan ist eine Halbinsel, die schon an ihrer Definition scheitert. Wer gehört dazu? Immer die anderen, wenn man dem slowenischen Philosophen Slavoj Žižek Glauben schenken möchte, und ich möchte das:

Die übliche Reaktion eines Slowenen wäre folgendermaßen: Nein, Slowenien gehört nicht zum Balkan, wir sind Mitteleuropa. Der Balkan ist da unten, er beginnt in Kroatien oder in Bosnien; wir Slowenen sind die letzte Schwelle, das letzte Bollwerk der wahren westeuropäischen Zivilisation gegen den Wahnsinn des Balkans. Diese Distanzierung konfrontiert uns mit der ersten unter den zahlreichen Paradoxien des Balkans: Er war geografisch nie genau umgrenzt, und es scheint so, als ob man niemals eine definitive Antwort auf die Frage »Wo fängt der Balkan an?« erwarten könnte.[25]

Das Wort »Balkan« stammt aus der türkischen Sprache und bedeutet »Gebirge«. Damit bezeichneten die Türken zunächst nur die bulgarische und ostserbische Gebirgskette Stara Planina. Erst Anfang des 19. Jahrhunderts wurde der Begriff geopolitisch und kulturgeografisch auf jene Gebiete ausgedehnt, die vom späten Mittelalter an unter türkischer Herrschaft gestanden haben, weshalb der Balkan damals auch »Europäische Türkei« genannt wurde. Obwohl die Türkei nicht zum Balkan gehört, hat sie immer etwas damit zu tun, auch weil die andere Erklärung für den Begriff »Balkan« aus dem Türkischen stammt: »Land aus Blut und Honig«, zusammengesetzt aus dem türkischen Wort für »Honig« (*Bal*) und »Blut« (*kan*). Ein türkischer Generalpascha soll unsere Halbinsel einst so getauft haben.

Die *Encyclopaedia Britannica* (denn sie ist als Quelle ebenso gut wie alle anderen Nachschlagewerke) definiert als heute zum

25 *Liebe Deinen Nächsten? Nein, Danke! Die Sackgasse des Sozialen in der Postmoderne.* Volk und Welt, Berlin 1999.

Balkan gehörend Slowenien, Kroatien, Bosnien und Herzegowina, Serbien, Kosovo, Montenegro, Mazedonien (also alle exjugoslawischen Republiken), außerdem Albanien, Bulgarien, Rumänien und Moldawien, fügt aber hinzu, dass es keine universelle Einigkeit darüber gibt und selbst Historiker und Geografen sich uneins sind. Manche betrachten auch Griechenland, die Türkei und Ungarn als zum Balkan gehörend. Dass aber Jugoslawien dazugehört, ist eigentlich unumstritten, obwohl Žižek schreibt:

Für Serben beginnt er da unten, im Kosovo oder in Bosnien, und sie verteidigen die christliche Zivilisation gegen diese »Anderen« Europas; für die Kroaten beginnt er im orthodoxen, despotischen und byzantinischen Serbien, gegen das Kroatien seine Werte der demokratischen westlichen Zivilisation verteidigt; und wir, die Slowenen, sind der letzte Außenposten eines friedlichen Mitteleuropas … Der Balkan ist also immer der Andere, er liegt irgendwo anders, immer ein wenig weiter im Südosten …

Immer ein wenig weiter im Südosten? Natürlich, Balkan setzt man mit Südosten gleich, zumindest von Deutschland aus gesehen. Interessant ist aber auch, dass das Gebiet des ehemaligen Jugoslawien vor allem im angelsächsischen Raum als westlicher Balkan (*Western Balkans*, im Englischen immer im Plural, als wären es mehrere Persönlichkeiten einer schizophrenen Psyche) bezeichnet wird. Westlicher Balkan: Da komme ich also her.

Für mich ist der Balkan das Land aus Blut und Honig, eine ganz besondere Mischung, rot und golden, lebendig und pulsierend, süß und überraschend, schmackhaft und unberechenbar und vor allem warm wie das Leben selbst.

Aber ich bin ja auch Balkanese, natürlich liebe ich den Balkan, meine Mittelerde, die Erde, aus der meine Mitte ist. Völlig schockierend war für mich also die Erkenntnis, dass nicht alle Gefallen am Balkan fanden.

Der Balkan war oder ist eine fröhliche Halbinsel mit lebhaften Menschen, die scharfe Speisen aßen und starke Liköre tranken, farbenprächtige Kleidung trugen, die leicht liebten und mordeten und ein brillantes Talent dafür hatten, Kriege zu beginnen. Nicht ganz so fantasievolle Menschen aus dem Westen sahen auf sie herab, mit heimlichem Neid, rümpften die Nase über ihre Königshäuser, spotteten über ihre Ansprüche und fürchteten ihre wilden Terroristen. Karl Marx nannte sie »Völkerabfall«. Ich, als freier Youngster in meinen Zwanzigern, vergötterte sie.

Diese Zeilen schrieb C.L. Sulzberger, Auslandskorrespondent der *New York Times* und Gewinner des Pulitzer Preises in seinen Memoiren *A Long Row of Candles.* (Er definierte den Balkan übrigens inklusive Türkei und Griechenland.) Sulzberger verbrachte fast den gesamten Zweiten Weltkrieg auf jugoslawischem Gebiet und berichtete von dort aus für die *New York Times*, er interviewte Tito mehrmals und schrieb sogar ein Buch über ihn. Er kannte sich auf dem Gebiet also bestens aus. Seine »verrückte Jugendliebe« zum Balkan war für einen Menschen aus der westlichen Welt eher ungewöhnlich, denn ich sollte erfahren: Kaum jemand hier vergötterte den Balkan, so wie er es getan hatte.

***

»Gewalt war in der Tat alles, was ich vom Balkan kannte, alles, was ich von den Südslawen kannte«, schreibt Rebecca West in ihrem Prolog zu *Schwarzes Lamm und grauer Falke*, und sie erzählt folgende Szenarien: In einem Restaurant in Nizza hört sie Schüsse, ein Mann rennt weg, und die Restaurantbesitzerin schreit ihm hinterher: *»Balkan! Balkan!«* In Paris hört sie in einem Hotel durch eine dünne Wand, wie eine Frau im Nebenzimmer geschlagen wird, besser gesagt, sie hört Klapse und die Frau schluchzen: *»Balkan! Balkan!«* Doch als sie den Film über das Attentat auf König Aleksandar sieht, steht sie seiner »unermesslichen Vornehmheit gegenüber, und er, der zweifellos »*Balkan! Balkan!*« war, sei der Gewalt mit einer erfinderischen Einsicht entgegengetreten, die das genaue Gegenteil von ihr sei.

»Ich muss völlig falsch damit gelegen haben, die populäre Mär über den Balkan zu akzeptieren, denn wären die Südslawen wirklich gewalttätig, wären sie nicht zuerst von den Österreichern gehasst worden, die Gewalt in imperialistischer Form liebten, und dann von den Faschisten, die Gewalt in totalitärer Form liebten«, schreibt West, und an anderer Stelle: »Die Deutschen haben immer die Slawen gehasst. Mehr als das, sie haben ihnen gegenüber immer voller Hass agiert …«

Es gibt da nämlich noch eine Feinheit im Balkan-Bashing, die Note der Slawenfeindlichkeit nämlich, die sich im deutschsprachigen Raum im 19. Jahrhundert unter Wilhelm II. ausbreitete und die unter den Nationalsozialisten ihren Höhepunkt fand, als Slawen offiziell als eine mindere Rasse eingestuft und definiert wurden. Ein Mensch aus meinen Gefilden konnte sich also in der ersten Hälfte des 20. Jahrhunderts aussuchen, ob Balkanvorurteil oder Antislawismus. Heute noch, im politisch korrektesten Deutschland aller Zeiten, ist Polen- und Russenbashing gängig und akzeptiert, sogar Freunde von mir antworten auf die Frage, wie der Urlaub war: »Schön, aber oh Gott, so viele Russen.« Man tausche das Wort »Russen« gegen das Wort »Juden« oder »Schwarze« aus, und man weiß, was ich meine, doch das ist ein Kapitel für sich. Als Slawe *und* Balkanese aber bekommt man eine besonders große Bandbreite an Vorurteilen und negativen Attributen entgegengebracht.

In Deutschland begann ich zu begreifen, wie der Balkan außerhalb seiner Grenzen gesehen wird: als rückständig, chaotisch, wild, gefährlich, gewalttätig, zutiefst verwirrend, als ein unheilvoller Ort, ein Pulverfass, ein ärgerlicher Teil der Welt, eigentlich unerhört uneuropäisch und darüber hinaus noch frech mitten in Europa liegend! Durch die Kriege in den neunziger Jahren wurde der Balkan dann automatisch mit Krieg gleichgesetzt und galt zudem noch als barbarisch, wild, aggressiv, kriminell und selbstzerstörerisch.

* * *

Der Balkan ist voller Widersprüche. Er vereint Sanftheit und Aggressivität, Liebe und Leidenschaft, Aufopferung und den Glauben an eine Sache, Schmerz und viele verschiedene Gefühlszustände. Niemand, der nicht von dort stammt, kann sie verstehen.

Das ist die Einschätzung der Künstlerin Marina Abramović, die 1997 auf der Biennale in Venedig den Goldenen Löwen für ihre Performance »Balkan Baroque« gewann. Vier Tage lang schrubbte sie Rinderknochen, saß auf einem fürchterlich stinkenden Haufen von Kadavern und säuberte sinnbildlich unser aller Gewissen. Doch am Rande ihrer Performance geschah eine wahre Groteske à la balkenese. Damals existierte Restjugoslawien noch, es bestand aus Serbien und Montenegro, und Abramović wurde eingeladen, Montenegro im jugoslawischen Pavillon zu vertreten. (Sie ist in Belgrad geboren und aufgewachsen, als Tochter eines Montenegriners und einer Serbin.) Nach der Einladung hörte sie dann monatelang nichts und musste schließlich aus der Zeitung erfahren, wie der Kulturminister Montenegros erklärt hatte, es sei alles ein Missverständnis, sie wäre gar nicht eingeladen, die Kosten für die Arbeit wären so groß, die armen Rentner in Montenegro hätten nichts mehr zu essen. Außerdem würde ihre Arbeit schlecht riechen.

Als sie aber den Goldenen Löwen gewann, wurde ein Sekretär des Ministers geschickt, um sie zu bitten, ob sie jetzt nicht doch in den jugoslawischen Pavillon wolle, sie sei »eine so große Künstlerin mit einem großen Herzen«, da werde sie sicher vergeben können.

Abramović erwiderte: »Oberste Tugend in Montenegro ist der Stolz. Ich bin wahrlich eine Tochter Montenegros und voller Stolz.«

Ihre Arbeit verrichtete sie im italienischen Pavillon, im Exil sozusagen, während ein bisschen weiter südöstlich – immer ein bisschen weiter südöstlich – der Krieg tobte.

***

Würde ich nicht in Deutschland leben, wäre mir wahrscheinlich nicht aufgefallen, dass Stolz hierzulande gar nicht als Tugend angesehen wird. Wäre ich nicht vom Balkan, hätte ich aber nicht so lange gebraucht, um es zu bemerken.

Stolz ist eine der sieben Todsünden und die einzige Schrägstrich-Sünde, sprich Hochmut/Stolz (*superbia*), ihr steht als Tugend Demut (*humilitas*) entgegen. Ich bin zwar was christliche Schuldgefühle angeht konstant überfragt, doch ich würde gern anmerken, dass man Stolz sicherlich nur empfinden kann, wenn man zu Demut fähig ist.

Nun denn: Der Begriff »Baroque« in ihrer Performance »Balkan Baroque«, sagte Abramović, bezog sich »auf die Widersprüche in der Mentalität der Leute vom Balkan«. Als wäre es der Widersprüche nie genug, musste sie nach der Preisverleihung, als Venedig in goldenes Sonnenglück getaucht war, zurück in den unfassbaren Gestank und noch einen ganzen weiteren Tag Kadaver schrubben.

***

Wenn der Balkan einen Slogan hätte, würde der wohl heißen: »Wir zementieren Ihre Klischees gerne fest, auch ohne Baugenehmigung.«

***

Ich vermute, dass meinem kroatischen Großvater Abramovićs Performance gefallen hätte: Rinderkadaver als Kunststars und lauter kunstgeile Hipster drumherum. Nicht dass er verstanden hätte, was es mit Performance-Kunst auf sich hat, doch was gibt es an einem Haufen Rinderknochen nicht zu lieben?

***

Mein Vater wurde in der deutschen Presse häufig als »Preuße vom Balkan« bezeichnet, manchmal auch als »harter Hund mit großem Herzen«. (Unter seiner Führung gewann Deutschland dreimal den Davis-Cup, und er coachte danach auch Kroatien und Serbien zum Sieg und ist somit der erfolgreichste Davis-Cup-Trainer aller Zeiten. Das sind zwar die Fakten, er ist dabei aber immer bescheiden geblieben, und ich berichte dies sachlich bis demütig, sonst Schrägstrich-Todsündengefahr.) Man fand es wohl unglaublich, dass er als Jugo Wert auf Disziplin, Ordnung, Pünktlichkeit, Professionalität, Hingabe, Zuverlässigkeit, Perfektion und Organisation legte, nicht typisch südosteuropäische Tugenden. Der »Preuße vom Balkan« zeigte aber allen, was der Ball kann.

Was der Ball kann, zeigten seine Taten auch 1973, als er vom jugoslawischen Tennisverband für Wimbledon gesperrt wurde und sich die 128 besten Spieler der Welt hinter ihn stellten und ebenfalls Wimbledon boykottierten. In diesem Jahr gingen die Spieler auf die Barrikaden, angeführt von ihm, im Hotel Dorchester wurde wie in einem Gewerkschaftsheim im Duisburg verhandelt, und währenddessen spielten in Wimbledon nur Amateure. Aus diesen Verhandlungen entstanden die ATP (Association of Tennis Professionals) und das professionelle Tennis, wie wir es heute kennen.

***

»Ach, wir Balkanesen sind solche Primitivlinge«, schnauft mein Vater zum Beispiel wenn er Geschichten wie die von der Biennale hörte. *Wir* Balkanesen, sagt er wohlgemerkt, sich selbst mit einbeziehend, aufbrausend und wütend und schamvoll verallgemeinernd, impulsiv und damit vollständig balkanesisch.

***

Wer Marina Abramović auf ihre Kindheit anspricht, bekommt zu hören, wie streng ihre Mutter war, dass sie sie nie küsste und ihr sagte, dass sie sie liebe, weil sie sie nicht verwöhnen wollte und dass sie deshalb Performance-technisch um Aufmerksamkeit buhlt, weil man von einem Künstler natürlich wissen will, warum er denn und überhaupt, und Abramović tut es, um zu gefallen und geliebt zu werden, wie alle Künstler, wenn man es sich recht überlegt. Interessanter erscheint mir die Tatsache, dass sie zu Hause lebte, bis sie neunundzwanzig Jahre alt war. Ihr Studium an der Kunstakademie in Belgrad hatte sie da schon abgeschlossen, sie war bereits als Performance-Künstlerin tätig und musste jeden Abend um zehn Uhr zu Hause sein. Sie weiß ganz sicher, was Jugo-Eltern sind.

Ihre sind aber auch besonders interessant: Ihr Vater war der montenegrinische General Vojo Abramović, ein Nationalheld, bekannt als Kommandant der Ersten Proletarischen Brigade, die als besonders tough galt. Er liebte die Gefahr, sagt die Künstlerin über ihren Vater.

Ihre Mutter Danica Rosić war eine Majorin bei den Partisanen und lernte Vojo auf einem Schlachtfeld im Zweiten Weltkrieg kennen, im Schnee liegend und an Typhus leidend. Er sah ihr Haar im Schnee, es gefiel ihm, er stieg von seinem weißen Pferd (!) ab und brachte das kranke Mädchen zu einer Familie, bei der es sich erholte. Nur durch den Fiebernebel konnte Danica sein Gesicht erkennen. Nachdem sie wieder an die Front zurückgekehrt war, fand sie ihn verwundet in einem Lazarett wieder, stark blutend. Sie hatte dieselbe Blutgruppe wie Vojo, also spendete sie Blut und rettete somit sein Leben, wie er ihres zuvor. Es wäre eigentlich ein Wunder gewesen, wenn sie sich nicht ineinander verliebt hätten. Marina verarbeitete diese Geschichte in einem Werk namens *Hero*, in dem sie regungslos auf einem weißen Pferd sitzt, während eine Frauenstimme die jugoslawische Nationalhymne *Hej Slaveni* (»Hey Slawen«) singt. (Übrigens kommt in der Hymne, die es nicht mehr gibt, auch die Bura vor.)

Nach dem Krieg wurde Vojo Professor an der Belgrader Universität. Er war charismatisch und bei den Studenten äußerst beliebt, weil sie sein Telefon im Büro benutzen durften, damals, als noch nicht viele eines besaßen. Sein obligatorischer Kurs in Elektroingenieurwesen hieß »Nationale Verteidigung« und beinhaltete eine praktische Prüfung des Schusswaffengebrauchs.

Danica wurde nach dem Krieg Direktorin des Museums für Revolution in Belgrad, was auf einer Visitenkarte sicher nicht schlecht aussah.

Eigentlich ist Abramovićs ganze Familiengeschichte »Balkan Baroque«.

***

Es ist einer der Balkanstaaten … Hauptflüsse: unbekannt. Bedeutendste Berge: auch unbekannt, aber ziemlich zahlreich. Hauptstadt: Ekarest. Bevölkerung: hauptsächlich Straßenräuber. Hobby: Könige ermorden und Revolutionen anzetteln.

So beschrieb Agatha Christie in ihrem 1925 erschienenen Roman *Die Memoiren des Grafen* den fiktiven Balkanstaat Herzoslowakien.

Man muss sich das mal reinziehen:

Bevölkerung: hauptsächlich Straßenräuber.

Hobby: Könige ermorden und Revolutionen anzetteln.

Pffft. Dabei weiß doch jeder, dass das liebste Hobby eines Balkanesen Normalsein ist.

Das Exil

Der Balkan produziert mehr Geschichte, als er konsumieren kann, gab einmal Winston Churchill von sich.

Leugnen kann man das nicht. Andererseits: Kann es je zu viel Geschichte geben? Und wenn ja, wäre Deutschland nicht der eigentliche Top-Kandidat für übermäßige Geschichtsproduktion im 20. Jahrhundert? Oder konsumieren die Deutschen ihre Geschichte besser als die Balkanesen?

Ich war jedenfalls mehr als beschäftigt mit der Aufarbeitung der deutschen Geschichte, denn vor dem bayerischen Lehrplan gab es kein Entrinnen. Meine Verpflanzung in dieses große nördliche Land, das bald noch größer und in Teilen noch nördlicher werden würde, sollte mich von nun an für immer mit seiner Geschichte verbinden. Davon gab es reichlich, und konsumieren musste man sie, vor allem im Unterricht. Erst vor ein paar Jahren hatte ich gedacht, hier gäbe es noch Nazis, nun lernte ich, dass es sie tatsächlich noch gab, manche bekleideten sogar Richterposten, andere schrien Menschen an, die auf dem Fahrradweg länger als zwei Sekunden verbrachten oder die Musik nicht auf Zimmerlautstärke hörten. Aber: Alle anderen Deutschen waren mit der Aufarbeitung der Geschichte beschäftigt, und das betrieben sie, wie fast alles andere, gründlich.

Die Frage, die sich meine deutschen Mitschüler stellten – die Sabines, Claudias, Petras, die Stefans (auch mit ph), Markusse (auch mit c) und Thomasse, denn damals gab es nur vereinzelt Mias, Emmas, Sophies, Leonies, Lukasse, Jonasse und Niklasse –, war: Was haben unsere Großeltern während der Nazizeit gemacht?

Ich wusste, dass mein kroatischer Großvater bei den Partisanen gewesen war, doch nicht, wo und was genau er getan hat.

Das ist sehr schwer zu sagen, sagte mein Vater, als ich ihn fragte.

Er war doch bei den Partisanen gewesen, oder?

Natürlich, wo denn sonst?

Wo denn genau?

In Dalmatien, im Hinterland, er wurde dreiundvierzig eingezogen wie alle, die noch gehen konnten.

War er an der Front?

Nicht wirklich.

Es war nicht viel aus meinem Vater herauszubekommen. Der Grund offenbarte sich mir erst Jahre später, und mein Vater hatte wohl recht damit gehabt, mich vor den Details zu bewahren, bevor ich alt genug war, sie zu verkraften.

Mein Großvater, Metzger von Beruf, kümmerte sich um Amputationen bei verwundeten Partisanen, denn er wusste ja Fleisch richtig abzutrennen. So rettete er mehreren Menschen das Leben. Ein paar Jahre nach dem Krieg wurde er sogar von einigen seiner »Patienten« aufgesucht, die ihm danken wollten.

Mein serbischer Großvater wiederum musste als Lehrer nicht an die Front, und dennoch entkam er nur knapp dem Tod. Er druckte und verteilte Flugblätter gegen die Naziokkupation. Die Gestapo stand bei ihm vor der Tür, und nur wegen des forschen und klugen Ablenkens der ungarischen Nachbarin wurde sein Keller nicht durchsucht.

***

»Versöhnung mit den Hinterbliebenen und den Nachkommen der Opfer ist nur möglich, wenn wir unsere Geschichte annehmen, so wie sie wirklich war, wenn wir uns als Deutsche bekennen: zu unserer Scham, zu unserer Verantwortung vor der Geschichte.« Das brummte auf nuschelndem Pfälzisch Helmut Kohl, damals nur im Ansatz birnenköpfiger Bundeskanzler, anlässlich des vierzigsten Jahrestags der Befreiung des Konzentrationslagers Belsen-Bergen, ebendort am 21. April 1985. »Unsere Geschichte«, eigentlich: *unthere Göchichte*, würde Helmut Kohl in den nächsten Jahren immer wieder und dann gegen Ende des Jahrzehnts immer häufiger auch in einem neuen Kontext sagen. Wir kicherten immer darüber, einerseits, weil die Fülle der Geschichte so schrecklich war und andererseits, weil es sich wirklich lustig anhörte.

Die Bewältigung und Aufarbeitung der Kriegsgeschichte: Hier konnte ich vorzeitig lernen, wie es geht. Dass ich diese Fähigkeit mal für mein Land brauchen würde, war freilich noch nicht abzusehen. Das war dann bei mir fürs neue Jahrtausend reserviert. Mein Nürnberg würde Den Haag heißen.

* * *

Eine kleine Jugoslawin an einer deutschen Schule in München, die nach einem Münchner Juden benannt wurde, der das braune München beschrieben hatte, bevor er ins Exil musste. Aber auch dieses München hatte er beschrieben, das zeit- und geschichtslose, eine regennasse Juninacht im Englischen Garten: *Die alten, großen Bäume trieften, der Rasen roch erquicklich. Es ging sich angenehm in der reinen Luft der bayerischen Hochebene.*

Lion Feuchtwanger ging zunächst nach Frankreich, als dieses okkupiert wurde, in die USA. Dabei hatte er sehr viel Glück, denn fast bekam er die Ausreisepapiere nicht, weil er überzeugter Kommunist war. (Übrigens war er zur selben Zeit in Moskau wie Tito, 1937, und schrieb sogar ein Buch darüber mit dem schlichten Titel *Moskau*.) Dass er Frankreich verlassen konnte, verdankte er dem am 25. Juni 1940 in New York City gegründeten Emergency Rescue Committee, das von Nazis verfolgten Politikern, Wissenschaftlern, Künstlern und Intellektuellen zur Flucht in die USA verhalf, und insbesondere einem Amerikaner namens Varian Fry, der 1940 nach Marseille ging und mit einem Netz von Helfern zwei- bis dreitausend Menschen das Leben rettete, darunter Hannah Arendt, André Breton, Max Ernst, Heinrich Mann, Marcel Duchamp und eben Feuchtwanger. Der war optimistisch, dass das Exil nur ein temporäres war, so schrieb er in seinem französischen Exil in Sanary-sur-Mer im Oktober 1939:

> *Ich selber bin überzeugt, daß die ungeheure, blutige Groteske, die sich in uns und an uns austobt, enden wird mit dem Sieg der Vernunft über die Dummheit. Darum setze ich auch kein »finis« unter diesen dritten Teil des Roman-Zyklus »Der Wartesaal«. Ich rechne damit, daß ich das Werk mit dem Epilog »Rückkehr« werde schließen können. Zuversicht solcher Art war es, die mich das letzte Kapitel dieses Romans* Exil *schrieben hieß, und ich hoffe, diese Zuversicht überträgt sich auf den Leser.*

***

Lion Feuchtwanger starb am 21. Dezember 1958 in Pacific Palisades, Kalifornien. Er sollte nie nach Deutschland zurückkehren. Weil er in der McCarthy-Ära als Kommunist und Linksintellektueller von den amerikanischen Behörden kritisch beobachtet wurde, hatte er wohl Angst, die USA zu verlassen und nicht wieder einreisen zu dürfen. Er blieb den Rest seines Lebens im Exil, den Rest seines Lebens verbrachte er wie in einem Wartesaal.

***

Seine Witwe Marta Feuchtwanger erhält im Jahr nach dem Tod ihres Mannes die amerikanische Staatsbürgerschaft. Ungefähr zur gleichen Zeit, als mein Vater dort vorspricht, um meine Aufnahme zu erbitten, beschließt der Schulausschuss des Münchner Stadtrats, das neue Gymnasium am Petuelring in »Städtisches Lion-Feuchtwanger-Gymnasium« (LFG) umzubenennen. Marta Feuchtwanger wird angeschrieben, und sie antwortet auch: »Es wäre eine große Ehre für Lion Feuchtwanger, wenn eine fortschrittliche Schule, wie sie jetzt in München geplant wird, seinen Namen trüge. Es wäre auch ein Zeichen des guten Willens, den jetzt Deutschland seinen früheren Mitbürgern zeigt.«

Marta Feuchtwanger bleibt bis zu ihrem Tod 1987 in regem Schriftverkehr mit der Schule. Die wiederum schrieb in ihrem Jahresbericht 1985/1986, also genau um die Zeit herum, als ich so richtig bockig wurde, als die Pubertät mich durch die Welt schleuderte und ich anfing, mich aufzuregen, weil meine Eltern balkanesische Strenge walten ließen, während alle anderen Laissez-faire-Hippie-Eltern hatten: »Unsere Absicht war und ist es, unserem Gymnasium nicht nur den Namen Lion Feuchtwangers zu geben, vielmehr soll dessen gesellschaftskritisches und humanistisches Engagement und Werk die Schüler und Lehrer anregen, sich auf diese demokratische und freiheitliche Tradition unserer Geschichte einzulassen und sie weiterzuführen.«

Untherer Göchichte, hihi. Aber mal ohne Schmarrn, wie man in München sagt: Ich hatte wohl sehr viel Glück, denn dies war nicht nur leeres Geschwafel, und schließlich hätte ich ja auch auf einer Schule landen können, die nach Gustav Freytag benannt wurde.

***

Als ich zwölf oder dreizehn war, besuchten wir mit der Schule Dachau. Wir wussten, was dort geschehen war, doch nicht, was uns erwarten würde. Als ich den Film sah, der dort gezeigt wurde, und die Leichenberge, die Haufen lebloser Körper, die wie Puppen aufeinandergeschmissen wurden, ging ich hinaus, um mich zu übergeben. Als ich mir den Mund abwischte und hochblickte, sah ich, dass ich nicht allein war. Noch jemand hatte die Vorführung nicht unbeschadet überstanden. Die Fahrt zurück war sehr ruhig, und nicht einmal Stephan mit ph und Sabine eins flirteten miteinander.

***

Wie ging es Feuchtwanger im Exil? Wie oft dachte er wohl darüber nach, dass der Titel seines bekanntesten Werks, *Exil*, zugleich sein Schicksal geworden war? Einem Schriftsteller im Exil raubt man nicht nur die Heimat, man raubt ihm den Satzbau. Stefan Zweig überlebte dies nicht. Er erschoss sich vor lauter Unglück im brasilianischen Petrópolos. Andere, wie Joseph Conrad oder Vladimir Nabokov, eigneten sich die Sprache ihrer neuen Länder so gut an, dass sie in ihr wunderbar schreiben konnten.

Auch wenn ich mir damals nicht vollständig im Klaren darüber war, was Lion Feuchtwanger alles geschrieben und erlebt hatte, so wusste ich doch, dass ich stolz war, eine Schule mit seinem Namen zu besuchen, der so münchnerisch und kalifornisch zugleich klang, eine Schule, die mich, die sich wie im Exil fühlte, aufnahm, unterstützte und mich lernen ließ. Dass mal eine Schule nach ihm benannt wurde – hätte er sich das je träumen lassen, als er noch in München lebte, in seiner Geburtsstadt, die nach und nach zu meiner Heimatstadt wurde? *Es wäre auch ein Zeichen des guten Willens, den jetzt Deutschland seinen früheren Mitbürgern zeigt,* schrieb Marta damals in ihrem Brief. Doch darüber hinaus, finde ich, war es auch ein Zeichen, das Deutschland für zukünftige Mitbürger setzte. In ein paar Jahren sollte ich einer davon werden, ich würde eingebürgert werden, und ein paar Jahre später erst würde sich der blödsinnige, schwammige, unelegante, stumpfe, um politische Korrektheit bemühte – nie eine gute Idee – Begriff »Migrationshintergrund« einbürgern.

***

Dass Migrationshintergrund am LFG in Fülle vorhanden war, machte mein Leben viel einfacher, und dabei kam es überhaupt nicht darauf an, woher die Kinder stammten. Allein die Tatsache, dass sie nicht deutsch waren, half mir, die Tatsache, dass ich nicht als Einzige zum Wandertag in meinen besten Lackschuhen erschien, dass es neben mir noch jemanden gab, der fünf Mark statt eines tollen selbst gemachten Pausenbrots in Butterbrottüten mitbekam, dass andere existierten, die bei der Skiwoche in »Gruppe null« (war noch schlimmer, als es sich anhört) eingeteilt wurden, und nicht zuletzt: bei denen zu Hause stetig mit ordentlich Knoblauch gekocht wurde.

Weshalb die Wortschöpfung »Knoblauchfresser« eine Beleidigung sein soll, habe ich nie verstanden. Meiner Ansicht nach sollte jeder Mensch deutlich mehr Knoblauch fressen, als er es schon tut. Knoblauch schützt vor Krebs und Herzkrankheiten, senkt den Blutdruck und den Cholesterinspiegel, bekämpft Bakterien, Viren, Parasiten und Pilze – ist also ein natürliches Antibiotikum ohne Nebenwirkungen – und enthält neben den Vitaminen A, B und C außerdem noch Jod, Kalium, Eisen, Calcium, Zink und Magnesium. Das alles ist wissenschaftlich bewiesen, wobei das denen, die Knoblauch seit Jahrhunderten balkangenbedingt gerne und täglich fressen, ziemlich schnuppe ist, zumindest ist es nicht ihre Hauptmotivation. Die ist: Knoblauch schmeckt unfassbar gut, und kein Knoblauch ist schlichtweg keine Option. Es gibt nicht viele Knollen, an die ich bedingungslos glaube, doch Knoblauch halte ich für allmächtig. Ach übrigens, an alle, die das Wort

»Knoblauchfresser« als Beleidigung meinen: Wenn man die Mitte herausschneidet, das kann eine jede Köchin von Ankara bis Zagreb bezeugen, riecht man ganz sicher nicht danach.

Natürlich wurde mir immer mehr bewusst, dass nicht wir Jugos, sondern eher unsere türkischen Mit-Ausländer als Knoblauchfresser bezeichnet wurden, wobei mir das damals wie heute willkürlich erscheint, denn unser beider Knoblauchkonsum nimmt sich nichts. Weil ich aber genauso fest an Knoblauch glaube wie daran, dass man Menschen nicht aufgrund ihrer Herkunft und daraus resultierender Knollenvorliebe beleidigen soll, habe ich hier ein Memo an jeden, der jemals dieses Wort in den Mund nehmen sollte: *Isst du niemals diese Knolle/bleibst du schlapp wie nasse Wolle.* Ich hoffe aber sehr, dass sich die türkischen Mitbürger von »Knoblauchfresser« nicht irritieren ließen, denn Ausländerbeschimpfungen jeder Art sollten an einem abperlen wie Wasser von Entenfedern: Sie sagen sehr viel über den Beleidiger aus, doch nichts über den Beleidigten.

Von 2008 bis 2012 habe ich in Berlin gelebt und zu Türken in Berliner Taxen ein besonders gutes Verhältnis aufgebaut. *Piliç* bedeutet ja im Türkischen »Hühnchen«, im übertragenen Sinne bedeutet das Wort aber auch so etwas wie »lässige Braut«, weshalb die Taxifahrer, die ich bestellte und die meinen Namen wussten, immer schon grinsten, wenn ich in ihr Auto stieg. Im Serbokroatischen heißt *pilić* »Küken« – das sind diese gelben, fluffigen, süß piepsenden kleinen Dinger, von denen man sich gar nicht vorstellen mag, wie köstlich sie sich einmal an Knoblauch schmiegen werden.

***

Der erste jemals schriftlich dokumentierte Vampir hieß Jure Grando und kam aus Kringa, einem kleinen Dorf in Istrien, Kroatien. Er starb 1656 und entstieg sechzehn Jahre später seinem Grab, um sein Heimatdorf als Untoter zu terrorisieren. Vor allem junge, hübsche Frauen soll er belästigt haben. Die Bauern dachten, er würde *ihre Weiber bekriechen/und würcklich beschlaffen/wiewol kein einiges Wort dabey reden*, so schrieb Johann Weichard von Valvasor Ende des 17. Jahrhunderts über den Vorfall. Schließlich nervte der Untote die Bauern unheimlich, und sie waren sich sicher, dass ihnen *diß Gespenst keine Ruhe lassen/bevor sie ihm einen Pfahl von Dorn-Holtz durch den Leib schlagen*.

Hm. Eine pazifistischere Methode wäre gewesen, mit ein bisschen Knoblauch zu wedeln. Soll auch gegen aufdringliche Untote helfen.

Ich meine ja nur.

Die »Situation«

Jeden Sommer fuhren wir für ein paar Wochen nach Split, eine klare Sache, diese Reise, eintausend Kilometer, zwölf Stunden, die ersten sechs Stunden geradeaus, aufgeräumt, schnell, dann der Bruch, der beides versprach: kurvenbedingte Übelkeit und den Blick aufs Meer. Der kam nach der Hälfte der Reise, bei Rijeka, wo sich Raffinerien, Industrieschornsteine, gigantische Kräne und Schiffsbauwahnsinn stählern vor dem Blau türmen und ein kollektives *Aaaaaah*usatmen erfolgte: Da ist es. Das Meer. Als könnte es auch mal nicht da sein, wie durch eine Laune kurz mal weg. Und dann noch ein Seufzer, denn damit begannen weitere sechs Stunden mit Kurven, Qualen, Flüchen, Überholmanövern, Hupereien und Herumgeeiere, doch das dafür bis auf ein paar Kilometer immer hoch über dem Meer und am Meer entlang, an der Magistrala, den Blick auf dem Blau der dalmatinischen Inseln, eine nach der anderen.

Die Magistrala gilt als eine der schönsten, aber auch tückischsten Küstenstraßen der Welt. Sie führt 600 Kilometer von Istrien über Dalmatien nach Montenegro, links immer ein Gebirge, rechts immer das Meer, wenn man Richtung Sommerferien fährt, sonst andersherum. Nach jeder Biegung ein neuer Hafen, eine neue Insel, die grün aus dem Wasser ragt, bis auf Pag, diese wunderbare nackte Marsinsel, die vollständig von den Venezianern abgeholzt wurde und deren Vegetation sich nie wieder erholt hat. Tausend Inseln im Meer, das wie Liz Taylors Diamanten und blaues Gold zusammen glitzerte, Obststände am Straßenrand und kleine *konobas*, aus denen es immer nach etwas *na žaru* (also vom Grill oder der Leidenschaft) roch, Kiefernwälder, die Kornati-Inselgruppe, und an fjordartigen Buchten immer weiter entlang Richtung Süden, und ja, wir sind bald da. Alle deutschen Reiseführer warnen vor den Tücken der Magistrala, sie sei nicht für Anfänger oder solche mit schwachen Nerven geeignet, man müsse hochkonzentriert sein und geduldig, man könne und sollte nicht überholen und müsse sich darauf einstellen, dass es sehr langsam vorangeht, und Gott bewahre, wenn es regnet oder die Bura kommt, dann bloß die starken Windböen nicht unterschätzen.

Also, Schönheit und Qual, Gloria und Gefahr – die Magistrala, eine Metapher für das Leben selbst. Das Ziel war Split, und dort war es schön wie immer, wir hatten in den ersten Jahren sogar noch unser Haus, nichts kam mir fremd vor, doch mein Zuhause war es nicht mehr. Nicht weil wir uns auseinandergelebt hatten, sondern weil sich mein Leben jetzt woanders abspielte, und das merkte ich auch: Man kann verschiedene Zuhause aufeinanderpacken, so wie man Plurale erfinden kann, man kann sie stapeln wie Schichten in einem Kuchen.

Nach ein paar Jahren dann, ich weiß nicht genau wann, wurde die Fahrt nach München zur Fahrt nach Hause, und es war nichts Dramatisches daran, nichts Einschneidendes und nichts Trauriges. Es war einfach so. Ich hatte nichts verloren, nur Sprachen und Koordinaten gewonnen. Ich hatte ein neues Zuhause, wer weiß für wie lange, doch diese meine arme kleine Heimaterde würde immer da sein für mich, so wie sie war, die schönste für mich.

Nur dass sie das schon bald nicht mehr sein würde. Ich würde sie hassen, so wie man nur jemanden hassen kann, den man wie irre geliebt hat, ich würde mich für sie schämen, ich würde für sie beten, ja wirklich: beten, ich würde sie bemitleiden, beweinen, ich wollte sie an den Schultern packen und schütteln und anschreien, ich wollte sie verstoßen, anflehen, wieder so zu werden wie früher, ich wollte sie umsorgen, sie gesund pflegen, ich wollte sie wieder so lieben wie einst, ich wollte stolz auf sie sein.

All das würde ich aus der Ferne tun. Zwölf Jahre lang würde ich keinen Fuß mehr auf dalmatinische Erde setzen, in den schrecklichen Jahren 1990 bis 2002.

***

Dass »dort unten« etwas nicht stimmte, merkte ich Mitte der achtziger Jahre. Die Worte *inflacija, kriza* und *situacija*[26] kannte ich von jeher, doch eines Sommers, vielleicht 1985, nahm ich an zwei aufeinanderfolgenden Tagen den gleichen Bus. Ich zahlte am ersten Tag 10 000 Dinar für das Ticket und am nächsten verlangte der Fahrer 20 000. Als ich kurz innehielt und fragte, wie es denn sein könne, dass sich der Fahrkartenpreis innerhalb eines Tages verdoppelt hätte, schrie der Fahrer:

»*Kriza! Inflacija!* Was denkst du denn? Steigst du jetzt ein oder nicht?«

Anfang der achtziger Jahre betrug die Inflation in Jugoslawien 40 Prozent, 1986 100 Prozent, 1987 wurden die Löhne eingefroren, 1989 betrug die Inflation 1 000 Prozent, 1993, als die *situacija* schon längst ausgeufert war, 2 000 Prozent. Zu dieser Zeit rannten die Menschen am Zahltag zur Bank, sie rannten wortwörtlich, denn jede weitere Minute würde ihren Lohn schmelzen lassen wie die dalmatinische Sonne ein Feigensorbet. 1993

26 Die »Situation« stand als Synonym zunächst für die Krise und dann für die Kriege. Wenn man den Horror und Wahnsinn elegant oder nonchalant umschreiben wollte, sagte man *situacija*.

wurde ein Zehn-Milliarden-Dinar-Schein gedruckt, darauf abgebildet ein gewisser Nikola Tesla.

Zehn Milliarden. Fucking fuck.

***

»Rade, leih mir mal zwei Millionen bis morgen«, sagt gegen Ende des Theaterstücks, schon total betrunken, einer der Jugoslawen zum Serben.

Das Theaterstück heißt *Šovinistička Farsa* (*Chauvinistische Farce*) und ist das wohl bekannteste und erfolgreichste in der Geschichte Jugoslawiens. Es wurde am 17. Februar 1986, kurz bevor die *situacija* wirklich grässlich wurde, in Belgrad uraufgeführt. Insgesamt wurde es 1800 Mal gespielt, in ganz Jugoslawien und auch Off-Broadway in New York. Jeder Jugo, den ich kannte, auch die im Ausland lebenden, hatte es gesehen, denn es gab Fernsehaufzeichnungen und kursierende Videokassetten. Die *Chauvinistische Farce* ist bei uns also nicht nur Realität, sondern ein Stück allgemeines Kulturgut.

Es gibt keine nennenswerte Handlung, nur einen durch »guten Kosovo-Riesling« vorangetriebenen und geölten Dialog zwischen dem Serben und dem Kroaten, beide Historiker, die sich am Rande eines Kongresses treffen, um ein Manifest zu unterzeichnen. Die zwei Männer sind missverstandene Akademiker, sitzen in einem Kaffehaus und betrinken sich natürlich – eigentlich sind sie schon am Anfang angeschickert –, sie gießen sich ein Glas nach dem anderen ein. Der Kroate trinkt dabei stets *gemišt.* (So nennt man in Kroatien eine Weinschorle, in Serbien sagt man dazu *špricer.*) Ein paarmal werden sie von den Jugoslawen unterbrochen, dem Kaffeehausbesitzer, weiterhin einem Parteimitglied und einer Akkordeonspielerin. Der Serbe und der Kroate trinken Brüderschaft, beschimpfen sich mit den schlimmsten Flüchen, aber nur theoretisch, umarmen sich, versuchen ständig, einander über das Ohr zu hauen, ketten sich sogar mit Handschellen aneinander, bespucken sich. Sie diskutieren die Schlacht auf dem Amselfeld – des Serben neuestes Buch heißt *Gott auf dem Kosovo* – und über die Gefallsucht der feineren kroatischen Gesellschaft dem Westen gegenüber. Dabei werfen sie mit althergedienten Mythen, Klischees und Vorurteilen um sich. Sie sind Seelenverwandte, und sie misstrauen einander zutiefst.

Das Stück ist brillant geschrieben, wortgewaltig und zum Brüllen komisch; heute erscheint es unheimlich in der Präzision seiner Vorhersage.

***

»Bei uns ist es sehr kompliziert, intelligent zu sein«, mokiert sich der Kroate.

»Wir haben so gelitten, weil wir an so einem unglücklichen Ort geboren wurden. Wenn der Osten den Westen bekriegt, trampelt er über uns. Wenn der Westen den Osten bekriegt, tritt er über uns. Paradox, denn wir sind ja im Süden, *na jugu*«, sagt der Serbe und reicht dem Kroaten noch ein Glas.

»Ich als Jugoslawe existiere nicht, ich trage acht wütende Wunden in mir«, sagt der Jugoslawe.

Als sie kaum mehr stehen können und auch nicht sitzen, machen sie sich daran, ein neues Manifest zu verfassen, immer noch aneinandergekettet. Der Serbe soll schreiben.

»Lateinisch oder Kyrillisch?«, fragt er.

»*Gemišt!*«, schreit der Kroate.

***

Ja, *gemišt*. Sieben Millionen Mischehen gab es in Jugoslawien. Es gab also sieben Millionen Gründe dafür, dass es noch komplizierter wurde, als es schon war.

***

In echter Hollywood-Blockbustermanier gab es drei Fortsetzungen von *Šovinistička Farsa*: Teil 2 kam 1992 auf die Bühnen, Teil 3 1996 und Teil 4 im Jahr 2000.

Es trug den Untertitel: »*Vidimo se u Den Hagu.*«

»Wir sehen uns in Den Haag.«

***

Šovinistička Farsa war nicht nur ein Theaterstück, sondern genau die Art von Verbindung, die mich unsichtbar, doch fest an meine arme kleine Heimaterde koppelte wie einen blinden Passagier, auch dann, wenn ich mich nicht auf ihr befand. Kontakt halten durch Kulturkrücken: auch mit Zeitungen, die meine Eltern immer sonntags am Münchner Hauptbahnhof holten, mit Büchern, Filmen und Musik tat ich das so wie der Rest meiner Familie. Doch war ich wieder unten, merkte ich, dass ich zwar alles verstand, mein Wortschatz aber stehen geblieben war, dass die Sprache für jugendlichen Slang für mich nun Deutsch war. (Nur wenn ich unüberlegt losfluchte, tat ich das immer noch in meiner Muttersprache.) Ich fand das weder oberaffentittengeil noch astrein, aber auch nicht endkrass oder anders krass oder fett krass. Ich fuhr weder drauf ab, noch musste ich abkotzen. Es war mir ziemlich schnuppe.

Vor allem die Musik war als Kulturkrücke gegen den Koordinatenverlust ein überraschend zuverlässiger Partner. Sie begleitete meine innere Gefühlssprache mit jeder quietschigen Umdrehung der Kassette, meist aus dem Hause *Jugoton*. (Man kann die Zugehörigkeit zu einer Generation sehr gut durch Tonträger und ihr Zubehör definieren: Wer in den Achtzigern aufwuchs, kannte die Schallplatten aus der Sammlung der Eltern und vielleicht von Kinderliedern, doch sobald man alt genug war, sich selbst Musik zu kaufen, kamen Kassetten ins Spiel und als Utensilien Bleistifte, im Notfall auch Tesafilm. Nichts konnte die

Bänder so bombig straff ziehen wie ein Bleistift. Kugelschreiber oder Füller waren vom Umfang her oft zu dick, ein Bleistift passte aber immer. Wer sich also daran erinnert, ist wohl aus meiner Generation und folglich nicht mehr ganz jung. Auch die Nostalgie nach dem Tonträger ist bezeichnend: CDs vermisse ich überhaupt nicht, ich fand sie schon immer sperrig und hässlich. Kassetten aber sind mit ihrem fabelhaften Format und dem braunen glänzenden Band einfach perfekt.)

Ich hörte: Balaševic und Bajaga, Bijelo Dugme und Ekaterina Velika, Zdravko Čolić und Zana, Haustor und Josipa Lisac, Leb i So, Električni Orgazam, Prljavo Kazalište, Parni Valjak und etliche andere. Man fasst sie heute unter Ex-YU-Rock zusammen, diese fabelhafte heterogene Szene, die Bläser und Dichtung, Punkrock und Pathos, Rockgitarren und Novi Primitivizam, Funk und Seele verband.

Dieser Jugo-Sound stand den UK- und US-Charts, die ich verfolgte und liebte und ratternd jeden Freitagabend von Bayern 3 auf Kassette aufnahm – und wehe, es kam dabei jemand ins Zimmer –, in nichts nach. Er war vielleicht ob des slawisch-balkanesischen Elements etwas poetischer und fetziger, doch auf jeden Fall genauso frei und kreativ und kompromisslos.

Die Freiheit der Musikszene war Titos liberaler Kulturpolitik zu verdanken: Er ließ die Musiker machen und mischte sich nicht ein, und die waren loyal, denn wenn sie ein wenig weiter nach Nordosten blickten, war da nix mehr mit frei komponieren. Sie orientierten sich an Strömungen aus dem Westen und vermischten sie mit Folklore. Sie sangen und dichteten über die slawische Seele und rockten, als wären sie aus Seattle. Die Band Bijelo Dugme (»Weißer Knopf«) aus Sarajevo etwa machte hippiesken Hirtenrock, so als wäre die Band Led Zeppelin auf einem bosnischen Markt gelandet. Der erste Frontmann und Gitarrist der Band, Goran Bregović, ist heute international bekannt, weil er unter anderem die Musik für viele von Emir Kusturicas Filmen schrieb. Emir Kusturica wiederum tourt international mit dem The No Smoking Orchestra, das sich aus ehemaligen Mitgliedern der Rockband von Zabranjeno Pušenje, ebenfalls aus Sarajevo, zusammensetzt. (Überhaupt, Sarajevo – der religiöse *melting pot* von Jugoslawien, nirgends gab es mehr Kirchen, Moscheen und Synagogen auf einem derart kleinen Raum, und nirgendwo kamen bessere Bands her.)

Zabranjeno Pušenje trug den Witz schon im Namen, denn die beiden Wörter bedeuten *Rauchen Verboten*. Ha! Das kam in Jugoslawien eigentlich nie vor. Ich kann mich nur an Schilder erinnern, die eine brennende, nicht durchgestrichene Zigarette darstellten, und war sie einmal doch durchgestrichen, rauchten trotzdem alle. Zabranjeno Pušenje hatte allgemein ein gutes Händchen mit Titeln. Ein Album heißt *Alle verhaften!*, ein anderes *Gott fährt Mercedes*. Ein Lied heißt *Dok Jezdiš ka Alemanji*, (Während du nach Deutschland reist) und das geht so: Während du nach Deutschland reist/zerreißt die Sehnsucht dein Herz/hinter dir zerbrochene Flaschen, ein Lamm am Spieß/diese Ferien können noch nicht vorbei sein/während du nach Deutschland reist.

***

Im Jahr 1999 brachte Zabranjeno Pušenje ein Lied mit dem Titel »Yugo 45« heraus, eine Hymne auf die guten Zeiten, die vor dem Krieg, den Kriegen, vor dem letzten Krieg, den letzten, den furchtbarsten, denn ist nicht immer der letzte Krieg der furchtbarste? Doch dieser war es wirklich, in diesen schrecklichen Neunzigern, in denen wir uns selbst zerstörten. Der »Yugo 45« also stellvertretend für die guten Zeiten? Wie kann das denn sein?, fragt der deutsche Leser mit Zwölfzylinder-Genen, das ist doch diese schrottige Karre, die nach nix aussieht und noch weniger kann? Ebendiese, lieber Leser! Der Yugo 45 war ein Auto, über das die ganze Welt lachte, und wenn man in einem Land nicht gerne über Autos lacht, dann in Deutschland, das weiß ich.[27]

Diese Lachnummer von Schrottkarre löst bei uns Nostalgie aus, denn in ihrer albernen Schrottigkarrenhaftigkeit symbolisiert sie Zeiten des Friedens. Außerdem, und das ist entscheidend, hängt sie nicht irgendwo im Mittelmaß, sondern ist definitiv grottig. Es ist müßig bis gefährlich, Völker, ihre Nationalpsyche und ihre Eigenschaften zu verallgemeinern, doch eines kann man über Menschen aus diesem meinem Land durch die Bank weg behaupten: lieber ganz unten, als irgendwolwo im Mittelmaß.

Zabranjeno Pušenje singt in »Yugo 45«, dass die Wunder dieser Welt, die Pyramiden und großen Flüsse Indiens, nichts waren gegen den Anblick, als der Alte einen Yugo 45 im Vorgarten geparkt hat, und über Ausflüge nach Triest und wie die Jungs eines Nachts damit abgehauen sind und …

Gute Zeiten eben. Zeiten des Friedens.

***

Der Yugo 45 genießt vor allem in den USA den Ruf das schlechteste Auto der Welt zu sein, dabei fing er dort eigentlich als Erfolgsgeschichte an, nur fiel er dann sehr schnell unheimlich tief.[28]

27 Einmal brachte ich mein Auto zum TÜV, das mir zuvor ein befreundeter Jugo »tifftauglich« zusammengeschraubt hatte. »Wos isn des? Des schaugt ja aus, als ob des von nem Jugo zammgeschraubt worn wär«, sagte der Prüfer. Ich lachte. Er nicht.

28 Ausführlich beschrieben in *The Yugo: The Rise and Fall of The Worst Car in History* von Jason Vuic.

Im Jahr 1981, in dem Jahr also, in dem wir aus dem Jugoland für immer wegrollten, rollte der erste Yugo 45 vom Band in der Zastava-Fabrik in Kragujevac, der viertgrößten Stadt Serbiens. In dieser Fabrik wurden seit Mitte des 19. Jahrhunderts Waffen, Panzer, Autoersatzteile und später Fiats hergestellt wurden. In Europa wurde der Yugo 45 mehr schlecht als recht vertickt, doch ab 1986 wurde er in die USA exportiert, und hier fing sein Siegeszug an, zumindest als Kultobjekt und Popreferenz. Die amerikanische Presse lobte zunächst zwar den Preis (mit 3995 US-Dollar der billigste Wagen auf dem Markt) und die Idee an sich, und der Yugo 45 verkaufte sich anfangs gut, doch dann wurden die Technik, die Ausführung und das Design niedergeschrieben und -gemacht.

Dabei ist natürlich in Betracht zu ziehen, dass er schon deshalb nicht das schlechteste Auto der Welt sein konnte, weil er verschiedene Sicherheitstests erfolgreich hatte bestehen müssen, um in die USA exportiert werden zu können. Russische Ladas oder tschechische Škodas gab es aus diesen Gründen auch nicht in den Vereinigten Staaten zu kaufen. Doch für die Amerikaner stand ab 1989, als der letzte Yugo 45, kurz Yugo, dort verkauft wurde, fest: *worst car forever.* »Es ist eine Geschichte ikonischen Scheiterns«, schrieb die *Washington Post.*

Ikonisch ist der Yugo deshalb, weil der in der amerikanischen Popkultur (und diese verbreitet sich schnell) seitdem als Witz und Symbol für ein kleines, billiges und qualitativ minderwertiges Auto gilt, und auch der Amerikaner versteht keinen Spaß, wenn es um Autos geht. In vielen Hollywoodfilmen taucht das Auto als Garant für Nonsens auf: In »*Der verrückte Professor*« will Sherman Klump, in der Neuverfilmung von Eddie Murphy gespielt, einen Yugo kaufen. Verrückt! In *Bowfingers große Nummer*, wieder mit Eddie Murphy und Steve Martin, arbeitet man an einem Dokumentarfilm über den Yugo. Gaga. In *Stirb langsam: Jetzt erst recht!* wagen sich Bruce Willis und Samuel

L. Jackson in einem Yugo auf eine Verfolgungsjagd. Sehr lustig. In *Der Fall Mona* stirbt Bette Midler in der Anfangsszene in einem Yugo, weil dessen Bremsen versagen, und sowohl in einer Folge der *Simpsons* als auch in zwei Romanen von Stephen King taucht die Karre auf.

Es gibt in den USA eine Vielzahl nicht sehr guter Yugo-Witze, der bekannteste ist »You go, but it doesn't.«

Oder:

»Was steht auf der letzten Seite der Yugo-Gebrauchsanweisung? Der Busfahrplan.«

Oder:

»Bei Chuck Norris springt der Yugo sofort an.«

Aber auch:

»Was zerfällt schneller als ein Yugo? Der Staat, der ihn hergestellt hat.«

***

Im selben Jahr, in dem das Lied »Yugo 45« von Zabranjeno Pušenje auf den Markt kommt, 1999, am 9. April, wird die Zastava-Fabrik in Kragujevac, die Produktionsstätte des Yugo, von NATO-Kampfjets bombardiert.

2008 rollt der letzte Yugo vom Band.

Schlagzeile: »Der Yugo ist tot.«

***

Ein Jugo fährt mit einem Auto über eine Brücke. Als er in der Mitte ankommt, wird er von einem Polizisten angehalten, der Fahrer soll das Fenster herunterkurbeln. Der Polizist sagt: »Gratuliere! Sie sind der hunderttausendste Autofahrer, der über diese Brücke fährt. Sie haben eine Million Mark gewonnen!«

Darauf der Jugo: »Ej super! Jetzt mit diese Geld kann ich endlich machen Führerschein!«

Brüllt ihn seine Frau vom Beifahrersitz an: »Dragan, du Idiot! Herr Polizist, bitte hören nicht, was sage meine Mann, er schon hat diese Ausweis, er nur besoffen.«

Ruft der Großvater auf der Rückbank: »Verdammt, habe ich aber gleich gewusst, mit diese gestohlene Auto wir kommen nicht weit!«

Da rumpelt es hinten im Kofferraum: »Ey Dragan, was los? Wir schon sein über Grenze?«

(Ich kann mir diese Szene lebhaft vorstellen, aber nur in zwei Modellen – Mercedes und Yugo, und wenn Mercedes, dann so ein altes, geradliniges Modell, das so aussieht, als hätte ein kleines Kind ein Auto gezeichnet.)

Diesen Witz erzählte mir gern mein türkischer Mitschüler Aldemir. Aldemir war ein klassisches *gastarbajterkind* – sein Vater war Müllmann –, und er selbst war aufgeweckt und intelligent. Ständig kam er zu spät, weil »'tschuldigung, ich haben das Tram verpasst«. Seine Locken waren hart gegelt, wie es in den achtziger Jahren unter den coolen Jungs Usus war. Aldemirs Sitznachbar war ein Italiener namens Giacomo, und die beiden waren Double Trouble, der eine schnauzte den anderen ständig an:

»He, du hast wieder unseren Stift vergessen!«

Jedenfalls erzählte mir Aldemir häufig Jugo-Witze. Ich revanchierte mich dafür mit dem Märchen von Ero, dem Schelm aus dem Jenseits, einem beliebten Volksmärchen bei uns, von Vuk Stefanović Karadžić aufgeschrieben:

Ein Türke und seine Frau arbeiten auf dem Feld, zur Mittagszeit bringt der Mann das Pferd zur Tränke, und die Frau legt sich in den Schatten. Da kommt Ero des Weges. »Grüß dich, Türkin!«

»Grüß dich! Woher kommst du?«

»Aus dem Jenseits.«

»Schau einer an. Hast du dort meinen Mann Muja getroffen? Er ist vor wenigen Monaten gestorben.«

»Na klar! Er ist mein Nachbar.«

»Und wie geht's ihm?«

»Er ist gottlob gesund. Aber er hat kein Geld, kann sich keinen Tabak kaufen, und im Kaffeehaus, wenn die Freunde beisammensitzen, kann er auch den Kaffee nicht bezahlen.«

»Hast du vor, ins Jenseits zurückzukehren?«, fragt die Türkin. »Könntest du ihm wohl etwas Geld mitnehmen?«

»Klar«, sagt Ero, steckt das Geld ein, das ihm die Türkin gibt, und ist schnell wieder verschwunden.

Als der Mann der Türkin von der Tränke zurückkehrt und die Geschichte hört, reitet er schnell los, um Ero zu erwischen. Der aber schafft es durch eine List, auch noch das Pferd des Türken zu bekommen. Dem wütenden Türken bleibt nichts anderes übrig, als zu Fuß zu seiner Frau zurückzukehren.

»Wo hast du das Pferd gelassen?«, ruft sie ihm entgegen.

»Du hast Muja Geld für Tabak und Kaffee geschickt, und ich gab mein Pferd, damit er im Jenseits nicht zu Fuß zu gehen braucht.«

Dieses Volksmärchen basiert auf der jahrhundertelang währenden türkischen Besatzung, die unter anderem zur Folge hatte, dass es sich bei dem bosnischen Volk um die einzigen muslimischen Slawen der Welt handelt.

***

»He *Pilic*! Hühnchen!«, rief Aldemir, der, wie ich stolz zu berichten weiß, heute Rechtsanwalt ist.

»Was ist?«, sagte ich.

»Was bekommt ein Jugo zum achtzehnten Geburtstag?!

»Keine Ahnung. Verpiss dich«, sagte ich, ahnend, dass dieser Witz wohl oder übel auf *import* oder auf *eksport* hinauslaufen würde.

»Dein Auto!«

Das Genie

Vom schlechten Schrauben übers Klauen, vom Schmuggeln bis hin zur allgemein unredlichen Behandlung von Autos – wobei der letzte Punkt den Deutschen sicherlich am unverständlichsten ist – ist der *Homo Jugis* der Neuzeit, wahrscheinlich seit Tito als *the original gastarbajter*, erstaunlich oft mit dem Auto assoziiert, wenn auch nicht immer positiv. In meiner Familie war das Auto immer ein Teil der Identität: Maras Vater, mein Urgroßvater, war Fahrer, ich lernte Farben anhand von vorbeifahrenden Wagen und verbrachte von einem Ort zum anderen reisend meine Kindheit darin, und mein Vater war länger als ein Jahrzehnt unübersehbar in seinem Pagoda. (Übrigens bestand nie die Gefahr, dass dieser in Jugoslawien hätte gestohlen werden können, denn wohin damit?) In Deutschland, der neuen Heimat, brachten wir unsere Autos zu Werkstätten, deren Betreiber einen auf -ic endenden Namen besaßen.

Eine erstaunliche aktuelle Auto-Erfolgsgeschichte basiert auf einem in Kroatien geborenen Serben aus dem Jenseits. Tesla Motors wurde 2003 von zwei jungen Männern in Kalifornien gegründet und ist seit Jahrzehnten die erste neue profitable amerikanische Autofirma. Erstaunlich dabei ist, dass Tesla Profit einfährt, indem es gegen alle Widrigkeiten und Widerstände der traditionellen Industrie tadellos funktionierende Elektroautos auf den Markt bringt. Benannt haben die beiden CEOs ihre Marke nach Nikola Tesla, dem genialen und missverstandenen Erfinder, den sie wie eine ganze Generation technisch versierter

Tech-Geeks in Nordamerika verehren. Die Tesla-CEOs begründeten die Namensgebung damals so: »Ohne Teslas Vision und Brillanz wäre unser Wagen nicht möglich. Wir sind uns sicher, wäre er am Leben, er würde unseren zu 100 Prozent elektrischen Wagen ansehen und verständnisvoll zustimmend nicken.«

Wahrscheinlich haben sie sogar recht damit, und es ist nicht nur leeres Unternehmergeschwätz – leeres Unternehmergeschwätz beinhaltet nämlich per definitionem zu 100 Prozent das Wort »Vision«. Denn es war vor allem Teslas Verdienst, dass die Elektromobilität Ende des 19. und Anfang des 20. Jahrhunderts recht weit fortgeschritten war, ehe sie letztendlich doch den Kampf gegen benzinbetriebene Fahrzeuge verlor. Doch nicht nur seine Vision fließt in Tesla Motors ein, vielmehr auch eine konkrete Erfindung: Der Tesla Roadster, der 2008 auf den Markt kam, verwendet einen dreiphasigen Wechselstrom-Induktionsmotor, der 1888 von Nikola Tesla patentiert wurde und dank seiner Zuverlässigkeit, Einfachheit und Effizienz in der Industrie weit verbreitet ist.

Das mit den Visionen war genau die Krux in Teslas Fall: Seine Erfindungen, Ideen und Entwürfe sollten immer der Menschheit dienen und nicht ihm selbst. Geld interessierte ihn schlichtweg nicht, Ruhm und Anerkennung auch nicht. Er bekam zu Lebzeiten auch nichts davon. Inzwischen wird er in den USA, und dafür ist ebenso der Geek-Bewegung zu danken, als »der Mann, der die Welt zum Leuchten brachte«, als »der Mann, der das 20. Jahrhundert erfand«, bezeichnet, doch wie man so schön auf Deutsch sagt – kaufen konnte er sich dafür nichts.

Es schien, als ob Tesla mit dem amerikanischen Profitdenken nicht umgehen konnte oder wollte. Er beabsichtigte, ein weltumspannendes kostenfreies Energienetz zu errichten – und stieß damit bei Investoren auf Ablehnung, denn, nun ja, als solche hatten sie ein Problem damit, dass sich die Menschheit umsonst daran bedienen sollte. So starb Tesla völlig verarmt, und für seine Ideen kassierten andere Geld, Ruhm, Nobelpreise und Zeilen in Geschichtsbüchern.

Tesla war bei uns seit jeher bewundert und galt als der schillerndste Emigrant der neueren jugoslawischen Geschichte und als solcher als ein Bestandteil unserer Kultur. Seine exzentrische Art und seine Underdog-Mentalität, gepaart mit Genialität und Selbstlosigkeit, machten aus ihm einen Nationalhelden, auf tragische Weise missverstanden in der großen weiten Welt, dabei seiner Zeit stets voraus.

Im Jahr 1884 hatte er sich mittellos auf den Weg in die USA gemacht, zwei Tage nach der Ankunft begann er, für Thomas Edison zu arbeiten. Er versprach ihm eine Lösung für die Probleme, auf die Edison, der ein guter Businessmann, aber ein mieser Erfinder war, bei seinen Stromexperimenten gestoßen war. Der Unternehmer aus Ohio versprach Tesla 50 000 Dollar als Belohnung, doch als der ihm die Lösung lieferte, lachte Edison ihn nur aus und sagte, er verstehe wohl den amerikanischen Humor nicht. Tesla fing daraufhin an, für Westinghouse, einen Konkurrenten von Edison, zu arbeiten, und der Krieg der Stromsysteme begann: Es war Teslas Wechselstrom gegen Edisons Gleichstrom.

Natürlich hatte Tesla recht, »doch weil er ein beschissener Businessman war, war das egal. Seine Erfindungen werden immer noch dazu benutzt, Fuck-You-Money in die Taschen von Edisons Nachkommen zu schieben«, so die Erklärung der Geeks auf einer ihrer Websites. Selbst Westinghouse, den er für einen Freund hielt, schwatzte Tesla einen Vertrag auf, der nur eine lächerliche Einmalzahlung statt einer Lizenzgebühr für all die Millionen Wechselstromgeräte, die auf seinen Patenten beruhten, enthielt.

1886 meldete Tesla ein bestimmtes Patent an, das den Italiener Guglielmo Marconi zu weiteren Forschungen animierte.

Marconi wurde daraufhin 1909 mit dem Nobelpreis für Physik geehrt. Teslas Reaktion, als er hörte, dass Marconi sich seiner Ideen bedient hatte, war zunächst: »Marconi ist ein guter Kerl. Lasst ihn weitermachen. Er arbeitet an siebzehn meiner Patente.« Als Marconi aber für Teslas Erfindung den Nobelpreis bekam, war selbst seine Geduld erschöpft: Er verklagte Marconi.

Tesla bekam vor dem Supreme Court, dem Obersten Gerichtshof in den USA, Recht, im Jahr 1943, kurz nach seinem Tod. Nikola Tesla ist heute als die erste Person, die die Radiotechnologie patentierte, anerkannt. Doch das erlebte er nicht mehr, und warum das Supreme Court so lange brauchte, um das festzustellen, ist schwer verständlich, denn Patent hin oder her: In jedem Radio und Fernseher steckt der Tesla-Transformator, ohne den die Geräte nicht funktionieren würden.

Tesla war eben »ein Dichter der Wissenschaft«, wie es New Yorks Oberbürgermeister Fiorello LaGuardia in seiner Trauerrede ausdrückte, die im Radio übertragen wurde. »Nikola Tesla hätte der reichste Mann des Landes, der Welt werden können, wenn er nach Reichtum gestrebt hätte. Das hat er nicht. Er hatte keine Zeit für Erfolg. Er schaffte außerordentlich wunderliche Dinge, und das tat er, um der Menschheit zu dienen. Und dafür wollte er nichts. Geld? Interessierte ihn nicht. Ehre? Wer ist schon jemand, um jemand anderen zu ehren? Das war seine Einstellung. Dankbarkeit erwartete er nicht und auch nicht, für das bezahlt zu werden, was er für die menschliche Rasse tat. Er funktionierte einfach gemäß seinem natürlichen Genius, das zu ihm im Land seiner Geburt kam, *Yugoslaviaaaaah.*« So sprach es LaGuardia, aus, die letzte Silbe unendlich gedehnt, als wäre es ein mystischer Ort.

LaGuardia betonte auch mehrmals, dass der Mann, der in einem kleinen Hotelzimmer in New York starb, nicht tot sei, nicht wirklich, denn er würde in seinen Erfindungen weiterleben, und außerdem: »Sein Leben ist ein Triumph.«

***

In einer Parallele zu LaGuardia ist heute auch ein Flughafen nach Nikola Tesla benannt. Der Belgrade International Airport trägt seit 2006 den Namen »Nikola Tesla«. Bizarres Halbwissen: Als der Flughafen noch »International Airport« hieß, gab es wegen des Embargos keine internationalen Flüge.

***

»*A great American*«, so bezeichnete LaGuardia Tesla im ersten Satz seiner Trauerrede, die er in der Diktion eines Shakespeare-Schauspielers ablieferte, so mit Höhen und Tiefen und großartigen Pausen. Ein großer Amerikaner also, doch LaGuardia fügte gleich hinzu, dass er aus einem Land stamme, »das wir als Jugoslawien kennen«. *A great American?* Tatsächlich erhielt Tesla bereits 1895 die amerikanische Staatsbürgerschaft und ist heute als serbisch-amerikanischer Erfinder bekannt. Eben weil er auch Amerikaner war, musste LaGuardia in der Trauerrede erklären, warum Tesla Geld so egal war, denn jeder, der nach Amerika kam, tat dies, um es zu etwas zu bringen, und *zu etwas* hieß vor allem: zu Geld. Dass man sein Werk ruhig so stehen lassen kann, weil man der Menschheit gedient hat, kommt eher selten vor.

***

Nach Teslas Tod am 7. Januar 1943, dem orthodoxen Weihnachtstag, geschahen seltsame Dinge. Am 9. Januar beschlagnahmte das FBI alle Habseligkeiten Teslas aus dem Hotel New Yorker, in dem er die letzten zehn Jahre seines Lebens verbracht hatte, sowie aus anderen Hotels der Stadt, in denen er Zimmer bewohnt hatte. Das FBI bestreitet dies offiziell auf seiner Website in der allzeit beliebten Rubrik namens »Top Ten Myths in FBI History« und hält dazu fest: »Seit 1943 haben wir an immer derselben Version festgehalten als Antwort für die, die danach gefragt haben.« Das ist sehr überzeugend. Vielmehr, so das FBI, sei das Department of Justice Alien Property Custodian Office, kurz Office of Alien Property oder OAP – wobei sich *Alien* auf fremde Länder, nicht auf fremde Planeten bezieht –, dafür verantwortlich gewesen, ungefähr zwei Lastwagen voll mit Teslas Papieren konfisziert zu haben, obwohl er ja amerikanischer Staatsbürger war. Heute ist man sich einig, dass das OAP alles beschlagnahmte und dass dies auf Anweisung des FBI geschah. Letztere Organisation bestreitet am liebsten, im Besitz »der Papiere oder der Mikrofilme dieser Papiere des von der Presse so getauften Todesstrahls (*death ray*), einer Maschine, an der Tesla arbeitete«, zu sein. Ein erstaunlich detailliertes Demento.

Auch seltsam: Obwohl er das Ausmaß von Eigenbrötlertum an den Tag legte, das man von einem besessenen exzentrischen Erfinder im verrückten Professor-Modus erwartet, kamen rund zweitausend Trauergäste zu seinem Begräbnis, das am 12. Januar 1943 in der Cathedral of St. John the Divine stattfand. (Einen Tag später, am 13. Januar, dem orthodoxen Kalender nach Silvesterabend, gab es einen weiteren Gottesdienst in serbischer Sprache, abgehalten in der serbisch-orthodoxen Kirche, danach wurden Teslas sterbliche Überreste nach Fernwell gebracht, wo er eingeäschert wurde, in den fünfziger Jahren wurde seine Asche nach Belgrad überführt, wo sie heute im Museum Nikola Tesla zu finden ist.) Dass so viele Menschen sich von ihm verabschiedeten, lag daran, dass Tesla, der sein ganzes Leben zölibatär verbrachte und am Ende seines Lebens eine erstaunliche Bindung zu Tauben zeigte, recht viele lässige Freunde hatte. Jeden Abend dinierte er auswärts, und in seinen Laboratorien hielt er regelmäßig Soirees ab, bei denen er den einen oder anderen Versuchsaufbau sensationell beleuchtete und demonstrierte. Diese Einladungen waren in der New Yorker High Society begehrt.

Einer seiner guten Freunde war Mark Twain. Als Nikola Tesla ein Kind war, überstand er eine von etlichen schweren Krankheiten mit den Büchern von Mark Twain, wie er notierte[29]: »Es waren die ersten Werke Mark Twains, denen ich wahrscheinlich die wundersame Heilung verdankte, die erfolgte. Fünfundzwanzig Jahre später lernte ich Herrn Clemens[30] kennen, erzählte ihm von dieser Erfahrung und sah mit Erstaunen diesen Großmeister des Lachens weinen.«

Twain und Tesla hingen häufiger in Teslas Labor ab, vielleicht chillten sie dabei wie zwei Rapper im Studio, sicher aber experimentierten sie mit Licht und Strom, und Twain stellte sich dabei gern als Versuchskaninchen zur Verfügung.

»Menschen mit einer neuen Idee gelten so lange als Spinner, bis sich die Sache durchgesetzt hat«, war Twains Ansicht. Man kann sich also gut vorstellen, dass er mit Tesla fühlte.

Ein sehr enger Freund Teslas, in dessen Haus an der 327 Lexington Avenue er ständig verkehrte, war Richard Underwood Johnson, Diplomat, Dichter und Herausgeber des *Century Magazine*, das des Öfteren Artikel und Essays von Tesla veröffentlichte. Tesla gab Underwood die Gedichte des Serben Jovan Jovanović Zmaj, eines weiteren Freundes, in einer groben Übersetzung, damit Underwood sie perfekt ins Englische brachte. Mit Zmajs Kindergedichten bin ich wie Millionen jugoslawischer Jungen und Mädchen aufgewachsen. Eines dieser Gedichte heißt: »Warum die Armee verstummte«, oder wie es Underwood perfekt übersetzte: »*Why the army fell silent*«.

Tja, warum? Die Armee kehrte nach Hause zurück und

29 Aus *Tesla: Man Out Of Time* von Margaret Cheney, Touchstone, 1981.
30 Mark Twains richtiger Name war Samuel Langhorne Clemens.

wurde mit einem Mal so still, dass man das Gras wachsen hören konnte, und warum? »Weil der kleine Junge schläft.« Diese letzte Zeile kenne ich noch aus der Kindheit, und sie machte mich schon damals traurig, doch je älter ich werde, desto schärfer trifft mich ihre zärtliche Note. Und auch während der neunziger Jahre fand diese Zeile immer wieder den Weg in mein Bewusstsein, als müsste man der Armee nur ein Gedicht vorlesen, damit die Soldaten begreifen, dass sie jetzt aufhören und still sein müssen, denn der kleine Junge schläft, merkt das denn niemand?

Dass Tesla gerade dieses Gedicht übersetzte und Underwood zum Aufpolieren gab, ist wahrscheinlich kein Zufall, denn um Frieden schien es ihm immer zu gehen.

A Machine to end war (Eine Maschine, um den Krieg zu beenden) hieß ein Essay von Tesla, der im Jahr 1937 veröffentlicht wurde. Darin beschreibt er die Superwaffe zu just jenem Zweck. Er versuchte vergeblich, das amerikanische Kriegsministerium wie auch verschiedene europäische Behörden dafür zu interessieren.

Das wär's gewesen – *a machine*, ausgerechnet *to end war*, ausgerechnet von einem Jugoslawen gebaut.

Wahrscheinlich hätte Edison das Patent gestohlen.

Ein anderer Freund Teslas war Ivan Meštrović. Sie lernten sich 1924 in New York kennen. Am 18. August 1939 schickte Tesla ein Telegramm an ihn mit folgendem Wortlaut:

Aufgrund unserer slawischen Herkunft möchte ich, dass nach meinem Tod eine Büste aus der wundersamen Hand von Meštrović bleibt. Ich habe noch keine Mittel … Mein Gesicht ist noch glatt, die Augen klar, und ich habe keine Glatze … Bitte telegrafieren Sie Ihre Verfügbarkeit und Absicht. Ihr Bewunderer Nikola Tesla

Eine Woche später erfolgte Meštrovićs Antwort:

Mit großem Vergnügen möchte ich den Wunsch erfüllen Mittel unnötig Stop Durch Verträge an Europa gebunden, kann nicht dorthin Stop Können Sie mich in Split besuchen kommen, wenn nicht, schicken Sie mir eine Fotografie. Erinnere mich außerordentlich gut an Sie Es grüßt Sie Meštrović

Und so kam es dann auch, leider erst nach Teslas Tod. Aus seiner Erinnerung fertigte Meštrović 1952 eine Bronzebüste an, die heute im Museum Nikola Tesla in Belgrad zu besichtigen ist, und 1955/1956 eine Statue, die heute in Zagreb steht.

Das hätte Tesla gefallen, das mit Belgrad und Zagreb. Dass diese Städte heute jedoch in zwei verschiedenen Ländern liegen und wie es dazu kam, hätte ihm sicher nicht gefallen. Tesla, der 1856 als Serbe und Sohn eines orthodoxen Geistlichen in Smiljan, Kroatien, Kaisertum Österreich, geboren wurde, war Jugoslawe.

Danke für die sehr geschätzten Glückwünsche und die Ehre. Ich bin zu gleichen Teilen ebenso stolz, serbischer Herkunft zu sein wie auf meine kroatische Heimat. Es leben alle Jugoslawen.

Das schrieb Tesla in einem Telegramm 1936, adressiert an den kroatischen Politiker Dr. Vladko Maček, der wie Tesla und Meštrović in den USA starb.

Am 8. Juli 1942, zwei Tage vor Teslas letztem Geburtstag, traf er Petar Karađorđević in New York City. In seinen Memoiren *A King's Heritage* heißt es über die Begegnung:

Ich besuchte Dr. Nikola Tesla in seinem Apartment im Hotel New Yorker. Nachdem ich ihn begrüßte, sagte der alte Wis-

senschaftler: »Es ist mir die größte Ehre. Ich bin froh, dass Sie in der Blüte Ihrer Jugend sind, und bin mir sicher, dass Sie ein großer Herrscher sein werden. Ich glaube, dass ich noch erleben werde, dass Sie in ein freies Jugoslawien zurückkehren. Von Ihrem Vater hörten Sie seine letzten Worte: Beschützen Sie Jugoslawien. Ich bin stolz, ein Serbe und ein Jugoslawe zu sein. Unser Volk darf nicht verschwinden. Hüten Sie die Einigkeit aller Jugoslawen, der Serben, der Kroaten und der Slowenen.«

Die Einigkeit aller Jugoslawen hüten. Beschützen Sie Jugoslawien. *A machine to end war.* In den Zeiten der Kriege kamen mir die Vision und Stimme Teslas als lindernde Normalität vor.

***

Tesla war ein Visionär, im Jahr 1909 veröffentlichte er folgende Prophezeiung, ein weiterer Grund, warum die Geeks ihn lieben:

Bald wird es möglich sein, drahtlose Nachrichten um die Welt zu schicken auf derart einfache Weise, dass jedes Individuum seinen eigenen Apparatus mit sich herumtragen und bedienen kann.

***

Tesla war ein Exzentriker. Er liebte die Zahl 3, sein Hotelzimmer im 33. Stock des Hotel New Yorker hatte die Zimmernummer 3327 ($3 \times 3 = 9 \times 3 = 27$), zu Abend aß er immer genau von acht bis zehn Uhr und benötigte dazu stets achtzehn Servietten. Er lebte als Vegetarier, verabscheute menschliches Haar und Schmuck, arbeitete rund um die Uhr, schlief kaum, und seine Augen wurden im Laufe seines Lebens immer heller.

So faszinierend Teslas Leben und Werk auch waren, so faszinierend fand ich die Tatsache, dass er im Westen relativ unbekannt war, diese große Ungerechtigkeit, die ihm widerfuhr und die erst in den letzten Jahren relativiert wird.

***

Im Jahr 1895 eröffnete Tesla mit Westinghouse an den Niagarafällen ein mit Wasser betriebenes Kraftwerk – und dort enstand im Sommer 1971 das einzige Foto, das meine Mutter während ihrer Schwangerschaft mit mir zeigt.

2006, im selben Jahr, als der Belgrader Flughafen nach ihm umbenannt wurde, stellte man an den Niagarafällen eine Statue von ihm auf.

Tesla war vielleicht ein großer Amerikaner, er war auf jeden Fall ein großer Jugoslawe, wenn nicht der größte. Er war vor allem ein großer Mensch.

Den Zehn-Milliarden-Schein aus den achtziger Jahren mit dem Antlitz von Nikola Tesla habe ich aufgehoben, damals in der Hoffnung, dass dies der tiefste Punkt in der Geschichte wäre, dass ich mich irgendwann grinsend daran erinnern würde, dass wir knapp einer Katastrophe entkommen sind. Und als es so nicht kam, als man tiefer und tiefer sank, wurde er eine mahnende Erinnerung daran, dass der Mensch edel sein kann, auch wenn er unverstanden bleibt.

Krieg

Ich hatte immer das Gefühl, in meiner Kindheit und Jugend relativ unbeschadet davongekommen zu sein. Folglich war klar, dass irgendwo auf dem Weg ein dickes Ende (oder zumindest ein dicker Zwischenakt) wartete. Ich war also nicht gänzlich unvorbereitet, doch mit einem Krieg konnte ich nicht rechnen. Das lag für einen jungen Menschen in Europa, Ende des 20. Jahrhunderts, außerhalb der Vorstellungskraft.

Trotz stetiger Verschlimmerung der Situation hatten wir bis zum Schluss gehofft, dass es nicht zum Krieg kommt, dass ein Wunder ihn verhindern könnte.

Krieg? Nein. Bei uns? Mitten in Europa? Ende des 20. Jahrhunderts?

Nein, nein, das kann nicht sein. Wenn Jugoslawien nicht Brüderlichkeit und Einheit wahren konnten, dann doch sicherlich wenigstens den Frieden?

Krieg? Ausgeschlossen. Unvorstellbar. Absurd.

Am 25. Juni 1991 erklärten Slowenien und Kroatien ihre Unabhängigkeit. Tags darauf, am 26. Juni, dem zwanzigsten Hochzeitstag meiner Eltern, gab der letzte jugoslawische Regierungschef, der Kroate Ante Marković, der Jugoslawischen Volksarmee den Befehl zur militärischen Sicherung der Grenzen in Slowenien. Somit begann der zehntägige Krieg in Slowenien, es war der Auftakt der Kriege, der Barbarei, Idiotie, Gräuel und Zerstörung, die die neunziger Jahre bestimmen würden.

Ich hatte gerade Abitur gemacht, meine Eltern feierten ihren zwanzigsten Hochzeitstag, unsere Familie lebte in Wohlstand und Frieden, und mit einem Schlag waren wir atemlos, fassungslos, schlaflos, machtlos, ungläubig, fühlten uns taumeln, schwindelig, betrogen, verarscht, verängstigt, verrückt. (Tatsächlich sollte das Gefühl, gleich durchzudrehen, im nächsten Jahrzehnt überwiegen, mit einem großzügigen Schuss Abscheu versetzt, serviert auf einem Bett großer Verzweiflung.) Was ging da vor sich? »Wenn es nur nicht schlimmer wird«, sagten meine Eltern. Sie wiederholten es wie ein Mantra: *Lass es nur nicht schlimmer werden.* Was sie damit meinten, war: Wenn sich Slowenien abspaltet und der Krieg zehn Tage dauert, kann man das noch hinnehmen. Aber lass den Krieg bloß nicht nach Kroatien oder – im Namen aller Götter – nach Bosnien überschwappen, denn das würde unerträglich sein.

Der Krieg in Slowenien dauerte so kurz, weil die Bevölkerung dort homogen strukturiert war. Die Kriege in Kroatien und Bosnien währten so lange und waren so blutig, weil in Kroatien große Landstriche mehrheitlich mit Serben bevölkert waren und Bosnien ein einziger Fleckenteppich war, wenn man sich eine Karte der Bevölkerungsgruppen von 1991 ansieht.

Das Jahr 1991 war auch ein wichtiges für Deutschland. Die DDR wurde mehr und mehr ehemalig, und man machte sich an die Wiedervereinigung, wenn sie auch nicht von allen gewollt war. Ich erinnere mich, dass es an meiner Schule – ich war für die Kollegstufe auf das humanistische Oskar-von-Miller-Gymnasium gewechselt, weil es nur hier meine beiden Leistungskurse Englisch und Französisch in Kombination gab, und hier machte ich in diesem Jahr auch Abitur – Buhrufe und Pfiffe gegeben hatte, als der Wiedervereinigungsvertrag im September 1990 unterzeichnet wurde. Viele Schüler empfanden das als zu früh und unüberlegt, sahen die »Herstellung der Deutschen Einheit« eher als eine Annektierung an, die Idee zwar als richtig, aber eben als zu überstürzt. Sie kritisierten Helmut Kohl, der unbedingt als Kanzler der Wiedervereinigung in die Geschichte – *unthöre Göchichte* – eingehen wollte. Ich war auch dieser Meinung, doch ich fand den Grundgedanken schön. Ein Land wird wiedervereinigt. Brüderlichkeit und Einheit.

Am Anfang des Jahres 1991 waren wir alle auf die Straße gegangen, um gegen den Golfkrieg zu demonstrieren, wir riefen: »Kein Blut für Öl.« Ein Mädchen sang »Give Peace A Chance« in das Megafon eines Polizeibusses. Als es um Kuwait ging, waren sich alle einig.

Mein Land war nicht mehr zu retten, es würde zerfallen, es war schon dabei. Mein neues Land feierte und stockte auf. Doch dass ausgerechnet das neue Land dem alten Land so übel mitspielte, ging nur schwer in meinen Kopf.

Am 23. Dezember 1991 erkannte das neue Deutschland Kroatien und Slowenien im Alleingang an, gegen den Willen der Europäischen Gemeinschaft und des UN-Generalsekretärs Javier Pérez de Cuéllar. Deutschland, allen voran Außenminister Hans-Dietrich Genscher, hatte Slowenien und Kroatien zur Unabhängigkeit animiert, ihnen die Anerkennung trotz Staats- und Völkerrechtsfragen versprochen. Man wollte um jeden Preis das Auseinanderfallen von Jugoslawien zementieren, ohne Rücksicht auf Verluste und Menschenleben. Bereits im August 1991 gewährte Deutschland dem damaligen kroatischen Präsidenten Franjo Tuđman Importbürgschaften, die eigentlich nur formal existierende Staaten erhalten dürfen. Da tobten in der Krajina schon schwere Kämpfe zwischen serbischen und kroatischen Milizen, und Genscher ließ öffentlich verlauten: »Mit jedem weiteren Schuss rückt die staatliche Unabhängigkeit Kroatiens näher«, was die, die die Unabhängigkeit Kroatiens wollten, nicht unbedingt zur Waffenruhe animierte, sondern eher zu weiteren

Schüssen. Daraufhin reiste Bosniens Präsident Alija Izetbegović nach Bonn mit der dringenden Bitte, die Anerkennung zu unterlassen, denn er befürchtete – zu Recht, wie sich ein paar hunderttausend Tote später bewahrheiten sollte –, dass der Zerfall Jugoslawiens einen grauenhaften Krieg in Bosnien zur Folge haben würde. UN-Generalsekretär Pérez de Cuéllar warnte ebenfalls vor der zu frühen und selektiven Anerkennung und sagte eine Ausweitung der Kampfzone voraus, doch Genscher ließ ihn wissen, die Entscheidung sei bereits gefallen. Die Europäische Gemeinschaft zog widerwillig mit, um die Einheit zu wahren, doch dann preschte Deutschland vor und erkannte drei Wochen vor dem abgemachten Termin Kroatien und Slowenien im Alleingang an.

Damit erreichte Genscher sein Ziel, mit dessen Arbeit sein Zögling Klaus Kinkel als Chef des Bundesnachrichtendiensts bereits Anfang der achtziger Jahre begonnen hatte: die Zerschlagung Jugoslawiens.

Hm. Manchmal erwähnte ich diese Tatsachen, wenn ich wieder einmal gefragt wurde: »Erklär mir den Krieg. Du kommst doch von da. Ich verstehe das nicht. Was macht ihr denn da?«

Nun, wenn ich Deutschlands tragende Rolle in diesem sehr sensiblen Zeitabschnitt erwähnte, hörte man das nicht gern, man bezichtigte mich gar des paranoiden Verschwörungstheoretikertums. Doch dies sind Tatsachen, und jeder kann sie nachlesen. Ich wollte solche Gespräche meist nicht führen, und wenn man mir nicht glaubte, dann verwies ich später auf den deutschen Geheimdienstexperten Erich Schmidt-Eenboom, der in seinem 1995 erschienenen Buch *Der Schattenkrieger. Klaus Kinkel und der BND* den Sachverhalt ausführlich schilderte.

Nicht dass Deutschland an Jugoslawiens Zerfall schuld war – Hans-Dietrich Genscher, Helmut Kohl und Klaus Kinkel taten aber, was sie konnten, damit die Sache auch wirklich vonstattenging. Die Schuld trifft natürlich uns, sogar die Guten, selbst die, die sich duckten und nicht genug wehrten.

Ich war nun also seit Kurzem Bürgerin des Landes, das aktiv mithalf, mein altes Land zu zerstören, als wäre der Krieg allein nicht *headfuck* genug.

***

Nach Slowenien folgte der Krieg in Kroatien, 1995 der Krieg in Bosnien. Allein in diesem Krieg wurden zwei Millionen Menschen vertrieben und 250 000 getötet.

1999 kam dann der Kosovo-Krieg, in dem Serbien von der NATO bombardiert wurde.

Die Neunziger:

Sniper.

Menschen auf Traktoren, die zu Hunderttausenden flüchten, der Terror in ihren Gesichtern.

Massengräber.

Schreiende Mütter.

Eine Bombe, die auf einem Gemüsemarkt eingeschlagen ist, Panik und Schreie und ein einzelner, sauber abgetrennter Unterschenkel auf dem Boden.

Vergewaltigungen.

Brennende Kirchen.

Brennende Dörfer.

Zerstörte Brücken.

Minen.

Lächelnde Kriegsverbrecher.

Granaten.

Embargo.

Waffenschmuggel.

Profiteure.

Normale Menschen, die plötzlich die Wahl hatten, in den Krieg zu ziehen oder zu fliehen.

Der Sieg der niederen Instinkte.

Verrohung.

Leere Geschäfte.

Verkauf von Benzin, Medikamenten und Lebensmitteln am Straßenrand.

Schmuggeln, um zu überleben.

Import eksport von und nach Absurdistan.

One-Way-Flugtickets nach London, São Paulo, Paris, Chicago, Sydney, Montreal, wohin auch immer man im Visum-Lotto gewonnen hat.

Eine neue Generation der Diaspora. Keiner weiß, wie lange er bleiben wird. Viele werden niemals zurückkehren.

Und:

Die letzten Lebensjahre meiner Großeltern, die mir am Telefon immer versicherten, es sei »alles gar nicht so schlimm, mach dir keine Sorgen um uns, Kind«.

Und auch:

Menschen, die man ein ganzes Leben zu kennen glaubte, reden nicht mehr mit einem.

Du bist halbe Serbin, meinst du im Ernst, ich kann mit dir noch reden?

Der tägliche Horror der Nachrichten.

Der Spin der Medien.

Der erste richtige Medienkrieg.

Lass es nur nicht schlimmer werden.

Doch: Vor dem Krieg ist nach dem Krieg.

Alles drehte sich um, stülpte sich von innen nach außen, von außen nach innen, nichts galt mehr, Fundamente bröckelten, Freundschaften brachen auseinander, Grenzen verschoben sich. Man konnte nichts dagegen tun, nichts. Aus Selbstschutz Desinteresse vortäuschen? Das klappte zwei Tage lang, und nicht mal ich selbst nahm es mir richtig ab. Ich konnte mich da nicht rausnehmen, ich wollte schreien – »Ohne mich, ihr Vollpfosten, was macht ihr da eigentlich?« –, ohne Punkt und Komma, doch ich musste wissen, was passierte. Die zweite Hälfte der neunziger Jahre lebte ich in London, und die Anfänge des Internets potenzierten die Gier nach Nachrichten. Ich wurde süchtig nach Nachrichten, und sehr schnell wurde ich süchtig nach dem Vergleichen von Nachrichten, denn natürlich las ich nicht nur englische und deutsche, sondern auch kroatische und serbische Medienberichte, was ein volleres, größeres, besser aufgelöstes Bild ergab.

Und immer wieder hörte ich: »Erklär mir den Krieg. Du kommst doch von da. Ich verstehe das nicht. Was macht ihr da?«

Unverständnis, Ekel, Verachtung, manchmal ein Hauch Faszination und Sensationslüsternheit waren dabei. Selten war es so, dass jemand wirklich interessiert war.

Wie sollte ich das in kleinen Häppchen erklären? Warum sollte ich überhaupt erklären, wenn kein wahres Interesse vorhanden war? Für ein besoffenes Partygespräch war mir das Thema zu unlustig, und nur weil einer mal einen *Spiegel*-Artikel angelesen und dann als zu lang befunden hatte, war es nicht meine Aufgabe, seine Wissenslücken zu füllen.

Selbstverständlich wollte man stets wissen, auf welcher Seite ich stand. So hippie-abgedroschen es sich anhört: Ich stand immer auf der Seite des Friedens.

Meinetwegen hätte jedes Kuhkaff in Jugoslawien sein eigenes Königreich ausrufen können, wenn das nur friedlich vonstattengegangen wäre. Der Begriff »Jugo-Nostalgikerin« trifft sicher auf mich zu, doch ich sehne mich nicht nach dem Land zurück oder seinen Grenzen oder seiner Politik, ich sehne mich nach den Zeiten des Friedens zurück.

Man wollte wissen, wo ich herkomme, um mich zu kategorisieren, wahrscheinlich nach dem in Deutschland beliebten Muster »Kroatin gut/Serbin böse«:

Aha, Serbien und Kroatien. Und sind deine Eltern noch zusammen?

Ja, das waren sie, und das sind sie noch, obwohl von meinem Vater als gutem Kroaten erwartet wurde, sich von meiner Mutter scheiden zu lassen.

The good, the bad und auf jeden Fall *the ugly*.

Natürlich kam auch die rhetorische Frage: Ach, da geht es nur um Religion, oder?

Nein, natürlich ging es nicht um Religion. Wer das behauptete, hatte gar nichts verstanden.

Das war aber nicht so schlimm wie:

Es musste ja so kommen.

Nein, es musste nicht so kommen.

»Die These, dass die multinationale Gemeinschaft Jugoslawiens nur eine der politischen Unterdrückung durch das kommunistische Regime geschuldete Chimäre gewesen sei, ist höchst unwahrscheinlich«, schrieb der Südosteuropa-Historiker Holm Sundhaussen[31] und weiter, vielleicht als Erklärung dafür, wie es so weit kommen konnte: »Die Arbeitslosigkeit nahm zu, der allgemeine Lebensstandard sank, die Armut verbreitete sich, und die äußere Verschuldung des Staates entwickelte sich zum Alptraum. Mit dem Abbröckeln all dessen, worauf die Bürgerinnen und Bürger Jugoslawiens stolz gewesen waren, nahmen die Orientierungslosigkeit, die Unsicherheiten und Ängste in der Gesellschaft zu; ebenso wie die Verteilungskämpfe zwischen den sechs Republiken und zwei autonomen Provinzen. Nicht

31 *Der Zerfall Jugoslawiens und dessen Folgen*, Aus Politik und Zeitgeschichte 32/2008, herausgegeben von der Bundeszentrale für politische Bildung.

die ›Balkan-Gespenster‹ des ethnischen Hasses kehrten zurück, sondern die Gespenster der Armut, der Verunsicherung und diffuser Angst.«

***

Slobodan Milošević und Franjo Tuđman trafen sich mindestens zweiundvierzig-, wahrscheinlich eher achtundvierzigmal während der Kriegsjahre 1991 bis 1995. Es ging bei den Treffen fast immer um Bosnien. Es war ein verabredeter Krieg.

Über den irren Sadisten und den korrupten Despoten ist sonst schon genügend geschrieben worden, deshalb hier jeweils nur ein ausgesuchtes, im Westen nicht allzu bekanntes Detail über jeden.

Der Vater von Milošević hat sich erschossen, seine Mutter erhängt, sein Onkel beging ebenfalls Selbstmord, und seine Tante wurde tot in der Badewanne gefunden; man geht auch hier von einem Selbstmord aus. *Milošević* selbst starb in seiner Zelle in Den Haag, wahrscheinlich war es Selbstmord.

Tuđman sagte öffentlich: »Ich danke Gott, nicht mit einer Serbin oder einer Jüdin verheiratet zu sein.«

Doch wer hat die beiden gewählt? Eben. Selbst schuld.

***

Schuld. Das war mit einem Mal das zentrale Thema. Der Westen, also dort, wo ich mich befand, hatte darauf immer eine klare Antwort: Schuld waren die Serben. Sie waren die Bösen und die Aggressoren. Ich sah das differenzierter und allgemeiner zugleich: Schuld waren alle.

Schuld war aber auch das, was ich ständig empfand, und ich benötigte mehrere Jahre, um das zu begreifen. Ich fühlte mich schuldig, weil es mir so gut ging. Ich hatte nur Luxusprobleme. Ich zermarterte mir den Kopf, ob ich mir dieses Paar Schuhe oder die Reise nach Lissabon leisten konnte, während meine Verwandten nichts hatten und nichts kaufen konnten, selbst wenn man Geld schickte. Sie konnten nicht mehr reisen, und ich bestellte mir eine Pizza, legte mich aufs Sofa und schaltete den Fernseher ein … Und ich sah neue Bilder in den Nachrichten, noch schrecklicher als die von gestern, und ich verachtete mich für meine Sicherheit, meinen Wohlstand und das relative Glück, das ich hatte, während mein Land zerbrach. Ich wollte, so seltsam es sich anhört, genauso leiden wie die Menschen in den Nachrichten.

***

Viele sagen, der Westen hätte ein Interesse daran gehabt, dass Jugoslawien auseinanderfällt. Und das stimmt. Viele sagen, das völkerrechtswidrige NATO-Bombing 1999 hätte nicht stattgefunden, hätte Bill Clinton nicht versucht, von seiner kleinen Blowjob-Affäre abzulenken, und auch das stimmt.

Doch es stimmt auch, und das zählt am meisten, dass wir schuld sind. Wir alle. Selbst die Guten, die sich nicht gegen die Schlechten durchsetzen konnten.

Der Mensch ist des Menschen Wolf. So sagt man auch bei uns.

***

Es war einmal ein Land.

Dann war es nicht mehr.

Das, was dazwischen liegt, war manchmal heiter und oft schwer.

***

Eine heitere bis bizarre Episode: Es war Anfang der neunziger Jahre, zeitgleich mit dem Kriegsbeginn, als im bröckelnden YU-Staat der Siegeszug der Telenovelas aus Süd- und Mittelamerika begann. Ich kann mich an ein Telefonat mit Maras Schwester Smilja erinnern, die sich 1999, als die NATO-Kampfjets über Novi Sad flogen, weigerte, in den Keller zu gehen, damit sie erstens *BBC Wildlife* und vor allem »meine Telenovela« nicht verpasste. In Serbien, Kroatien, und Bosnien und Herzegowina fand man gleichermaßen Geschmack daran. Die Einschaltquoten waren sensationell, die Straßen nicht nur kriegsbedingt leer gefegt. Als in Bosnien plötzlich die venezolanische Telenovela *Kassandra* von einem Tag auf den anderen nicht mehr gesendet wurde, waren die Menschen verzweifelt – wo war plötzlich ihre kleine Flucht vor dem schrecklichen Alltag? Es wurden Nachforschungen angestellt, und es stellte sich in feinster Balkanmanier heraus, dass der bosnische Sender nie die Rechte gekauft hatte, sondern einfach ein Signal eines anderen Senders abgefangen hatte, das ihm nun nicht mehr zur Verfügung stand. Der Chef des Studios Coral Pictures, Antonio Paez, schenkte schließlich dem bosnischen Sender 150 Folgen. Die Darstellerin der Kassandra, Corima Torres, kam sogar auf (Staats-)Besuch nach Serbien.

***

Dass Serben und Kroaten und Bosnier so grundverschieden sind wie Katz und Maus und Hund ist natürlich Quatsch. Wenn, dann sind sie sich sehr ähnlich, ähnlicher jedenfalls als Bayern und Sachsen. Wie überall gab es auch bei uns gute und schlechte Menschen, es gab Nationalisten und solche, die sich nicht darüber definierten, ob sie zu Christus oder Allah beteten, ob sie Kyrillisch oder Latein schrieben. Doch sobald der Krieg begann, begann der Hass alles zu vergiften, und es wurde den Guten sehr schwer gemacht, gut und anständig zu bleiben. Der Unterschied zwischen den Bevölkerungsgruppen basierte aber nie auf der Nationalität- oder – Gott behüte – der Religionszugehörigkeit.

***

Ich betrachte alle Menschen, die aus dem Gebiet des »ehemaligen« Jugoslawien stammen, als meine Landsleute, ob sie es wollen oder nicht. Schießt Zlatan Ibrahimović, dessen Mutter und Großmutter übrigens hoch oben in Schweden ob der Kriege ausschließlich Schwarz trugen, ein Tor, freue ich mich genauso wie über eine neue Ausstellung von Marina Abramović. Bringt der in Belgrad geborene Charles Simic als Poet Laureate der USA einen neuen Gedichtband heraus, jubele ich. Ist das transsexuelle Model Andrej beziehungsweise Andreja Pejić auf dem Cover einer Zeitschrift zu sehen, kaufe ich sie. In allen Ballsportarten, beim Basketball, Handball, Volleyball oder Fußball feuere ich jeden meiner Spieler und jede meiner Mannschaften an, und nur manchmal frage ich mich, was wäre, wenn wir noch ein Land wären und nicht gegeneinander spielen müssten, und wie gut die Mannschaften wohl dann wären.

Der serbische Tennisspieler Novak Đoković sagte einmal gegenüber den kroatischen Medien, er fühle sich wie ein Vertreter aller Völker des ehemaligen Jugoslawiens, und auch außerhalb Serbiens wird er als unser (*naš*) Spieler gefeiert.

Und wenn Serbien gegen Kroatien spielt?

Dann kommt eines meiner Länder garantiert weiter.

***

»Wäre ich nicht weggezogen, wäre ich ein Kollateralschaden geworden. Ich will kein Kollateralschaden werden, ich will auf diesem Stück Erde nicht mehr leben, ich weigere mich, die Geisel eines irren Diktators zu sein«, schrieb die preisgekrönte, damals erst neunundzwanzigjährige Dramaturgin Biljana Srbljanović in ihrem Kriegstagebuch 1999, das zunächst in der britischen Zeitung *The Guardian* abgedruckt wurde, dann auch im *Spiegel* und *La Repubblica*. Nüchtern schildert sie darin ihren Plan, das Land zu verlassen, ihre Stadt, auf die Bomben fallen. Zu Freunden nach

Deutschland will sie, anlässlich der Premiere ihres neuen Theaterstücks. Am Abend vor der Reise nimmt sie eine Schlaftablette und legt sich hin. »Dennoch überkommt mich einen große Traurigkeit über den Entschluss zu fliehen«, schreibt sie noch.

Sie verschläft ihren Flug und bleibt.

In den nächsten achtundsiebzig Tagen und Nächten wird sie immer wieder eine Stimme hören, die eines Mannes namens Avram Izrael, der die wohl bekannteste Stimme Belgrads werden sollte. Er war es, den man aus den Megafonen hörte: »Achtung Achtung«, kurz bevor die Flugzeuge wieder angriffen, »Gefahr aus der Luft!« Und wenn es dann vorbei war, würde er knapp rufen: »*Gotovo*! Vorbei!«

Im Herbst 2013 wird Srbljanovićs Stück *Princip* (*Dieses Grab ist mir zu klein*) am Schauspielhaus Wien uraufgeführt. Es beginnt mit den Zeilen:

Und noch unsere Gräber werden gegen Wien kämpfen,
bei Hofe umherirren und Herrschaften erschrecken,
und unsere Gräber werden zu Europa sagen:
Der Jugoslawe muss seine Freiheit erringen!

* * *

1918 starb Gavrilo Princip nach vier Jahren Folter im Gefängnis Theresienstadt, offiziell an Knochentuberkulose. In seiner Zelle fand man, mit einem Löffel eingeritzt, folgende Zeilen: *Unsere Schatten werden durch Wien schreiten, am Hofe wandern, die Herrschaften erschrecken.* Diese Inschrift ist zusammen mit seinem Konterfei ein oft gesehenes Graffito, merkwürdig modern anmutend durch funky Fonts.

Unsere Schatten werden durch Wien wandern.

* * *

Irgendwann zwischen einem der Kriege, die mich nicht losließen, egal wohin ich zog, und die mir meine Wurzeln so grotesk darlegten, verstand ich den Satz des großen Dichters Miloš Crnjanski: »Ich war immer mein eigener Vorfahre.«

***

Die Diaspora. Eine der schlimmsten Konsequenzen der Kriege war, dass die Guten ihre Ursprungskoordinaten verließen. Eine echte No-Future-Generation, nicht nur so dahingesagt, das mit *No Future*, denn das hieß auch, dass die Zukunft den Schlechten, Stumpfen und Schwachen gehörte.

Wer sollte die Trümmer wieder aufbauen? Doch selbst daran gibt es etwas Gutes: Von Sydney bis Montreal, von Paris bis Madrid gab es immer Landsleute, die sich weigerten, dass ihre Jugend wie Kleingeld abgezählt wird, die diese neuen Städte zu den ihren machten und mich somit überall auf der Welt ein kleines bisschen willkommener und beheimateter fühlen ließen. Und das ist noch immer so.

Nach dem Zerfall von Jugoslawien wurde die Sprache zu einem Politikum, man sprach nun Kroatisch oder Serbisch oder, und das war neu, Bosnisch. Und nicht nur wurde die Sprache zum Politikum, sondern auch ihre Architekten, die Schriftsteller. Es wurde darüber gestritten, wem Meša Selimović oder der Nobelpreisträger Ivo Andrić gehört, obwohl beide nie einen Zweifel daran gelassen haben, dass sie sich selbst gehörten und in Bosnien geborene jugoslawische Schriftsteller waren. Lebende Schriftsteller zogen en masse weg – Dubravka Ugrešić nach Amsterdam, Aleksandar Tišma nach Frankreich, David Albahari nach Kanada, Aleksandar Hemon in die USA. Alle wurden aus der Bahn geworfen, alle nahmen die Erlebnisse, vor denen sie flohen, mit. Die Erfahrung der Emigration prägt alle, und Schriftsteller vielleicht besonders, es verrückt die Perspektive, und das, wovor man flieht, wird in ihrem Fall erst recht wichtig und zentral.

Die Sprache als Instrument: Es wurden sogar serbische Filme in Kroatisch untertitelt und umgekehrt. Man konnte sich eine Zeit lang für seine Wurzeln nur schämen oder verrückt werden – oder beides.

***

Zwei Monate nach den letzten Bomben, die auf Novi Sad 1999 fielen, fuhr ich dorthin. Dass hier bis vor ein paar Wochen die NATO aus der Luft angegriffen hatte, merkte man vor allem an Kleinigkeiten, denn an den Anblick von Ruinen gewöhnte man sich recht schnell. Wir gingen in eine Bar, alle saßen draußen und waren fröhlich, ich bestellte einen Wodka Tonic.

Betretenes Schweigen.

»Es gibt kein Tonic.«

»Na gut, Bitter Lemon geht auch.«

»Haben wir auch nicht.«

Das konnte ich mir nicht vorstellen und guckte skeptisch, also sagte die nette Bedienung:

»Ich merke schon, du bist nicht von hier. Sie haben die Schweppes-Fabrik bombardiert.«

Der NATO gingen nach drei Tagen die militärischen Ziele aus, und so bombardierten sie Krankenhäuser, Fernsehsender, Fabriken, die Softdrinks herstellten, statt den Hunderttausenden zu helfen, die gegen Milošević demonstrierten.

Als ich am nächsten Tag am Ufer der Donau saß und die zerbombte Brücke betrachtete, die ich aus den Nachrichten kannte, die, die einst nach Petrovaradin führte und nun wie unser aller Schande aus dem Wasser ragte, traf es mich: Nichts würde je so sein wie früher. Ich bin mit Mara auf dieser Brücke als Kind spazieren gegangen. Jetzt bestand sie aus zwei Teilen.

Man rechnet damit, dass Menschen irgendwann sterben und auch Wälder, dass man Freunde verlieren wird und dass einen Sehkraft und Liebhaber verlassen, doch man geht ganz sicher davon aus, dass Brücken bleiben. Die Brücken, die man als Kind mit seinen Schritten abgemessen hat. Brücken bleiben – ist das nicht mehr gegeben, ist nichts mehr wie früher.

Es war ein sehr heißer Tag, und plötzlich tauchte ein niedrig fliegendes Flugzeug auf. Alle, bis auf mich, duckten sich, weil plötzlich auftauchender Flugzeuglärm in den letzten Monaten nichts Angenehmes bedeutete. Erst nach ein paar Sekunden bemerkte man, dass das Flugzeug Mückenschutz versprüht hatte.

Und noch eine andere Sache fiel mir auf: Alle waren auf einmal viel netter zu Hunden, als ich das aus meinem Land kannte. Am ersten Abend der NATO-Angriffe versagten die veralteten Alarmanlagen aus dem Zweiten Weltkrieg, und man ließ sie fortan ausgeschaltet, damit sie die Menschen nicht unnötig in Panik versetzten. Doch die Leute registrierten, dass die Hunde, ein paar Minuten bevor die NATO-Jets kamen, zu heulen anfingen. Plötzlich gab es folglich für sie jede Menge gutes Fleisch und Streicheleinheiten. Ich bin froh, berichten zu können, dass die Hunde immer noch davon profitieren, und die Katzen gleich mit.

***

Trotzdem wurde alles sehr viel schneller besser, als ich es je für möglich gehalten hatte. Mindestens fünfzig Jahre hätten zu vergehen, so dachte ich, bevor eine Szene wie folgende möglich sein würde: Als ich 2002 zum ersten Mal nach den Kriegen nach Kroatien zurückkehrte, hatte ich dort beruflich zu tun, es ging um eine Reportage. Ich landete in Rijeka und hatte ein Treffen in einem Restaurant vereinbart. Im Hintergrund lief ein Lied von Djordje Balašević, dem bekanntesten serbischen Liedermacher, der jahrelang nicht in Kroatien auftreten durfte. Der kroatische Kellner summte mit.

Im Jahr 2013 erscheint ein Lied von dem serbischen Liedermacher: »Das Lächen ist in die Stadt zurückgekehrt.« So fühlte es sich endlich auch dort an, in jeder Stadt dieser Länder, die mal ein Land waren. Das Lächeln ist zurückgekehrt, auch das erstaunlich schnell.

Im Jahr 2009 erschien in der britischen Wochenzeitung *The Economist* ein Artikel, der den Begriff »Yugosphere«, also »Jugo-Sphäre«, prägte. Das Phänomen: *Import eksport* betreiben wir nach wie vor hauptsächlich untereinander, die Geschmäcker sind gleich, der Humor und der Schmerz sowieso.

Obwohl ich dort zu Hause bin, bemerkt der deutsche Teil in mir jedes Jahr neue Merkwürdigkeiten. Ich wundere mich zum Beispiel jeden Sommer wieder, dass es nicht möglich ist, Karten für die Fähren zu den dalmatinischen Inseln vorab zu kaufen oder zu reservieren. Man kann sie frühestens am Morgen der Reise kaufen.

»Wieso? Reicht doch«, heißt das Argument meiner Landsleute.

Ja, aber so kann man doch nicht planen.

Ja, aber so ist es fairer.

Inwiefern?

Weil sonst die, die planen, den Leuten, die an dem Tag wirklich verreisen müssen oder es spontan wollen, die Tickets wegreservieren würden.

Nach zwei Wochen am Meer klingt dies, ehrlich gesagt, fast schon logisch.

***

Auch die Natur scheint bei uns nicht ganz dicht zu sein: Das Dayton-Abkommen aus dem Jahr 1995 beschloss, die Grenze zwischen Serbien und Bosnien und Herzegowina anhand des Verlaufs des Flusses Drina zu definieren, als wüsste man nicht, dass alles fließt und nichts bleibt. Besonders in diesem Land, in diesen Ländern, fließt alles und nichts bleibt, nicht einmal die Flüsse und Wasserfälle und Brücken.

Die Drina hat seit dem Dayton-Abkommen ihren Verlauf geändert, und so sind nun manche Anwesen und Grundstücke halb in einem halb in einem anderen Land.

Genau wie mein Herz.

Epilog

Dreiunddreißig Jahre nachdem sie in einem Mercedes mit ihren zwei unglücklichen Kindern auf der Rückbank die große Reise von Split nach München angetreten haben, steigen meine Eltern Ende April 2014 wieder in einen Mercedes, nur sie zwei, und fahren ans Meer. Für immer. Sie ziehen nach Opatija, Istrien, nördlich von Dalmatien, etwas näher an München, als es Split ist, aber ebenso am Meer, denn das Leben ist das Meer. Die Wurzeln lassen sich nicht leugnen, und das eigene Schicksal wird vom Blau der dalmatinischen Inseln bestimmt.

Alles ist ihnen vertraut und vieles neu. Meine Mutter benötigt eine Aufenthaltsgenehmigung – nicht als Serbin, sondern als Deutsche –, und für verschiedene andere Formalitäten wird das Original der Hochzeitsurkunde meiner Eltern verlangt. Die ist natürlich längst nicht mehr vorhanden. Es stellt sich als unmöglich heraus, an ein Duplikat zu gelangen, denn das Land, in dem sie geheiratet haben, Jugoslawien, existiert nicht mehr und folglich auch nicht jener winzige Fleck jugoslawischen Bodens der Botschaft in London. Wie bei dem zu besteuernden Mercedes zeigen alle Wege nach Belgrad, doch letztendlich, nach vielen Telefonaten, in denen immer wieder der Satz fällt: »Das existiert nicht mehr«, ob man nun ein Land, eine Behörde oder ein Formular meint, geht es auch so, irgendwie, *nema problema*. Während meine Eltern innerlich und äußerlich aufblühen – ihr Lächeln lässt rote Blumen auf Sumatra erblühen –, lässt ihr Deutsch zunehmend Lücken erkennen. Sie haben keine

Lust mehr, sich anzustrengen, und fragen mich Dinge wie: »Wie sagt man auf Deutsch *šnajder*?«

Als ich sie zum ersten Mal besuche, nach ein paar Wochen, ist es, als wären sie immer schon hier gewesen, und aus einem Automatismus heraus, als wäre ich vier Jahre alt, setze ich mich auf den Balkon, um das Meer eifrig anzustarren, und da klingelt es, und es ist die Nachbarin von unten, und sie bringt uns einen Apfelkuchen hoch, einfach so.